rororo

Ob und wen wir heiraten, hat nicht nur Auswirkungen auf unser emotionales Gleichgewicht, sondern auch auf unsere Gesundheit und sogar auf unsere Lebenserwartung. Das lehren uns nicht etwa Paartherapeuten, sondern Wissenschaftler, die in ihren Laboren die Ehe studieren und dabei immer wieder Erstaunliches herausfinden. So benötigen Forscher nur eine Stunde, um mit 90-prozentiger Treffsicherheit vorherzusagen, ob die Beziehung eines Paares die nächsten vier Jahre überdauern wird. Tara Parker-Pope hat diese wissenschaftlichen Erkenntnisse nun erstmals in einem Buch zusammengefasst. Klug und unterhaltsam schildert sie, nach welchen Mustern Ehen verlaufen, wo die Fallstricke lauern und was wir daraus für unsere eigene Beziehung lernen können.

Tara Parker-Pope ist seit 2007 Redakteurin der New York Times, nachdem sie acht Jahre für das Wall Street Journal geschrieben hat. Ihr Blog über Gesundheitsthemen gehört zu den meistgelesenen der Zeitung. Sie selbst war siebzehn Jahre verheiratet und ist heute geschieden.

TARA PARKER-POPE

In guten wie in schlechten Tagen

Die Ehe – eine Wissenschaft

Aus dem Englischen von
Astrid Finke

Rowohlt Taschenbuch Verlag

Die Originalausgabe erschien 2010 unter dem Titel
«For Better (For Worse): Lessons from the Love Lab»
bei Dutton.

Deutsche Erstausgabe
Veröffentlicht im Rowohlt Taschenbuch Verlag,
Reinbek bei Hamburg, Juni 2011

Redaktion Angela Troni
Umschlaggestaltung ZERO Werbeagentur, München
(Umschlagabbildung: Dorling Kindersley / Getty Images)
Satz Janson PostScript (InDesign)
bei KCS GmbH, Buchholz bei Hamburg
Druck und Bindung GGP Media GmbH, Pößneck
Printed in Germany
ISBN 978 3 499 62496 4

MIX
Papier aus verantwortungsvollen Quellen
FSC® C014496

Das für dieses Buch verwendete FSC®-zertifizierte Papier *Lux Cream* liefert Stora Enso, Finnland.

Für Laney

Inhalt

Von jetzt an

Anhang

Einführung:

Die Wissenschaft von der Ehe

Was macht eine gute Ehe aus?

Das Geheimnis einer glücklichen und dauerhaften Ehe versuchen Männer und Frauen seit Jahrzehnten zu lüften. Welche Eigenschaften ermöglichen es manchen Menschen, sicher durch die stürmischen Gewässer der Liebe zu steuern, während andere sich verirren? Warum wirken manche Paare glücklich *mit*einander, während andere getrennt am glücklichsten sind? Und gibt es einen Weg, eine Ehe vor Stress, Negativität und Scheidung zu schützen?

Die Antworten auf all diese Fragen kommen aus einer überraschenden Richtung. Jenseits von Therapiecouch oder Selbsthilfegurus stammen die wertvollsten Einsichten über Liebe und Beziehung aus der Wissenschaftsgemeinde. Die besten Beziehungsforscher zahlreicher Universitäten auf der ganzen Welt haben ihre Laufbahn der Beobachtung der Interaktion von Paaren gewidmet und sammeln umfangreiche Datenmengen darüber, wie Männer und Frauen mit Worten, aber auch mit Körpersprache und Mienenspiel kommunizieren. Sie haben Pulsfrequenzen, Blutdruckabweichungen und weitere physische Reaktionen aufgezeichnet, die stattfinden, wenn Paare miteinander reden, lachen oder streiten. Die Wissenschaftler haben sogar die Auswirkungen gemessen, die eheliche Konflikte und Stress auf das Immunsystem, auf die Abwehrkräfte und die Wundheilung haben können. Computertomografische Aufnahmen der Gehirne frischverliebter und langverheirateter Paare gewähren wertvolle Einblicke in den physiologischen Unterbau leidenschaftlicher wie auch dauerhafter Liebe.

Inzwischen kann man eine Ehe in ihre elementarsten Teile zerlegen und mit erstaunlicher Treffsicherheit die Wahrscheinlichkeit bestimmen, mit der sie funktionieren oder in einer Scheidung enden wird. Mit Hilfe computergestützter Codierungsprogramme und Körpersensoren haben Forscher unzählige Stunden auf Video aufgezeichneter Unterhaltungen zwischen Paaren analysiert und dabei von Mimik und Gestik bis hin zu Pulsschlag, Schweißbildung und Hauttemperatur alle relevanten Daten berücksichtigt. Speziell für die Wortanalyse entwickelte Computerprogramme machen es Wissenschaftlern möglich, Gespräche zwischen Partnern zu zerpflücken und die in Sprachrhythmus und Sprachmustern verborgenen Signale aufzuspüren, die Paare aussenden, wenn sie miteinander kommunizieren.

Die Erkenntnisse der Wissenschaftler gestatten eine völlig neue Sicht auf die eigene Beziehung, denn die Ergebnisse ihrer Forschungen lassen sich in erstaunlich praktische Ratschläge für Paare übersetzen. Eine scheinbar belanglose Geste wie das Augenverdrehen oder die Art und Weise, auf die ein Mann erzählt, wie er seine Frau kennengelernt hat, können starke Indikatoren für ein glückliches Eheleben oder eine sich anbahnende Scheidung sein. Die Forscher haben sogar mathematische Modelle auf Beziehungen angewendet und dadurch beispielsweise errechnet, dass das tägliche Verhältnis von positiven zu negativen Interaktionen in stabilen Beziehungen bei mindestens fünf zu eins liegt. Einfach formuliert bedeutet das, es reicht nicht, sich bei seinem Partner zu entschuldigen, wenn man ihn schlecht behandelt hat. Vielmehr muss man für jeden Fehler, den man macht, fünf gute Momente zum Ausgleich bieten, freundliche Worte und liebevolle Gesten, die eine Ehe im Gleichgewicht halten.

Die Forscher haben sich auch mit Scheidungen befasst und können Paaren inzwischen voraussagen, welche Risikofaktoren ihre Partnerschaft besonders verwundbar machen. Wie zwei Menschen sich streiten, wer die Auseinandersetzung anfängt und selbst die im Gespräch verwendeten Pronomen können Erfolg oder Scheitern einer Ehe signalisieren. Altersunterschied, Kinder, Liebesleben und zahlreiche andere Faktoren wurden in dem ehrgeizigen Bestreben studiert, die Logik und Sorgfalt der Wissenschaft auf eine der komplexesten emotionalen Beziehungen unseres Lebens anzuwenden.

Die gute Nachricht aus der Forschung lautet, dass die Ehe heutzutage viel mehr Menschen ge- als misslingt. Das mag der gängigen Meinung zuwiderlaufen, doch dieses Buch möchte die Wahrheit hinter Hochzeits- und Scheidungsstatistiken erklären und aufzeigen, warum Ehen heutzutage so stark sind wie seit Jahrzehnten nicht.

Außerdem zeigt sich, dass die Qualität der eigenen Ehe (oder vielmehr das Ehepotenzial eines eventuellen Partners) leichter einzuschätzen ist, als der Einzelne vielleicht denkt. Der Trick besteht darin, die alltäglichen Konflikte und Frustrationen in menschlichen Beziehungen unterscheiden zu lernen und sich auf die echten Streitpunkte zu konzentrieren, die einer besseren Partnerschaft möglicherweise im Weg stehen.

Wussten Sie zum Beispiel, dass die Lösung von Geldproblemen auch Eheprobleme beheben kann? Dass bei einem Streit die ersten drei Minuten der Auseinandersetzung ausschlaggebend sind? Dass die Aufteilung der Hausarbeit direkten Einfluss auf Ihr Liebesleben haben kann?

Ob Sie nun am Beginn einer neuen Verbindung stehen, auf die Rettung einer bröckelnden Beziehung hoffen, sich nach einem erfolgreichen zweiten Versuch sehnen oder einfach nur nach Wegen suchen, eine gute Partnerschaft noch besser zu machen: Der Wissenschaft von der Ehe verdanken wir zahlreiche einfache, praktische Tipps, was in einer Beziehung am wichtigsten ist und worauf ein jeder seine Energie konzentrieren sollte, um sie zu stärken.

Mein Interesse an der Eheforschung entspringt meiner eigenen Suche nach Antworten. Als seit vielen Jahren auf Gesundheitsthemen spezialisierte Autorin, die Stunde um Stunde mit der Lektüre medizinischer und wissenschaftlicher Zeitschriften verbracht hat, dränge ich meine Leser oft, ihre Gesundheit in die eigenen Hände zu nehmen und Entscheidungen auf der Basis der verfügbaren wissenschaftlichen Fakten zu treffen. Doch als meine eigene Ehe sich nach 17 Jahren aufzulösen begann, konnte ich das nicht so recht begreifen. In den Buchhandlungen finden sich ganze Regalwände voller Eheratgeber und Selbsthilfetiteln, aber ich konnte mit dem «Klartext» und den Platituden, die ich in den meisten davon entdeckte, nichts anfangen. Ich wusste, wo ich nach wertvollen Informationen über Herzerkrankungen, Diabetes, Allergien und zahllose weitere Krankheiten zu suchen hatte, und wünschte mir dieselbe objektive, sich auf nachvollziehbare Beweise stützende Hilfestellung für meine Ehe.

Über das Internet sowie medizinische und soziologische Datenbanken fing ich an, nach Forschungsarbeiten über das Thema «Ehe und Beziehungen» zu suchen. Zu meinem großen Erstaunen fand ich ein ganzes Universum wissenschaftlicher Erkenntnisse jenseits der Selbsthilfeliteratur. Seit Jahrzehnten produzieren unzählige Forscher an Universitäten weltweit am laufenden Band glaubwürdige Untersuchungen voller praktischer Ratschläge für eine gesunde Ehe.

Also widmete ich mich dem, was die Wissenschaft uns über dauerhafte Beziehungen sowie über die Komplexität von Partnersuche, Liebe und Ehe lehrt. Im Laufe der vergangenen Jahre habe ich Dutzende der besten Beziehungsforscher der Welt befragt und mich in Hunderte von Studien vertieft.

Ich habe scheinbar glückliche Ehen, einschließlich meiner eigenen, zerbrechen sehen. Viele sind der Untreue zum Opfer gefallen, während andere den Belastungen des Elterndaseins und den Anforderungen einer modernen Lebensweise nicht standgehalten haben. Hätten wir ahnen können, dass es so enden würde? Hätten wir es kommen sehen müssen? Hätte es einen Weg gegeben, die Beziehung gegen die Verheerungen einer Scheidung zu immunisieren?

Die Antwort auf all diese Fragen lautet: ja. Die Wissenschaft von der Ehe schenkt uns eine Art Kristallkugel, mit der wir viel leichter voraussehen können, welche Partnerschaften funktionieren und welche Paare zu kämpfen haben werden. Heute ist mir klar, dass ich mit einer besseren Kenntnis der fundamentalen Wahrheiten über Liebe und Partnerschaft die Grenzen meiner eigenen Beziehung von Anfang an erkannt und die verräterischen Anzeichen drohender Probleme einige Jahre früher bemerkt hätte. Gerüstet mit diesem Wissen, hätte ich vielleicht klügere Entscheidungen getroffen, die möglicherweise zur Rettung meiner Ehe beigetragen oder mir zumindest mehr Zuversicht in den von mir und meinem Mann gefassten Entschluss, unsere Beziehung zu beenden, eingeflößt hätten.

Was die wissenschaftliche Beschäftigung mit der Ehe so bedeutsam macht, ist der Umstand, dass sie die wichtigste Beziehung unseres Lebens als maßgeblichen Gesundheitsaspekt betrachtet, der uns sowohl körperlich als auch emotional beeinflusst. Das Ziel sind Diagnose und Behandlung ehelicher Probleme, genau wie ein Arzt Krebs, Diabetes oder jede andere schwerwiegende gesundheitliche Beeinträchtigung diagnostizieren und behandeln würde.

Genau wie Ärzte wissen, dass sich gewisse Angewohnheiten im Lebensstil auf das Krankheitsrisiko auswirken, so hat uns das Bestreben der Wissenschaft, die Ehe besser zu verstehen, dabei geholfen, wichtige Risikofaktoren für eine Scheidung zu ermitteln. Die Forscher haben praktische Methoden entdeckt, mit denen Paare ihre Beziehung wirkungsvoller gegen das Scheitern abschirmen können. Sie haben sogar einige Anregungen parat, wie lange verheiratete Paare jene Leidenschaft und Aufregung wieder entfachen können, die sie in der Anfangsphase ihrer Verliebtheit erlebt haben.

Jedes der folgenden Kapitel geht den unterschiedlichen Aspekten einer Partnerschaft auf den Grund, wie zum Beispiel Monogamie, Liebe, Sex, Kinder, Geld, Hausarbeit und Konflikte. Vor allem aber übersetzt das vorliegende Buch die Wissenschaft von der Ehe in praktische, anwendbare Ratschläge – es handelt sich sozusagen um ein Rezept, mit dessen Hilfe Sie Ihre eigene Beziehung besser und gesünder gestalten können. Dabei helfen Ihnen unter anderem die Skalen und Fragebogen, anhand derer die akademische Forschung die Qualität einer Beziehung oder die Tiefe der von einem Paar empfundenen Leidenschaft und Bindung misst.

Meine Hoffnung ist, dass Sie durch dieses Buch Einsichten über sich selbst gewinnen, über Ihre eigene Beziehung und möglicherweise sogar über die Ihrer Eltern, Schwiegereltern und anderer Ihnen nahestehender Menschen. Der Titel des Buches und ein Großteil der darin beschriebenen Forschung konzentrieren sich zwar auf die Ehe, doch die daraus gezogenen Lehren sind im Prinzip auf jedes Paar anwendbar, das sich eine feste, langfristige Beziehung wünscht. Diese Erkenntnisse können natürlich auch Singles bei der Suche nach ihrem idealen Partner helfen. Manchem werden sie vielleicht die Kraft verleihen, sich aus einer zum Scheitern verurteilten Beziehung zu befreien. Die meisten Leser aber werden sie hoffentlich mit dem nötigen Rüstzeug versorgen, um eine schwierige Partnerschaft zu retten oder eine gute noch zu vertiefen. Denn die Wissenschaft von Liebe und Ehe stellt ihnen sozusagen ein Spezialrezept zur Stärkung der tiefgreifendsten Beziehung ihres Lebens aus.

Die eigene Ehe zu erhalten oder zu bereichern, ist auf alle Fälle der Mühe wert. Die Forschung zeigt, dass Paare in stabilen Beziehungen nicht nur mehr Sex und mehr Geld haben, sondern auch ein längeres, erfüllteres Leben führen. Ob Sie nun zufrieden in einer langjährigen, beständigen Partnerschaft leben, sich einer knospenden Liebe hingeben oder gerade aus einer gescheiterten Beziehung ausbrechen, weil Sie hoffen, es im nächsten Anlauf besser zu machen – die Wissenschaft von der Ehe hat die Geheimnisse beständiger Liebe und dauerhaften Glücks in greifbare Nähe gerückt.

In guten Tagen

In guten wie in schlechten Tagen:

Eine Bestandsaufnahme der modernen Ehe

> Der wahre Seelenverwandte ist derjenige, mit dem man verheiratet ist.
>
> *J. R. R. Tolkien*

In der Verzückung erster Verliebtheit, in der Aufregung der Hochzeitsplanung und in der Seligkeit der Flitterwochen erscheint ein ganzes Leben voller Liebe und Glück möglich, wenn nicht sogar wahrscheinlich.

Und es gibt gute Gründe, optimistisch zu sein, denn heutzutage bleiben die meisten Ehepaare tatsächlich zusammen. Überrascht? Jahrelang besagten die düsteren Statistiken, dass 50 Prozent aller Ehen geschieden werden, doch diese trostlose Prognose gilt nicht für jene Menschen, die in der heutigen Zeit heiraten, und auch nur für den Großteil derer, die sich in den letzten Jahrzehnten das Jawort gaben. Die Wahrheit lautet, dass Trennungen generell abnehmen. Die Scheidungsraten sind seit einem Höchstwert in den 1970ern aus einer Reihe von Gründen zwar mit Schwankungen, aber insgesamt beständig gesunken.

Natürlich heißt das nicht, dass eine Partnerschaft heutzutage einfach ist oder dass Paare nicht zu kämpfen haben. Eine nicht zu kleine Minderheit von Ehen wird immer scheitern, und selbst in jenen, die funktionieren, ist nicht jeder Partner mit der Beziehung zufrieden, weshalb sich viele Ehemänner und Ehefrauen nach glücklicheren Zeiten sehnen. Es gibt immer Verbesserungsmöglichkeiten, und die Wissenschaft von der Ehe zeigt, wie es geht.

Um das Potenzial der eigenen Partnerschaft voll und ganz zu begreifen, ist es hilfreich, mehr über die breiten Trends zu erfahren, die in der heutigen Zeit eine Ehe beeinflussen. Ein genauer Blick auf die Statistiken enthüllt Positives. Wer frisch getraut ist oder sich Gedanken um die Zukunft der eigenen Partnerschaft macht, hat den neuen Heirats- und Scheidungsmustern zufolge Anlass, denselben Optimismus zu empfinden wie an dem Tag, als er vor den Altar trat. Selbstverständlich gibt es Herausforderungen, Konflikte und schwere Zeiten, aber im Großen und Ganzen ist die durchschnittliche Ehe stabiler als noch vor 40 Jahren, und die meisten der heutigen Paare werden aller Voraussicht nach zusammenbleiben, «bis dass der Tod sie scheidet».

Statistiken richtig lesen

Warum also glauben so viele Menschen, dass die Chancen auf eine dauerhafte Partnerschaft nicht höher stehen als beim Werfen einer Münze?

Sehen wir uns zunächst einmal an, inwiefern sich die Ehe verändert hat. Menschen, die in den 1930ern geboren wurden und in den 1950ern den Bund fürs Leben schlossen, haben die höchste Verheiratetenquote aller Generationen – nicht weniger als 96 Prozent von ihnen gingen eine Ehe ein. Innerhalb der jüngeren Generationen sank diese Zahl auf etwa 90 Prozent.

Heute wird allgemein weniger geheiratet, und immer mehr Paare schieben die Hochzeit länger auf. Dieser Wandel setzte bereits in den späten 1950ern ein, als Frauen zunehmend eine Eheschließung zugunsten einer Collegeausbildung und eines Berufs zurückstellten und bewusst erst später eine Familie gründeten. Damals ließen sich die meisten Frauen vor dem 21. Lebensjahr trauen. Heute liegt das Durchschnittsalter bei Frauen für die Erstheirat bei etwa 26 Jahren, wobei diejenigen, die ein College oder eine qualifizierte Berufsausbildung absolvieren, unter Umständen sogar bis zum 30. Lebensjahr oder länger warten.[1]

Die Verschiebung des Heiratsalters nach hinten hatte positive Auswirkungen auf die Stabilität der Verbindungen, denn das Risiko einer Scheidung sinkt beträchtlich, wenn beide Partner mindestens das 25. Lebensjahr abwarten. Warum genau, ist noch nicht geklärt, aber es könnte daran liegen, dass Männer und Frauen in diesem Alter bereits eine klarere Vorstellung von ihren Zielen haben, die ihnen gestattet, einen passenderen Partner zu wählen. Außerdem gehen durch das Aufschieben einer Heirat viele der weniger belastbaren Beziehungen schon vorher in die Brüche, weshalb eher die gefestigten Paare den großen Schritt wagen. «Heute erleben wir einen höheren Selektionsdruck für stabilere Beziehungen», sagt Betsey Stevenson, Dozentin für Wirtschaft und Politik an der Wharton School der Universität von Pennsylvania und in den USA die führende Expertin für Scheidungs- und Heiratstrends.

Seit mehr Frauen erwerbstätig sind, ist auch die traditionelle Arbeitsteilung in männlichen Ernährer und weibliche Haushaltsverantwortliche in einer Ehe seltener geworden. Heute tragen Frauen finanziell mehr zu einer Beziehung bei als in früheren Generationen, und Männer beteiligen sich stärker an häuslichen Aufgaben. (Wobei natürlich Ökonomen an dieser Stelle sofort anmerken würden, dass immer noch eine breite Lücke zwischen der von Männern und Frauen geleisteten Menge an Hausarbeit und Kinderbetreuung klafft.) Im Vergleich zu früheren Generationen geht es in der Ehe mittlerweile deutlich weniger um die Aufteilung wirtschaftlicher und häuslicher Pflichten als um gemeinsame Interessen und beiderseitige Zufriedenheit. Männer und Frauen neigen stärker dazu, jemanden zu heiraten, der ihnen ähnlich ist und einen ähnlichen Bildungsstand hat, und das wiederum führt zu stabileren Beziehungen. «Möglicherweise sind solche Paare, also zwei gleichgesinnte Menschen, besser in der Lage, kleinere Stürme zu überstehen», sagt Dr. Stevenson. «Man hat einfach so viel gemeinsam, man hat so viel zusammen investiert. Eine Krise ist dann nichts weiter als eine Krise, und damit ist sie leichter zu überwinden.»

Die dramatischen Veränderungen in der Ehe haben auch zu einem Wandel im Scheidungsverhalten geführt. In den 1970ern wurde nicht nur häufiger geheiratet als heute, diese Paare lassen sich auch öfter scheiden, und die Trennungsquote nach 30 Jahren liegt bei etwa 46 Prozent. In Anbetracht der wachsenden Lebenserwartung steuert die Generation derer, die in den 1970ern heirateten, dem Anschein nach tatsächlich auf eine 50-prozentige Scheidungsrate zu.

Doch diese Zahlen sind nicht sonderlich relevant für Menschen, die erst in jüngerer Zeit eine Ehe geschlossen haben oder es in Zukunft beabsichtigen. Das übliche Heiratsalter in den 1970ern lag zwischen 18 und Anfang 20. Die Eltern dieser Generation waren noch klassische Ernährerväter und Hausfrauenmütter gewesen, die letzten Endes mit den ihnen zugewiesenen Rollen überhaupt nicht mehr klarkamen. Als diese Paare dann in den 70er Jahren heirateten, führten starke gesellschaftliche Kräfte und gesetzliche Veränderungen zu einem einschneidenden Wandel im Scheidungsrecht und einem Umdenken in Bezug auf die Ehe.

Die Trends, die sich in späteren Generationen abzeichnen, sind hoffnungsvoller. Menschen, die in den 1980ern und 1990ern geheiratet haben, lassen sich viel seltener scheiden als ihre Vorgänger. Ja, es scheint sogar, dass sich die Stabilität der Ehe von Jahrzehnt zu Jahrzehnt steigert.[2]

Dr. Stevenson hat die Scheidungsquoten nach zehnjähriger Ehedauer für drei Frauengenerationen analysiert – jenen, die in den 1970ern, den 1980ern und den 1990ern geheiratet haben. Unter weiblichen Collegeabsolventen ist die Quote innerhalb der letzten Gruppe außerordentlich niedrig – sie liegt bei nur 16 Prozent. Im Vergleich dazu hatten sich von den Collegeabsolventinnen, die sich in den 1970ern trauen ließen, nach zehn Jahren bereits 23 Prozent getrennt.

Bei Menschen ohne höhere Schulausbildung liegen die Zahlen zwar etwas höher, bei jüngeren Generationen aber trotzdem weit unter den früheren. Von den männlichen Highschool-absolventen, die in den 1990ern heirateten, waren nur 19 Prozent nach zehn Jahren geschieden. Wohingegen sich von den Männern ohne Collegeausbildung, die in den 70er Jahren heirateten, immerhin 26 Prozent spätestens nach zehn Jahren getrennt hatten.

«Vieles deutet darauf hin, dass die Ehe sich generell verändert und die Scheidungsquoten sinken», sagt Dr. Stevenson. «Das könnte daran liegen, dass die Partnerschaften belastbarer geworden sind. Es könnte aber auch daran liegen, dass die Leute glücklicher in ihren Beziehungen sind, dass sie stärker an ihren Ehegatten hängen und diese daher nicht so leichtfertig ersetzen.»

Scheidungsquote nach zehnjähriger Ehe für drei Frauengenerationen in den USA

	College-absolventen	Highschool-absolventen
1970er:	23 %	26 %
1980er:	20 %	25 %
1990er:	16 %	19 %

Quelle: Betsey Stevenson, Wharton School of Economics

Außerdem hat Dr. Stevenson eine Analyse nach 20-jähriger Ehedauer bei Paaren vorgenommen, die in den 1980ern geheiratet haben. Dabei ging es ihr um die Frage, inwiefern Faktoren wie das Alter bei Eheschließung und der Bildungsabschluss dazu dienen können, das Scheidungsrisiko vorauszuberechnen. Stevenson fand heraus, dass innerhalb der untersuchten Gruppe die Scheidungsquoten für Collegeabsolventen, die erst nach dem 25. Lebensjahr geheiratet hatten, weit niedriger lagen als für jene Befragten, die zum Zeitpunkt der Hochzeit jünger gewesen waren oder (noch) keinen Collegeabschluss hatten.

Darüber hinaus stellte sie fest, dass das Abbrechen einer weiterführenden Schulausbildung eine wichtige Voraussagevariable für eine instabile Beziehung ist. Collegeabbrecher trennen sich sogar mit größerer Wahrscheinlichkeit von ihren Ehepartnern als Schulabsolventen, die sich gar nicht erst an einer höheren Bildungseinrichtung eingeschrieben haben. Der Grund dafür ist nicht ganz klar, aber Dr. Stevenson mutmaßt, dass das vorzeitige Aufgeben ein Anzeichen dafür sein könnte, dass bei einem Menschen generell Pflichteifer und Ausdauer nicht unbedingt höchste Priorität genießen.

Die Unterschiede im Trennungsrisiko, wenn Alter und Bildung berücksichtigt werden, sind verblüffend. Menschen, die vor dem 25. Lebensjahr geheiratet und das Studium abgebrochen hatten, kamen auf eine beachtliche Scheidungsquote von 51 Prozent. Wie aber erging es Paaren, die mit der Hochzeit warteten, bis sie mindestens 25 waren und das College abgeschlossen hatten? Nach 20 Jahren Ehedauer hatten sich nur 19 Prozent von ihnen scheiden lassen.

Scheidungsquoten nach 20 Jahren Ehedauer
bei Eheschließung in den 1980ern,
nach Alter und Bildungsstand

Gesamtscheidungsquote:	39 %
Collegeabsolventen, Eheschließung nach 25. Lebensjahr	19 %
Collegeabsolventen, Eheschließung vor 25. Lebensjahr	35 %
Collegeabbrecher, Eheschließung vor 25. Lebensjahr	51 %

Quelle: Betsey Stevenson, Wharton School of Economics

Wie diese Zahlen zeigen, wird das Scheidungsrisiko stark davon beeinflusst, über welchen Bildungsabschluss man verfügt sowie in welchem Alter und in welchem Jahrzehnt man heiratet. Ich wünschte, ich hätte das gewusst, als meine eigene Ehe ins Wanken geriet. Mein Mann und ich hatten beide unser Studium abgeschlossen, als wir 1988 im Alter von 23 und 21 heirateten. Zwar befanden wir uns wegen unseres jungen Alters in einer höheren Risikokategorie, doch unsere Chancen standen besser, als wir dachten. In unserer demographischen Gruppe haben es immerhin etwa zwei von drei Paaren geschafft, zusammenzubleiben und ihre Probleme zu bewältigen. Aber damals glaubte ich, dass eine Ehe ohnehin mehr oder weniger Glückssache sei, dass jede zweite scheiterte und dass ich einfach zu den 50 Prozent Pechvögeln gehörte, die sich vor dem Scheidungsrichter wiederfinden.

Hätte es etwas verändert, die Wahrheit zu kennen – dass nämlich die meisten mit meiner eigenen vergleichbaren Ehen funktionieren? Das ist im Nachhinein natürlich extrem schwer zu sagen, aber genau deshalb finde ich es so wichtig, aufzuklären und über den aktuellen Stand der Ehe zu informieren. Aufgeblähte Scheidungsstatistiken können unter Umständen das Trennungsrisiko für *jeden* erhöhen. Genau wie wir gegenüber Gewalt abstumpfen, wenn wir sie häufig im Fernsehen oder Kino zu sehen bekommen, glaube ich, dass der Mythos von der 50-prozentigen Scheidungsrate eine ganze Generation darauf trainiert hat, ein gespaltenes Verhältnis zu Ehe und Trennung zu entwickeln. Wenn die Hälfte aller Paare sich scheiden lässt, was ist schon groß dabei?

Warum also werden dann die Statistiken so häufig aufgebläht? Ein Grund ist, dass die meisten Daten, die wir haben, sich auf Menschen beziehen, die in den 1970ern geheiratet haben, weshalb auch genau diese Zahlen gern zitiert und nachgebetet werden. Ein weiteres Problem ist die allzu vereinfachte Formel, mit der die Scheidungsrate häufig berechnet wird. Wenn man einen Bericht über eine erschreckend hohe Trennungsquote liest oder hört, dann leitet sich die Statistik für gewöhnlich aus einem Vergleich der Anzahl von Scheidungen in einem bestimmten Jahr mit der Anzahl von Hochzeiten im selben Jahr ab. Das kommt einem logisch vor, bis man sich überlegt, wie viele unterschiedliche Paare in einem Kalenderjahr heiraten oder sich trennen.

Wären die Heiratsquoten konstant, dann bekäme man mittels dieser Methode einen relativ verlässlichen Näherungswert an die allgemeine Scheidungsrate insgesamt. Doch genau das ist nicht der Fall, vielmehr heiraten die Menschen insgesamt immer weniger. Wie vorhin schon festgestellt, sind auch die Scheidungsquoten nicht konstant, sondern unterscheiden sich von Generation zu Generation. Nicht zuletzt steigt auch die Lebenserwartung beständig, wodurch die Anzahl von Ehepaaren, die sich theoretisch scheiden lassen könnte, heute höher ist als noch vor 30 Jahren.

Da sich so viele Variablen in der Ehe- und Scheidungsgleichung demnach in einem Wandlungsprozess befinden, verzerrt eine simple Rechnung, in der einfach nur Trauungen und Trennungen in einem gegebenen Jahr miteinander verglichen werden, im Endeffekt das Ergebnis und lässt die Scheidungsrate höher erscheinen, als sie in Wirklichkeit ist.

Doch was kann durch eine solch beharrliche Verzerrung der Statistiken gewonnen werden? Manche Forscher argwöhnen, dass das Klagen über den Niedergang der Ehe – und die Aufrechterhaltung des Mythos von der 50-prozentigen Scheidungsrate – eine landesweite Diskussion über Familienwerte befeuert, von der beide Enden des politischen Spektrums profitieren. Die aufgebauschten Zahlen können als Munition eingesetzt werden, um an Fördergelder zu kommen oder auch öffentliche Programme zu untergraben, je nach den Zielen der beteiligten Person oder Gruppierung.

Im Endeffekt aber glaube ich, dass es uns allen schadet, wenn irreführende Statistiken verbreitet werden. Dadurch halten wir die Ehe für zerbrechlicher, als sie tatsächlich ist, und geben möglicherweise schneller auf, wenn Probleme in unserer Beziehung auftauchen.

«Was ich so beunruhigend an dieser angeblich 50-prozentigen Scheidungsrate finde, ist, dass die Menschen nicht die richtigen Erwartungen an eine Ehe entwickeln», sagt Dr. Stevenson. «Bei dieser Zahl denken die Leute: ‹Wird mein Kind in einem geschiedenen Haushalt aufwachsen? Werde ich als Alleinerziehende enden?› Ich glaube, in Bezug auf eine Zukunftsplanung hilft es, zu verstehen, was wirklich in meiner Bezugsgruppe vor sich geht.»

Zweitehe und Scheidung

Adela Rogers St. Johns, eine berühmte Journalistin in den 1920ern und 1930ern, hatte eine Theorie über Zweitehen. «Ehemänner unterscheiden sich so wenig voneinander, dass man genauso gut den ersten behalten kann», schrieb sie, und mit dieser Ansicht stand sie nicht allein. Tatsächlich behauptet eine weitere, oft zitierte Statistik, dass Zweitehen höhere Trennungsquoten aufweisen als erste Ehen. Das ist zunächst ein Argument dafür, in der ersten Partnerschaft durchzuhalten, da die Chancen, beim zweiten Mal zu scheitern, noch höher liegen.

Aber was ist mit denjenigen unter uns, die auf eine funktionierende zweite Ehe hoffen? Sind unsere Aussichten, falls wir uns noch einmal auf den Heiratsmarkt wagen, wirklich so schlecht? Nicht unbedingt.

Bei genauerer Betrachtung der Datenlage stellt man fest, dass es durchaus Grund zum Optimismus gibt. Denn das Problem vieler Erhebungen zu diesem Thema ist, dass sie von sogenannten «Risikokandidaten» verfälscht werden. Ein Risikokandidat ist jemand, der die Ehe nicht ganz so eng sieht und der sich über eine Scheidung nicht übermäßig den Kopf zerbricht. Manche dieser Menschen werden sogar zu «Serientätern» – man denke nur an Elizabeth Taylor. Innerhalb der Gruppe der Erstverheirateten machen die Risikokandidaten nur einen kleinen Prozentsatz aus. Befasst man sich jedoch eingehender mit Zweitehen, dann steigt der Anteil dieser Vertreter an, und sehr wahrscheinlich heben sie den Durchschnitt merklich, wenn man das Trennungsrisiko berechnet.

Nehmen wir mal folgende Scheidungsquoten nach fünf Jahren Ehedauer bei Frauen, die zwischen 1995 und 1998 vor den Altar traten:

Erste Ehe:	9 %
Zweite Ehe:	12 %

Jetzt betrachten wir die Scheidungsraten nach 15 Jahren Ehedauer bei Frauen, die zwischen 1985 und 1988 geheiratet haben:

Erste Ehe:	36 %
Zweite Ehe:	45 %

Nur drei Prozentpunkte trennen die Scheidungsraten für erste und zweite Ehen nach fünf Jahren, und nach 15 Jahren liegt die Wahrscheinlichkeit, dass der zweite Versuch in die Brüche geht, nur um neun Prozent höher als beim ersten. Dr. Stevenson glaubt, der prozentuale Unterschied sei so gering, dass die Erfolgsquoten für die Zweitehe mehr oder weniger denen für die erste Ehe entsprächen, sofern man die «Serienheirater» aus den Daten herausrechnen könne.

Es wäre sogar möglich, überlegt sie, dass Zweitehen noch *besser* abschnitten als erste Ehen. Der Grund? Einer der wichtigsten Risikofaktoren – nämlich vor dem 25. Lebensjahr zu heiraten – fällt bei der zweiten Hochzeit weg. Menschen, die sich mit 30 oder mehr Jahren das Jawort geben, haben sehr niedrige Scheidungsraten.

«Bei Paaren, die ursprünglich sehr jung geheiratet haben, wird man möglicherweise feststellen, dass die zweite Ehe ziemlich stabil ist», sagt sie.

Als jemand, der mit 21 geheiratet hat und 17 Jahre später geschieden wurde, hoffe ich sehr, dass sie recht hat.

Wenn die Ehe stabiler denn je ist, warum ist es dann so schwer?

Auch wenn die Zahlen beweisen, dass die Aussichten auf eine dauerhafte Ehe günstig sind, heißt das noch lange nicht, dass Partnerschaften heute einfach sind. Vielleicht sind sie sogar schwieriger als je zuvor. Das liegt daran, dass wir als moderne Paare viel mehr von einer Ehe erwarten als jede andere Generation vor uns.

Natürlich heiraten Menschen schon seit Tausenden von Jahren und bleiben auch zusammen, aber der Anspruch, dass eine Ehe glücklich, liebevoll und erfüllend sein soll, ist noch relativ neu. Jahrhundertelang hatten die Gründe für eine Heirat nichts mit Zuneigung oder den emotionalen und intellektuellen Bedürfnissen der beiden Beteiligten zu tun. Die Ehe war eine wirtschaftliche und gesellschaftliche Institution; Männer und Frauen gingen Verbindungen ein, um in den Besitz von Land oder Vermögen zu kommen oder soziale und politische Netzwerke zu stärken. Echte Liebe war da nur selten im Spiel.

Das heißt jetzt nicht, dass Männer und Frauen einander nicht zu allen Zeiten geliebt hätten. Selbstverständlich haben sie das – und manchmal, vielleicht auch häufig, sogar ihren eigenen Gatten oder ihre Gattin. Aber im Laufe der Geschichte waren Gefühle nicht die treibende Kraft hinter der Heirat, obwohl es, wie die Ehehistorikerin Stephanie Coontz anmerkt, gelegentlich eine «willkommene Begleiterscheinung» war.[3]

Laut Dr. Coontz entstand die auf Liebe beruhende Ehe erst im 18. Jahrhundert, als die Ausbreitung der Marktwirtschaft und die humanitären Reformen der Aufklärung zu einer Fokussierung auf die Rechte des Individuums führten. Es war das erste Mal in der Geschichte, dass die Ehe als private Beziehung zwischen zwei Menschen betrachtet wurde statt als Mittel, um familiären Wohlstand oder politische Allianzen zu schaffen.[4]

Im Laufe der nächsten hundert Jahre unterlagen Geschlechterrollen und Beziehungen auf der ganzen Welt durch eine Reihe von gesellschaftlichen und wirtschaftlichen Umwälzungen einem fortwährenden Veränderungsprozess. Im Zuge der Expansion nationaler Ökonomien wurden Frauen ins Erwerbsleben gezogen. Die Erfindung der Antibabypille schließlich bescherte Frauen sexuelle Freiheit und Kontrolle über die eigene Fortpflanzung und verschob althergebrachte Normen für die Gründung von Ehe und Familie. Die amerikanische Bürgerrechtsbewegung, gekoppelt mit Rufen nach der «Befreiung» der Frau, leitete ein grundsätzliches Umdenken in Bezug auf Rollen und Rechte von Männern und Frauen am Arbeitsplatz, zu Hause und in der Gemeinschaft ein.

Selbst moderne wirtschaftliche Veränderungen wie zum Beispiel das Aufkommen von Fertigprodukten in der Lebensmittelindustrie hatten Einfluss auf die eheliche Stabilität. Die Einführung tiefgefrorener Fertiggerichte und Tütensuppen vereinfachte das Leben alleinlebender Menschen um ein Vielfaches. Männer, die von ihren Müttern nicht gelernt hatten, selbst zu kochen, konnten sich zum ersten Mal ein Leben als Junggesellen vorstellen.

Um die Mitte des 20. Jahrhunderts trat die Ehe als Institution in eine Phase drastischer Instabilität ein, schreibt Dr. Coontz. Ab dem Jahr 1957 schnellten die Scheidungsraten in die Höhe, da Männer und Frauen weiterhin persönliche Erfüllung in ihren Beziehungen suchten, jedoch häufig feststellten, dass sie diese bei ihrem derzeitigen Partner nicht fanden. Selbst der Aufstieg von Hugh Hefner und seinem *Playboy* schien das Verhältnis der Geschlechter zueinander und, letztendlich, die Ehe zu beeinflussen. Denn der *Playboy* ermutigte Männer, sich ihr Junggesellentum zurückzuerobern und ihre Funktion als Familienernährer zu überdenken. Gleichzeitig versuchten Frauen, sich in der Arbeitswelt durchzusetzen, und verschoben das Heiraten, um einen höheren Schulabschluss zu machen und einen Beruf zu ergreifen, ehe sie eine Familie gründeten.

Für eine Generation, die noch unter anderen sozialen Umständen geheiratet hatte, waren die Veränderungen verunsichernd und destruktiv. Heute dagegen stellt eine Frau, die außer Haus arbeitet, die Norm und damit nichts Außergewöhnliches mehr dar. Paare lernen sich auf dem College oder am Arbeitsplatz kennen. Im Gegensatz zu früheren Generationen heiraten Frauen viel seltener aus wirtschaftlichen Erwägungen, und Männer suchen normalerweise nicht einfach nur nach jemandem, der ihnen die Hemden bügelt. Vielmehr haben Ehen sich zu Partnerschaften mit gemeinsamen Zielen entwickelt. Die Version von Ehe, die aus dem Aufruhr der 1960er und 1970er hervorging, hat ein weit höheres Potenzial, eine erfüllende, erfreuliche Beziehung sowohl für den Mann als auch für die Frau zu sein.

Doch das bedeutet auch, dass die Ansprüche heutzutage sehr viel höher sind. Die Ehe ist zu einer außerordentlich aufwendigen Unternehmung geworden. Wenn Männer und Frauen denn dann endlich vor den Altar treten, erwarten sie eine ganze Menge voneinander und wünschen sich eine Beziehung, die auf Fairness, Partnerschaft sowie persönlicher und emotionaler Erfüllung basiert. Barbara Dafoe Whitehead, Familienforscherin an der Rutgers-Universität in New Jersey, nennt das die «Seelenverwandtschafts»-Ehe.

Wie oft hört man jemanden sagen, er suche einen Seelenverwandten? Das ist mit Sicherheit eine idyllische Vorstellung, aber ein seelenverwandter Ehepartner fordert per definitionem weitaus mehr emotionales Engagement und mehr Aufmerksamkeit als einer, der eine pragmatischere Einstellung zu Ehe und Familie hat.

«Ein Paar muss reichlich Zeit, Sorgfalt und Wachsamkeit investieren, um ein hohes Maß an beiderseitiger Zufriedenheit zu bewahren», schreibt Dr. Whitehead in einem jüngeren Artikel über den Zustand der modernen Ehe. «Zwar ist es gut, nach persönlicher Erfüllung in einer Ehe zu streben, und noch besser, sie auch zu erreichen, aber die gesteigerten Erwartungen machen es auch schwieriger, solche Ehen aufrechtzuerhalten.»[5]

Dass Männer und Frauen heute so viel höhere Ansprüche an ihre Partnerschaft stellen als frühere Generationen, ist natürlich eine gute Sache und erhöht die Chancen auf dauerhafte und engere Beziehungen. Doch unsere idealisierte Meinung von der Ehe stellt auch eine enorme Belastung dar. Streit ist zwar in jeder Beziehung unausweichlich, aber er ist viel schmerzhafter und verstörender, wenn die schroffen Worte von jemandem stammen, den man so sehr liebt. Zeit für Romantik und Sex zu finden, kann in einer Ehe unter Gleichberechtigten eine gewaltige Herausforderung darstellen, wenn beide Partner Arbeit und Haushaltspflichten unter einen Hut zu bringen haben. Wenn dann zu volle Terminpläne zu Vernachlässigung führen und Langeweile einsetzt, wird das Gefühl von Verlust und Trauer noch dadurch verstärkt, dass man nicht nur den Ehegatten, sondern auch den besten Freund verliert.

Die gute Nachricht für moderne Paare ist, dass durch die sich wandelnden Muster von Ehe und Scheidung die Chancen allgemein gestiegen sind, verheiratet zu bleiben. Gleichzeitig haben dieselben sozialen Verschiebungen jedoch auch die Messlatte für das, was eine gute Partnerschaft ausmacht, höher gelegt. Scheidungen werden seltener, und die Ehe ist stabiler als je zuvor. Aber trotz dieser positiven Veränderungen sind auf Liebe, Gleichberechtigung und gemeinsamen Werten beruhende Ehen besonderem Druck ausgesetzt. Folglich erfordert die Aufrechterhaltung einer modernen Partnerschaft mehr Zeit, Energie und emotionalen Einsatz, weshalb die Beteiligten eine Beziehung häufig als anstrengend empfinden.

Wie Sie in den folgenden Kapiteln sehen werden, ist es allerdings der Mühe wert. Wir Menschen sind nun mal auf Liebe und langfristige Partnerschaft programmiert, und es ist in jeder Hinsicht – von besserem Schlaf bis hin zu mehr Sex – nicht zu bestreiten, dass eine gute Ehe guttut.

Allen anderen entsagen:

Die Wissenschaft von der Bindung

Wenn ich heirate,
dann möchte ich sehr verheiratet sein.

Audrey Hepburn

Wenn zwei Menschen sich finden, verlieben und beschließen zu heiraten, dann planen sie in der Regel, auch verheiratet zu bleiben. Leute, die einander das Versprechen «bis dass der Tod uns scheidet» geben, meinen das normalerweise auch so. Immerhin ist der Grundgedanke hinter der Ehe ja der einer festen Bindung, man sucht einen Menschen, mit dem man sein Leben, Kinder, Haustiere, die Steuererklärung und eine Hypothek teilen will. Zwar ist die Liebesheirat ein relativ neues Konzept in der langen Geschichte menschlicher Beziehungen, die feste Bindung dagegen ist es nicht. Auf der ganzen Welt und quer durch traditionelle wie moderne Gesellschaften werden Monogamie und Beständigkeit gepriesen, auch wenn sie nicht immer praktiziert werden. Aber ob unsere Spezies zu lebenslanger Monogamie und Treue überhaupt fähig ist, bleibt ein heißdiskutiertes Thema unter Wissenschaftlern und sogar bei einigen Ehepaaren. Es gibt zweifelsohne ein lautstarkes Aufgebot an Skeptikern, die der Meinung sind, Monogamie sei unnatürlich, wie der Umstand, dass Treue im Tierreich nur in den seltensten Fällen dokumentiert ist, klar zeige. Lediglich ein winziger Prozentsatz von Geschöpfen bleibt ein Leben lang zusammen, und selbst unter angeblich monogamen Tieren grassiert der Ehebruch. In Anbetracht dieser Faktenlage ist für jedes Paar, das am Anfang einer Ehe steht oder um ihren Bestand kämpft, die Frage durchaus angebracht: «Sind wir wirklich dazu gedacht, den Rest unseres Lebens mit einem einzigen Partner zu verbringen?»

Auch wenn Menschen mit ihrem Wunsch nach dauerhaften Beziehungen unter den Lebewesen eine Sonderstellung einnehmen, gibt es auch ein paar verblüffende und überzeugende Beispiele für die Einehe in der Natur. Das ist zwar eindeutig die Ausnahme, aber eine bemerkenswerte. Sowohl in freier Wildbahn als auch im Labor haben Wissenschaftler sorgfältig monogame Tierpaare und ihre Nachkommen beobachtet, überwacht und untersucht, um deren Treue zu bestätigen. Daraus haben sie diverse Theorien abgeleitet, warum bei manchen Spezies die Evolution lebenslange Paarungen zu begünstigen scheint. Die Gewohnheiten und Verhaltensweisen dieser Arten zu studieren, könnte letzten Endes Aufschluss über die biologischen und sozialen Faktoren geben, welche die menschliche Treue beeinflussen. Wichtiger noch, diese Beispiele für Beständigkeit und dauerhafte Bindungen bei den niederen Kreaturen lassen die Herausforderungen von Monogamie und Loyalität für menschliche Paare weniger einschüchternd (und natürlicher) erscheinen.

Treue unter Tieren

Vor Jahren sprach Phoebe in der beliebten Fernsehserie *Friends* über das Paarungsverhalten von Hummern, um ihrem guten Freund Ross Mut zu machen, dass er eines Tages wieder mit seiner großen Liebe Rachel vereint sein werde.

«Sie ist doch dein Hummer», erklärte sie ihm. «Sogar Kinder wissen, dass Hummer ein Leben lang zusammenbleiben. Man hat übrigens beobachtet, dass sehr alte Hummerpaare durch das Becken marschieren und sich an den Scheren halten.»

Das war gleichzeitig lustig und unglaublich. Nach der Hummerfolge galt die Monogamie dieser Tiere bei vielen als Tatsache, und ich für meinen Teil habe es ebenfalls geglaubt. Da eine Kreatur, die eine derart hohe Entwicklungsstufe erreicht hat, dass sie monogam lebt, nicht verdient hat, auf meinem Teller zu landen, hörte ich sogar auf, Hummer zu essen. Ich musste ständig an all die Hummerwitwen und -witwer denken, die nach meiner Mahlzeit zurückblieben. (Meine schlauen Freunde sagten mir, die bessere Lösung sei, gleich zwei zu essen.)

Der Hummerexperte Trevor Corson, Autor des Buches *The Secret Life of Lobsters* (*Das geheime Leben der Hummer*), raubte mir jedoch meine Illusionen über die Hingabe der Hummer.

«Phoebe hat viel dazu beigetragen, die Vorstellung, Hummer lebten monogam, unters Volk zu bringen», sagt er. «Tatsächlich handelt es sich jedoch um ein eher eigennütziges Vorgehen aller Weibchen in der Nachbarschaft, die sich das eine Alphamännchen durch Sexualpheromone gefügig machen, damit sie es eine nach der anderen vernaschen können.»

Wirklich? Woher kommt dann das Gerücht, dass Hummer monogam seien?

«Männchen und Weibchen ziehen zwar zusammen, aber nur für etwa zwei Wochen», erklärt Mr. Corson, der sogar als Stand-up-Comedian eine Nummer über Paarungsrituale bei Hummern zum Besten gibt. «Der Fachausdruck, den Wissenschaftler dafür benutzen, ist sogar ähnlich, allerdings nennt sich das ‹serielle Monogamie› – also nicht gerade der Bund fürs Leben. Und wenn es vorbei ist, heißt es einfach *sayonara*.»

Ich war zutiefst enttäuscht. Das Bild unserer langlebigen Krustenfreunde, die sich auf dem Grund des Ozeans bis in alle Ewigkeit treu bleiben, hatte mir gefallen.

Was Tierbeziehungen betrifft, sollten Sie jedoch am besten sämtliche romantischen Vorstellungen über Bord werfen. Ob Vögel oder Füchse, Hunde oder Hasen – Monogamie ist im Tierreich eher selten und wird von weniger als fünf Prozent der Säuger praktiziert. Selbst unter den Arten, die zur Aufzucht ihrer Jungen Paarverbindungen eingehen, ist Untreue fast der Normalfall.[6]

Biologen hatten lange angenommen, dass Vögel monogam seien, da die Männchen zusammen mit den Weibchen Nester bauen, Nahrung sammeln und die Küken aufziehen. In den 1960ern mutmaßte der bekannte Ornithologe David Lack, dass 92 Prozent der 9700 Vogelspezies in der Einehe leben. Für Beobachter ihres Verhaltens sah es auf jeden Fall so aus.

Häufig übersehen wird allerdings der Umstand, dass Monogamie und Treue zwei Paar Schuhe sind. Monogamie heißt, eine Paarbindung auf Lebenszeit einzugehen. Treue bedeutet sexuelle Ausschließlichkeit. Sowohl bei Tieren als auch bei Menschen kann man Ersteres durchaus ohne Letzteres haben.

Dank verbesserter Ausrüstung und Beobachtungstechniken entdeckten scharfsichtige Ornithologen hin und wieder einen «Schleicher», einen Vogel, der sich heimlich davonstiehlt, um mit einem anderen Artgenossen zu tändeln. Irgendwann gab es so viele Sichtungen gefiederter Untreue, dass Wissenschaftler beschlossen, Vaterschaftstests vorzunehmen. Im Durchschnitt stammen etwa 30 Prozent der kleinen Küken nicht von dem Männchen, das sie versorgt.

In dem Film *Sodbrennen* nach dem Buch von Nora Ephron beklagt sich die Protagonistin bei ihrem Vater über die Seitensprünge ihres Ehemannes.

«Du willst Monogamie?», fragt er daraufhin. «Dann heirate einen Schwan!»

Es stimmt, dass Schwäne lange Zeit als Symbol für Treue und Hingabe galten. Doch australische Forscher, die den *Cygnus atratus* studieren, einen majestätischen schwarzen Schwan mit leuchtend rotem Schnabel, haben herausgefunden, dass die Vögel nur den Anschein von Monogamie erwecken.[7]

Raoul Moulder vom zoologischen Institut der Universität Melbourne und einige seiner Kollegen verglichen die DNS zahlreicher Jungvögel mit der DNS des nistenden Paares, das sie aufzog. Es stellte sich heraus, dass eines von sechs Schwanenjungen nicht mit dem Männchen verwandt war, das sich um die Brut kümmerte. Weibliche Schwäne, so scheint es, hintergehen regelmäßig ihre Partner und schleichen sich aus dem Nest, um sich mit anderen Vögeln zu paaren. Das Wort «schleichen» ist übrigens eine sehr passende Beschreibung, denn die Wissenschaftler kommen nicht recht dahinter, wann, wie und wo die Tiere die klammheimlichen Kopulationen bewerkstelligen. Aber das darf man nicht allein den Damen zur Last legen. Da alle Schwäne in festen Händen sind, betrügen die männlichen und weiblichen Tiere einander gleichermaßen.

Die Daten über die Schwäne stellen nur die neuesten Befunde dar, die unsere Vorstellungen von Tiertreue erschüttern. In den vergangenen Jahrzehnten wurde die wissenschaftliche Erforschung der Monogamie völlig auf den Kopf gestellt, als Studie auf Studie zeigte, dass Tiere, die man früher für treu und beständig hielt, regelmäßig «außerpaarlich kopulieren». Fazit: Fast alle Tiere gehen fremd.

Beobachtungen von Schwarzkopfmeisen, die zu den loyalsten Nistvögeln gehören, ergaben, dass weibliche Vögel sich häufig anderweitig umsehen, sofern sie ein rangniederes Männchen zum Partner haben. Zwar lassen sie ihn das Nest bauen, aber wenn er mal kurz nicht aufpasst, verdrücken sie sich eiligst, um sich mit einem in der Hierarchie höherstehenden männlichen Mitglied des Schwarms zu paaren. Der Vorteil dabei für das Weibchen: Der ursprüngliche Partner hilft mit, die Küken aufzuziehen, das höherrangige Männchen dagegen vererbt dem Nachwuchs die erstrebenswerteren Gene. Rauchschwalben sind ebenfalls erpicht auf Aufstieg: Kurzschwänzige Männchen werden häufiger betrogen, die Weibchen gehen gern mal eine ehebrecherische Liaison mit einem Herrn ein, der einen längeren Schwanz zur Schau trägt – bei Rauchschwalben ein Anzeichen für Krankheitsresistenz und potenziell gesündere Nachkommen.[8]

Nicht nur Vögel sind promiskuitiv. Weibliche Kaninchen und Eichhörnchen paaren sich teilweise mit mehreren Männchen pro Tag, und auch Seidenäffchen haben ebenfalls regelmäßig ihre Seitensprünge. Die Lehre, die man aus der Natur ziehen kann, lautet: Paarbindung ist zwar wichtig für den Fortpflanzungserfolg, Untreue kann aber als eine Art Rückversicherung dienen. Das eine sorgt für einen verlässlichen Partner, der bei der Aufzucht der Nachkommenschaft hilft, das andere garantiert genetische Vielfalt und potenziell gesünderen Nachwuchs.

Bei Säugetieren kommt die von Menschen idealisierte Beziehung sexuell treuer Partner, die sich gemeinsam um ihre Sprösslinge kümmern, eher selten vor. Weniger als fünf Prozent der Arten praktizieren «soziale Monogamie», sprich bleiben ein Leben lang zusammen. Und selbst soziale Monogamisten weichen gelegentlich vom rechten Pfad ab.[9]

Monogamie unter Mäusen

So betrachtet scheint die Einehe ein hoffnungsloser Fall. Vielleicht denken Sie jetzt, dass diese ganze Ehe-Bindungs-Angelegenheit ein Fehler ist, eine Idealvorstellung, die den Naturgesetzen zuwiderläuft. Obwohl Treue im Normalfall von der Natur nicht begünstigt wird, gibt es jedoch einige rühmliche Ausnahmen. Man denke nur an die herzerwärmende Geschichte der winzigen *peromyscus californicus*, auch bekannt als Kalifornische Maus.

Vieles von dem, was wir über diese Maus wissen, nimmt seinen Anfang bei einem jungen Biologiestudenten namens David Ribble, heute Leiter des Fachbereichs Biologie an der Trinity University in San Antonio. Anfang der 1980er Jahre stand Ribble kurz davor, sein Studium an der Colorado State University abzuschließen. Das Institut für Fischkunde und Wildbiologie war mit einer Feldstudie in einem ganz bestimmten Gebiet beauftragt worden, in dem die Armee Übungen abhalten wollte. Andere Biologen befassten sich bereits mit den dort heimischen Kojoten, Gabelantilopen und Vögeln, und jemand musste sich der Mäuse und sonstigen Nager annehmen, die den größeren Tieren als Jagdbeute dienten.

Wie es der Zufall so will, sind Mäusespezialisten in der Welt der Biologie stark gefragt, unter anderem deshalb, weil die Forschungsarbeit eher mühsam ist. Feldmäuse huschen nicht nur von dannen und treiben sich größtenteils unter der Erde oder in Nestern herum, die in Baumwurzeln verborgen liegen, sondern sind auch nachtaktiv. «Es gibt erstaunlich wenige Leute, die diese Forschungsarbeit machen möchten», stellt Dr. Ribble fest.

Nachdem der Militärauftrag abgeschlossen war, begann Ribble seine Promotion an der University of California in Berkeley. Er wollte nun Eidechsen studieren – die kann man tagsüber beobachten –, doch seine Kollegen rieten ihm, lieber seine Sachkenntnis auf dem Gebiet der Mäusefeldforschung zu vertiefen. Zu der Zeit gab es ein wachsendes Interesse an einer ungewöhnlich großen Maus, die in den Ausläufern der Sierra Nevada beheimatet ist. Mit stattlichen 40 Gramm war die Kalifornische Maus doppelt so groß wie andere Feldmäuse. Außerdem war sie dafür bekannt, nur jeweils zwei Nachkommen aufzuziehen – die meisten Mäusearten haben etwa vier Junge pro Wurf. In der Ökologie fordert ein Geschöpf, das sich so deutlich von seinen Verwandten unterscheidet, einen zweiten Blick heraus. Warum hat sich die Kalifornische Maus so anders entwickelt als andere Feldmäuse?

Ribble begann eine umfangreiche Feldforschung, um das Verhalten der nachtaktiven *peromyscus californicus* zu dokumentieren. Die Maus ist ein sanftmütiges, anspruchsloses Tier und zudem bei Sonnenuntergang mit ein paar Haferflocken als Köder und einer Lebendfalle leicht zu fangen. Die Mäuse wurden markiert und bekamen Sender um den Hals, damit die Wissenschaftler ihre Bewegungen verfolgen konnten. Die Weibchen wurden zusätzlich mit einem fluoreszierenden Pulver bestäubt, das auf den Artgenossen, mit denen sie Umgang hätten, bunte Spuren hinterlassen würde. Alles in allem wurden circa zweihundert Mäuse gefangen und untersucht. Die Wissenschaftler wollten die Tiere auch filmen, indem sie ein Kabel mit einem roten Licht in die Nistbereiche führten, doch das Experiment scheiterte. «Möglicherweise ähnelte es zu sehr einer Schlange», vermutet Dr. Ribble.

Doch selbst ohne Film konnten die Forscher einige verblüffende Verhaltensmuster nachweisen. Sie benutzten Schwarzlicht, um das farbcodierte Pulver sichtbar zu machen, mit dem die weiblichen Mäuse besprüht worden waren. Es stellte sich heraus, dass das Pulver nur auf die Jungen und den männlichen Partner der Tiere abgefärbt hatte. Im Gegensatz zu anderen Feldmäusen schlichen sich keine Nebenbuhler ins Nest von *peromyscus californicus*. Die Sendedaten zeigten außerdem, dass die beiden Partner sich nur selten voneinander entfernten. «Durch die Telemetrie können wir ihre ungefähre Position einschätzen, und wir können alle Punkte einzeichnen, an denen sie nachweislich Zeit verbringen», erklärt Dr. Ribble. «Wenn man das macht, dann sieht man, dass Männchen und Weibchen sich an denselben Orten aufhalten. Das ist absolut deckungsgleich.» Indem sie die Nester überwachten, dokumentierten die Forscher, dass die männliche Kalifornische Maus abgesehen vom Säugen ebenso viel Zeit und Mühe in die Pflege der Nachkommen investiert wie die weibliche.

Doch der echte Beweis war die DNS. Durch einen groben Gentest konnten die Wissenschaftler bestätigen, was sie aufgrund der Pulverspuren und der Senderdaten bereits vermutet hatten. Die DNS-Tests zeigten, dass 100 Prozent der Jungen, die ein Mäusepaar aufzieht, vom lebenslangen Partner des Weibchens gezeugt werden. In freier Wildbahn geht die Kalifornische Maus also nie fremd.[10]

Da man die Tiere unter natürlichen Bedingungen nicht ertappt hatte, beschlossen einige Forscher, die Mäusemonogamie der ultimativen Bewährungsprobe zu unterziehen. Dr. David Gubernick, Psychologe an der University of Wisconsin in Madison, hatte sich bereits mit Lernprozessen bei Eidechsen und Mutterbindung bei Ziegen befasst. Diese Forschung führte zu Studien über Monogamie und väterliche Fürsorge bei Tieren, eine intellektuelle Fragestellung, vermutlich ausgelöst – wie er eingesteht – durch die Abwesenheit seines eigenen biologischen Vaters während seiner Kindheit.

Dr. Gubernick hatte eine Kolonie von Kalifornischen Mäusen von einem Laborforscher an der University of California in Los Angeles geerbt und beschloss, zu untersuchen, ob die Mäuse in Gefangenschaft genauso treu waren wie in freier Wildbahn. Der Versuch sah vor, männliche und weibliche Exemplare von *peromyscus californicus* aus festen Paarungen durch fremde Vertreter des anderen Geschlechts in Versuchung zu führen.

Eines der verstörenderen Elemente dieses Experiments war, dass die männliche oder weibliche Maus manchmal im Käfig blieb, um Zeuge der Verführung ihres jeweiligen Partners zu werden. Die Maus konnte den Partner durch ein Loch im Käfig sehen und riechen, wurde aber durch einen kleinen Plexiglasstab an ihrem Hals daran gehindert, durch das Loch zu ihrem Partner zu eilen. An dieser Stelle wird es spannend. Im Angesicht scheinbar unwiderstehlicher Verlockung überraschte *peromyscus californicus* alle.

Wenn die weibliche Maus mit einem neuen Männchen in einen Käfig gesetzt wurde, wies sie dessen Annäherungsversuche fast jedes Mal zurück. Nur in etwa 15 Prozent der Fälle gestatteten die Weibchen dem fremden Männchen, sie zu besteigen, selbst wenn ihr Partner anwesend war. Ob das allerdings wirklich ein fairer Test ihrer Treue war, ist nicht ganz sicher. Normalerweise geschähen die Avancen eines anderen Männchens in freier Natur, und zweifellos wäre dann der jeweilige Mäusepartner zur Stelle, um die Ehre seiner Partnerin zu verteidigen. In diesem Fall saß die männliche Maus fest, weshalb die weibliche nicht darauf zählen konnte, dass er ihr gegen die Zudringlichkeiten des größeren und stärkeren Männchens zu Hilfe eilte. Trotzdem blieb der Großteil der Damen standhaft.

Noch interessanter war die Reaktion der fest vergebenen männlichen Mäuse, die mit einer paarungsbereiten Junggesellin verlockt wurden. Zur Überraschung der Forscher blieb der Mäusegatte loyal, widerstand den Reizen des Weibchens und weigerte sich selbst dann zu kopulieren, wenn seine Partnerin nicht zusah.

«Diese Ergebnisse deuten darauf hin, dass Monogamie bei der Spezies *peromyscus californicus* durch eine starke Anziehung und Bevorzugung des festen Partners sowie durch selbstbeherrschten Verzicht auf Paarung mit anderen aufrechterhalten wird», lautet die Schlussfolgerung der Wissenschaftler. «Männchen zeigen dabei dem Anschein nach stärkere sexuelle Treue als Weibchen.»[11]

Warum sollte der selektive Druck der Evolution Mäusetreue begünstigen? Dr. Gubernick glaubt, die Monogamie der kalifornischen Spezies hängt mit der Bedeutung männlicher Fürsorge für das Überleben der Jungen zusammen. In einer Reihe von Experimenten hat er Mäusepaare in drei unterschiedlichen Laborumgebungen studiert. Einige der Nager hatten ein lockeres Leben, sie wohnten in warmen Käfigen und hatten leichten Zugang zu Nahrung. Andere verfügten zwar über Nahrung, aber ihre Käfigtemperatur war niedrig, ähnlich den Winternächten in Kalifornien während der Mäusepaarungszeit. Die letzte Gruppe musste für ihren Unterhalt arbeiten und wurde erst gefüttert, nachdem sie in einem Laufrad gerannt war, um die Bedingungen in der Wildnis zu simulieren, wo die Maus das Nest verlassen und sich anstrengen muss, um Nahrung zu finden.

Nach der Paarung wurde die Hälfte der Männchen entfernt. In der gemütlichen Testumgebung hatte ihre Abwesenheit keine Auswirkungen – der Mäusenachwuchs entwickelte sich ohne männliche Pflege genauso gut wie mit. Doch in den Käfigen, in denen die Mäuse sich für ihr Essen anstrengen oder kühlere Temperaturen aushalten mussten, überlebten weit weniger Junge. Sobald die Laborbedingungen also eine natürliche Umgebung simulierten, brauchten die Jungmäuse, die ihre Körpertemperatur nicht selbst regulieren können, männliche Pflege, um zu überleben.

Dr. Gubernick führte ein ähnliches Experiment später in freier Natur durch, indem er wilde Mäusemännchen aus dem Nest entfernte und die Folgen überwachte, die dies auf den Nachwuchs hatte. Wie erwartet, hatten die Jungen der Männchen, die vor der Geburt entfernt worden waren, niedrigere Überlebensraten als die von beiden Elternteilen gepflegten.

Treue in den Genen

Ein weiterer Superstar animalischer Loyalität ist ein pelziger kleiner Nager namens Präriewühlmaus, der im Mittleren Westen der USA zu Hause ist. Präriewühlmäuse bleiben ein Leben lang zusammen, teilen sich außerdem ein Nest und die Aufzucht der Jungen. Obwohl diese Tiere keine hundertprozentig weiße Weste haben (hin und wieder kopuliert ein Männchen außerhalb der Paarbeziehung), kehren sie doch immer wieder zu ihren Partnern zurück. Besonders bemerkenswert an der Präriewühlmaus ist, wie unterschiedlich sie sich im Vergleich zu ihren Cousinen, der Rocky-Mountain-Wühlmaus und der Wiesenwühlmaus, verhält. Diese nahen Verwandten gehen nämlich keine festen Bindungen ein, sondern sie paaren sich und ziehen sofort weiter, ohne auch nur bei der Aufzucht der Jungen zu helfen.

Wo liegt nun der Unterschied zwischen treuen Mäuseseelen und notorischen Schürzenjägern? Untersuchungen zeigen, dass es etwas mit den Schaltkreisen im Gehirn zu tun hat, die für die Regulierung der Hormone Vasopressin und Oxytocin zuständig sind. Das sind die «Kuschelhormone», die beim Sex, während des Orgasmus und immer dann freigesetzt werden, wenn Mütter ihren Nachwuchs stillen. Die Gehirne monogamer Wühlmäuse sind randvoll mit Rezeptoren für diese Hormone, die ihrer flatterhaften Verwandtschaft nicht. Bei Präriewühlmäusen führt der Paarungsakt zur Entwicklung einer Bindung, weil die Gehirne beider Partner mit Kuschelhormonen geflutet werden. Unmittelbar nach der Paarung beginnt das Männchen eine ausgeprägte Präferenz für seine Partnerin zu zeigen, es liebkost sie und attackiert andere Wühlmäuse, die sich zu nahe heranwagen.

Um festzustellen, ob tatsächlich der Hormonspiegel oder womöglich irgendein anderer Mechanismus die Wühlmausgefühle beeinflusst, führten Forscher eine Reihe von Experimenten durch, in denen sie den treuen Nagern eine Substanz spritzten, die das Vasopressin blockierte. Ohne das Hormon benahm sich der Präriewühlmäuserich wie sein unsteter Cousin. Er kuschelte nicht nach der Paarung, sondern blieb auf der Pirsch und paarte sich bald mit einem weiteren verfügbaren Weibchen. Außerdem entwickelte er nach dem Geschlechtsakt keinen Beschützerinstinkt für das Weibchen und zeigte auch keinerlei Anzeichen von Aggression gegenüber Konkurrenten.

In derselben Studie wollten die Wissenschaftler herausfinden, ob sie Mäusetreue künstlich durch einen veränderten Vasopressinspiegel herbeiführen konnten. Also verabreichten sie Männchen, die sich noch nie gepaart hatten, eine Dosis des Kuschelhormons. Zugedröhnt mit Vasopressin fingen die jungfräulichen Wühlmäuse plötzlich an, eine Bindung zu einem Weibchen aufzubauen, als hätten sie sich bereits mit ihm gepaart. Sie zeigten eine sichtbare Vorliebe für die Auserwählte und verteidigten sie gegenüber Fremden.[12]

Dr. Ribble studiert inzwischen Rüsselspringer, die ebenfalls sehr monogam zu leben scheinen. Bei der Kalifornischen Maus hat die Evolution vielleicht deshalb die Einehe bevorzugt, um die Mitwirkung der Männchen bei der Aufzucht der Jungen zu gewährleisten. Bei anderen monogamen Tieren, wie zum Beispiel dem Rüsselspringer, kümmern sich die Männchen jedoch nicht um den Nachwuchs. Die evolutionäre Erklärung könnte in diesem Fall etwas mit männlichem Schutz zu tun haben. Indem er seine Energie und Aufmerksamkeit der Betreuung seiner Partnerin widmet, erhöht der männliche Rüsselspringer seine Chancen auf Fortpflanzungserfolg. Das Weibchen und die Jungen profitieren von seiner beständigen Aufmerksamkeit im Hinblick auf Nahrung, Wärme und Schutz.

«Ich glaube, dass diese Mäuse und andere Tiere uns Interessantes mitzuteilen haben», sagt Dr. Ribble. «Man kommt unweigerlich zu dem Schluss, dass die Monogamie durchaus einige Vorteile hat.»

Die Wissenschaft von der menschlichen Bindung

Geben die Menschen, ähnlich wie Schwäne und Schwarzkopfmeisen, sich nur den Anschein der Monogamie, gehen aber anstandslos fremd, wenn der Partner mal gerade nicht aufpasst? Oder ähneln wir mehr der treuen Kalifornischen sowie der Präriewühlmaus und sind von Bindungshormonen gesättigt und daher genetisch auf Treue selbst unter den extremsten Umständen programmiert?

Es gibt durchaus einige Anzeichen dafür, dass genetische Faktoren beeinflussen könnten, ob jemand monogam ist. Erst kürzlich untersuchte der schwedische Forscher Hasse Walum 552 männliche Zwillingspaare, um mehr über ein bestimmtes Gen und seinen Bezug zur allgemeinen Beziehungszufriedenheit herauszufinden. Dieses Gen ist an der Regulierung des Hormons Vasopressin im Körper beteiligt und eine Variante jenes Gens, das bei Präriewühlmäusen mit der Monogamie in Verbindung gebracht wird.[13]

Walum entdeckte, dass eine Variante dieses (Treue-)Gens offenbar männliche Beziehungsmuster beeinflusste. Männer, die diese Variante besaßen, waren seltener mit ihren Partnerinnen verheiratet, außerdem waren ihre Ehefrauen weniger glücklich in ihrer Beziehung als die Gattinnen von Männern ohne eine Kopie der Genvariante, und schließlich hatten verheiratete Männer mit diesem Gen auch schon häufiger ernsthafte Eheprobleme erlebt. Von den Männern, die gleich zwei Kopien dieser Genvariante besaßen, hatten sogar doppelt so viele im Laufe des Untersuchungsjahrs eine schwere Beziehungskrise gehabt wie die Probanden, die keine Kopie in sich trugen.

Diese Studie belegt zwar erstmals einen Zusammenhang zwischen einer spezifischen Erbanlage und Treue und Beziehungsglück, doch allein das Vorhandensein einer Kopie des Seitensprung-Gens heißt noch nicht, dass der Ehebruch von vornherein feststeht.

«Selbstverständlich gibt es viele Gründe, warum jemand Beziehungsprobleme haben kann, aber zum ersten Mal konnte eine spezifische Genvariante dem männlichen Bindungsverhalten zugeordnet werden», sagt Dr. Walum. Er merkt zudem an, dass der generelle Einfluss der genetischen Variation eher maßvoll ist und daraus noch nicht mit echter Genauigkeit geschlossen werden kann, wie sich jemand in einer Beziehung verhalten wird.[14]

Es gibt Hinweise darauf, dass Untreue auch bei Frauen eine biologische Grundlage haben könnte. Große Beachtung fand eine Reihe von Experimenten, in der Forscher der Universität Bern verschwitzte T-Shirts sammelten, in denen junge Männer zwischen 20 und 30 zwei Nächte lang geschlafen hatten. Im Anschluss wurden verschiedene Frauen gebeten, daran zu schnuppern. Alle Oberteile verströmten den männlichen Duft eines getragenen Kleidungsstücks, aber die Frauen zeigten eine deutliche Vorliebe für gewisse Shirts, während sie von anderen eher abgestoßen waren. Als die Forscher Speichelproben sowohl der Männer als auch der Frauen analysierten, entdeckten sie, dass die Frauen eine Schwäche für Männer bewiesen hatten, die sich genetisch möglichst stark von ihnen selbst unterschieden[15].

Die Frauen erschnüffelten ganz offensichtlich Unterschiede in einer Gruppe von für das Immunsystem wichtigen Genen namens Haupthistokompatibilitätskomplex oder auch kurz MHC.

Die Psychologin Christine Garver-Apgar von der University of New Mexico in Albuquerque wiederum wollte wissen, ob MHC-Ähnlichkeiten und -Unterschiede zwischen den Partnern das Liebesleben oder Treueverhalten eines Paares beeinflussen können. Dafür untersuchten Dr. Garver-Apgar und ihre Kollegen 48 heterosexuelle Paare, die seit mindestens zwei Jahren liiert waren. Die Paare füllten Fragebogen über ihre sexuelle Reaktion auf ihren Partner und eventuelle Seitensprünge aus. Außerdem gaben sie Speichelproben ab, damit die Forscher ihren MHC analysieren konnten.

Die Ergebnisse ließen den Schluss zu, dass die MHC-Kompatibilität im Zusammenhang mit sexueller Zufriedenheit und Treue stehen könnte. Je ähnlicher der MHC einer Frau dem ihres Partners war, desto *weniger* Freude hatte sie am Sex mit ihm. Außerdem gaben diese Frauen häufiger an, Affären gehabt zu haben und sich zu anderen Männern hingezogen zu fühlen.

Bei Paaren mit ungleichem MHC hingegen waren die Frauen mit ihrem Liebesleben deutlich zufriedener und der eigenen Aussage nach treuer. Die Wissenschaftler entwickelten daraufhin sogar eine Formel, um das Seitensprungrisiko auf der Basis genetischer Kompatibilität festzustellen: Wenn Mann und Frau 50 Prozent ihrer MHC-Gene gemeinsam hatten, lag die Wahrscheinlichkeit, dass die Frau mit einem anderen Mann fremdgegangen war, bei ebenfalls 50 Prozent.[16] Bemerkenswert daran ist, dass bei Frauen die MHC-Anziehung die Auswahl des Partners zwar offenbar beeinflusst, während Männer dagegen allem Anschein nach nicht die Fähigkeit ausgebildet haben, den zu ihnen passenden MHC zu erschnüffeln.

Es gibt auch einige physische Anhaltspunkte, die auf eine menschliche Neigung zur Monogamie hindeuten. Einer davon ist die Hodengröße. Wenn sich die weiblichen Vertreter einer Spezies tendenziell mit mehr als einem Männchen paaren, dann verfügen die Männchen üblicherweise über größere Hoden, die mehr Ejakulat produzieren, wodurch sich die Chancen auf eine Befruchtung erhöhen. Wenn die Weibchen jedoch einem Männchen treu bleiben, sind große Hoden nicht entscheidend.

Nehmen wir mal den männlichen Silberrückengorilla, der im Vergleich zu seiner restlichen Statur relativ kleine Hoden hat. Doch dieses Gorillamännchen setzt im Kampf um ein Weibchen seine Körpergröße ein, nicht die Beharrlichkeit seiner Spermien. Wenn so ein Silberrücken erst mal die Kontrolle über ein

Weibchen gewonnen hat, kann er nach Lust und Laune mit ihr kopulieren, ohne Konkurrenz durch andere Artgenossen.

Im Gegensatz dazu haben männliche Schimpansen große Hoden entwickelt, um große Mengen an Spermien zu produzieren. Möglicherweise liegt das daran, dass Schimpansen über ihre Spermien konkurrieren statt über ihre Körpergröße. Innerhalb einer Gruppe paaren sich verschiedene Männchen mit demselben erwachsenen Weibchen, daher erhöht ein Männchen, das früh und häufig Sex hat, die Wahrscheinlichkeit, Nachkommen zu zeugen.

Was ist nun mit dem Menschen? Die Hoden eines Mannes sind größer als die eines Gorillas, jedoch kleiner als die eines Schimpansen. Das legt nahe, dass Menschen in Sachen Spermienrivalität irgendwo in der Mitte des Spektrums angesiedelt sind. Anders als Schimpansen sind Männer nicht unbedingt maßgeschneidert für Promiskuität, sehen sich aber einer stärkeren Konkurrenz gegenüber als der durchschnittliche Gorilla. Die Größe menschlicher Hoden weist dem Anschein nach darauf hin, dass Mehrfachpaarungen zwar eine Option bleiben, der *Homo sapiens* sich aber dennoch gut für langfristige Partnerschaften eignet.[17]

Statistiken über menschliche Treue

Seitensprünge bei Tieren sind zwar gut dokumentiert, über die Häufigkeit sexueller Untreue bei Menschen ist hingegen weniger bekannt.

Wir können schlecht Frauen mit fluoreszierendem Pulver bestäuben oder Männern Sender um den Hals hängen, um ihre Bewegungsmuster nachzuvollziehen. Die einzige vernünftige Möglichkeit, der menschlichen Beständigkeit auf den Grund zu gehen, besteht darin, sie zu fragen. Natürlich können die

Befragten auch lügen, was vergangene Fehltritte betrifft, doch umfangreiche, im Laufe zahlreicher Jahre zusammengetragene Datenmengen lassen auf eines schließen: Fremdgehen ist bei Ehepaaren offensichtlich eher die Ausnahme als die Regel. Die meisten Befragten behaupten, treu zu bleiben und sich nie auf Abwege zu begeben.

Die beständigsten Daten über Untreue stammen aus dem General Social Survey, einer von der amerikanischen National Science Foundation geförderten und an der Chicagoer Universität angesiedelten Langzeitstudie, die seit 1972 regelmäßig anhand von repräsentativen Stichproben die Meinungen und sozialen Verhaltensweisen der amerikanischen Bevölkerung dokumentiert. Die Umfragewerte zeigen, dass in jedem Untersuchungsjahr etwa zehn Prozent der verheirateten Personen – zwölf Prozent bei den Männern, sieben Prozent bei den Frauen – angeben, Sex außerhalb ihrer Ehe gehabt zu haben.

Überlegen Sie sich mal, was diese Zahlen wirklich bedeuten. Zu jedem Zeitpunkt waren 90 Prozent der Ehepaare laut eigener Aussage einander treu. Auch die Untreuequoten auf Lebenszeit gerechnet bleiben relativ niedrig. Im Jahr 2006 gaben 28 Prozent der Männer über 60 an, schon einmal eine Partnerin betrogen zu haben. Bei den Frauen dieser Altersgruppe waren es 15 Prozent.[18]

Warum besteht dann allgemein der Eindruck, Seitensprünge seien unter verheirateten Männern und Frauen sehr weit verbreitet? Daten über Ehebruch gibt es wie Sand am Meer. Manche Untersuchungen gehen von drastischen Zahlen wie 60 Prozent oder noch mehr aus, wohingegen andere weit konservativere Schätzungen hervorgebracht haben. Umfragen, die in Quellen wie etwa Frauenzeitschriften erscheinen, stellten die Seitensprungrate möglicherweise übertrieben dar, weil sie an etwas kranken, was Meinungsforscher den «Selektionseffekt» nennen: Allein das Thema Untreue zieht Teilnehmer an, die entweder betrogen wurden oder betrogen haben. Außerdem setzen Eheberater häufig einen sehr hohen Anteil treuloser Ehegatten in der

Gesamtgesellschaft voraus, wobei der Bevölkerungsquerschnitt, der in ihren Praxen landet, naturgemäß überproportional von zwischenmenschlichen Schwierigkeiten geprägt ist.

Ein weiteres Problem in Bezug auf die zum Thema Untreue gesammelten Daten besteht darin, dass sie den Zeitpunkt der außerehelichen Eskapaden nicht berücksichtigen. Wer, während er verheiratet ist, eine Affäre hat, entspricht sicherlich der konventionellen Definition eines Ehebrechers. Doch manche Menschen fangen erst dann an, Beziehungen neben ihren offiziellen Partnern zu haben, wenn ihrem Empfinden nach die Ehe irreparabel beschädigt ist. In diesen Fällen ist die Untreue das Anzeichen einer scheiternden Ehe, nicht die Ursache.

Obwohl Untreue nicht so gängig ist, gibt es einige überraschende Verschiebungen in dieser Hinsicht. Eine detaillierte Analyse der Daten des General Social Survey von 1991 bis 2006, zusammengestellt von David C. Atkins, Forscher am Center for the Study of Health and Risk Behaviors an der Washingtoner Universität, zeigt deutlich, dass von weiblicher Seite her ganz offenbar allmählich gleichgezogen wird: Jüngere Frauen betrügen ihre Partner beinahe so häufig wie Männer ihre Partnerinnen. Und auch auf Lebenszeit gerechnet steigt der Anteil. Bei den über 60-Jährigen gaben im Jahr 1991 20 Prozent der Männer und fünf Prozent der Frauen zu, schon einmal fremdgegangen zu sein. Diese Zahlen erhöhten sich sprunghaft auf 28 und 15 Prozent im Jahr 1996. Selbst bei vergleichsweise jungen Ehen sehen die Forscher große Veränderungen: Etwa 20 Prozent der Männer und 15 Prozent der Frauen unter 35 geben an, untreu gewesen zu sein, im Gegensatz zu 15 und zwölf Prozent im früheren Befragungszeitraum.[19]

Die Theorien darüber, warum dem Anschein nach immer mehr Menschen fremdgehen, variieren. Es könnte sein, dass die tatsächlichen Zahlen sich gar nicht verändern, sondern einfach nur mehr Leute zugeben, dass sie fremdgehen. Heutzutage haftet der Untreue weniger Stigma an als in der Vergangenheit. Einige Studien zeigen, dass unterschiedliche Forschungsmethoden Einfluss darauf haben, ob jemand einen Ehebruch zugibt. Forscher der University of Colorado und der Texas A&M University zum Beispiel befragten 4884 verheiratete Frauen mittels mündlicher Interviews und anonymer Computerformulare. Während der persönlichen Interviews gab nur ein Prozent der Frauen zu, ihrem Ehemann im vergangenen Jahr untreu gewesen zu sein. Doch als die Probandinnen die Umfrage durch die Anonymität eines Rechners geschützt ausfüllten, waren es über sechs Prozent.[20]

Soziale Trends hatten wahrscheinlich auch einen Einfluss. Es liegt nahe, dass die höhere Lebenserwartung und die verbesserte Gesundheit der Menschen einen Einfluss auf ihr Liebesleben hat. Medikamente gegen Potenzstörungen wie Viagra, Levitra und Cialis machen es älteren Männern leichter, weiterhin Geschlechtsverkehr und, in manchen Fällen, auch Seitensprünge zu haben. Frauen hingegen werden heutzutage üblicherweise Östrogen- und Testosteronpräparate angeboten, um beim Eintritt in die Wechseljahre den Sexualtrieb und die vaginale Gesundheit zu erhalten. Und selbst allgemeinmedizinische Fortschritte wie verbesserte künstliche Hüftgelenke können einem älteren Menschen die nötige körperliche Mobilität verleihen, um gesellig zu bleiben, Kontakt mit Angehörigen des anderen Geschlechts zu pflegen und auch die Ehe zu brechen, falls gewünscht.

Warum jüngere Paare und selbst Frischverheiratete heute anfälliger für Affären sind, ist nicht ganz klar, aber die allgemeinen Entwicklungen im Heiratsverhalten könnten einen Einfluss darauf haben. In unseren Tagen leben mehr Menschen als je zuvor schon vor der Hochzeit zusammen. Laut US-Zensus wohnten 2007 6,4 Millionen heterosexuelle Paare in einem gemeinsamen Haushalt, im Vergleich zu weniger als einer Million vor 30 Jahren. Untersuchungen zeigen, dass bei den in wilder Ehe lebenden Paaren prozentual mehr Partner untreu sind als in solchen, die erst mit Trauschein zusammenziehen. Es könnte also sein, dass die vor der Hochzeit entwickelten Verhaltensmuster sich in der Ehe fortsetzen.

Praktisch jede Untersuchung zum Thema Untreue zeigt, dass Männer deutlich häufiger ihre Frauen hintergehen als umgekehrt. Obwohl es tatsächlich den Anschein hat, dass das Risiko für Männer generell höher ist, klafft die Lücke nicht ganz so breit, wie oft berichtet wird. Viele Forscher glauben, dass Frauen nicht unbedingt treuer sind; es könnte sein, dass sie in dieser Hinsicht ganz einfach eher lügen.

Die Anthropologin Helen Fisher von der Rutgers-Universität, deren Buch *Anatomie der Liebe* sich mit Untreue befasst, stellt fest, dass Untreue in allen Kulturen vorkommt und es in Jäger-Sammler-Gesellschaften keinen Hinweis darauf gibt, dass Frauen seltener die Ehe brechen als Männer. Die Kluft in entwickelten Ländern wie den USA kann womöglich eher durch kulturellen Druck erklärt werden als durch tatsächlich unterschiedliche Sexualtriebe. Männer mit vielen Partnerinnen gelten üblicherweise als besonders maskulin, während man gleiches Verhalten bei Frauen als promiskuitiv bezeichnet. Historisch betrachtet war das Fremdgehen für Frauen rein logistisch schwieriger, denn Frauen lebten isoliert auf Bauernhöfen oder mit den Kindern im Haus, wodurch sie weniger Gelegenheiten zur Untreue hatten.

Heute dagegen bleiben verheiratete Frauen viel häufiger lange im Büro oder gehen auch mal auf Geschäftsreise. Selbst denjenigen, die nicht auswärts arbeiten, ermöglichen Handys, E-Mail oder SMS intimere Beziehungen, ohne das Haus verlassen zu müssen, sagen Paartherapeuten. Dr. Frank Pittman, ein Psychiater aus Atlanta, der auf Familien- und Paartherapie spezialisiert ist, hat bemerkt, dass immer mehr Frauen von Affären berichten, die sich auf «elektronischen» Kontakt konzentrieren. Häufig verstricken sich diese Frauen in emotionale Untreue durch den Austausch von persönlichen und intimen Details aus ihrem Leben – lange, bevor die Beziehung in physische Untreue mündet.

Obwohl es den Anschein hat, als würde mehr fremdgegangen, darf man nicht vergessen, dass es trotzdem nicht der Normalfall ist, den Ehepartner zu betrügen. «Natürlich ist es spannender und faszinierender, sich mit den Seitensprüngen und evolutionären Gründen dafür zu befassen», sagt der Mäuseforscher Dr. Gubernick. «Aber es gibt viele Männer auf der Welt, die monogam sind und es auch bleiben. Diese Tatsache wird gern heruntergespielt.»

Genau wie aufgeblähte Scheidungsstatistiken stellen auch aufgeblähte Ehebruchsstatistiken eine Gefahr für Paare dar. Wenn wir glauben, dass die meisten Menschen sich scheiden lassen oder fremdgehen, dann werden wir ambivalent in Bezug auf Treue, Ehe und unser eigenes Verhalten. Tatsächlich ist eine große Mehrheit immer noch der Ansicht, dass Ehebruch falsch sei, und die meisten Männer und Frauen geben in Befragungen nicht an, untreu zu sein.

Lektionen aus der Bindungsforschung

Warum sind manche Menschen beständiger in ihrer Beziehung als andere? Das war eine der Fragen, die den experimentellen Psychologen John Lydon von der McGill University in Montreal interessierte. Er erinnerte sich noch lebhaft an seine Zeit als Student an der Universität Notre Dame, als der jährlich stattfindende studentische Frühlingsball in Chicago als Beziehungskatalysator funktionierte. «Es war immer spannend, zu sehen, wie viele sich verlobten und wie viele sich trennten», sagt er. «An dem Abend fiel so manche Entscheidung.»

Das war die Basis für eine Reihe von Studien, die Dr. Lydon und seine Studenten an der McGill University durchführten. Er begleitete Studenten, die ihren Partner aus Schulzeiten zurückließen, als sie aufs College gingen, und er untersuchte, wie unterschiedliche Menschen auf Versuchungen oder vermeintliche Bedrohungen für eine Beziehung reagierten. Er zeigte Männern und Frauen, die in festen Beziehungen lebten, zunächst Fotos von attraktiven Personen. Beim nächsten Test zeigte er ihnen wieder Fotos und teilte ihnen außerdem mit, dass der abgebildete Mensch sich für den Probanden interessiere.

In der ersten Versuchsanordnung hatten die Probanden kein Problem damit, die Attraktivität der Personen auf den Fotos anzuerkennen. In der zweiten Situation, als man ihnen sagte, die Abgebildeten seien an ihnen interessiert, stuften sie diese jedoch als weniger ansprechend ein. Kurz gesagt, sobald die attraktive Person zu einer Bedrohung oder potenziellen Versuchung wurde, bestand die Reaktion darin, sie «abzuwerten» und weniger attraktiv zu machen.[21] «Je fester man sich gebunden fühlt, desto weniger anziehend findet man andere Menschen», erklärt Dr. Lydon dieses Verhalten. «Die Logik dahinter ist, dass man seine Beziehung so leichter aufrechterhalten kann. Ein Mann wird eine potenzielle Bedrohung seiner Beziehung durch eine attraktive Frau abwenden, indem er sagt: ‹So toll ist sie gar nicht.›»

Im Rahmen der Studien entdeckte Dr. Lydon auch einen Grund, warum Männer stärker gefährdet sind fremdzugehen als Frauen. Mehrere Studien zeigen, dass Frauen deutlich häufiger als Männer instinktiv ihre Beziehung schützen. Fühlt sich eine Frau von einem Mann angezogen, der nicht ihr Partner ist, reagiert ihr Gehirn anders als das eines Mannes, der Interesse an einer fremden Frau empfindet.[22]

Von 300 heterosexuellen männlichen und weiblichen Teilnehmern wurde die Hälfte gebeten, sich einen harmlosen Flirt mit einem attraktiven Angehörigen des anderen Geschlechts vorzustellen. Die restlichen Probanden sollten sich eine alltägliche Begegnung mit einem gleichgeschlechtlichen Gegenüber ausmalen. Im Anschluss an das prickelnde oder langweilige Fantasiegespräch mussten die Teilnehmer einen Lückentext ausfüllen.

Ziel der Studie war, herauszufinden, ob allein der Gedanke an eine anregende Begegnung mit einem Angehörigen des anderen Geschlechts unbewusst Gedanken an einen Seitensprung auslöst. Die Wörter bei dem Text konnten entweder als Signal für Bindungswilligkeit oder als eine gefühlte Bedrohung empfunden werden.

Der Test enthüllte verblüffende Unterschiede zwischen den Männern und Frauen, die im Geiste geflirtet hatten, und jenen Probanden, die sich eher banale Begegnungen ausgemalt hatten. Frauen, die Flirtfantasien gehabt hatten, lasen am häufigsten solche Worte heraus, die mit Bindung oder Bedrohung zu tun hatten.

Hier zwei Beispiele für die Wörter, welche die Teilnehmer ergänzen sollten:

T H R _ A T
L O _ A L

Die meisten Männer, die zuvor im Geiste mit einer attraktiven Frau geflirtet hatten, ergänzten:

T H R **O** A T (Hals, Kehle)
L O **C** A L (lokal)

Die Frauen hingegen ergänzten in der Regel folgende Buchstaben:

T H R **E** A T (Bedrohung)
L O **Y** A L (loyal)

Laut Dr. Lydon waren die Unterschiede zwischen Männern und Frauen so auffallend, dass für ihn der Schluss nahelag, bei Frauen löse der bloße Gedanke an eine Versuchung «Alarmglocken» im Gehirn aus. Auf Männer hingegen hat das ganz offensichtlich nicht denselben Effekt.[23]

In einer anderen Versuchsreihe wurden statt eingebildeter Erfahrungen echte Erlebnisse analysiert. Die Wissenschaftler untersuchten, wie Männer und Frauen ihre Ehepartner behandelten, nachdem sie im realen Leben einem attraktiven Menschen begegnet waren. Dazu mischten sich gutaussehende Schauspieler, die absichtlich subtile Flirtsignale aussandten, unter die Versuchspaare. Die Akteure gaben vor, ebenfalls Teilnehmer der Studie zu sein. Eine Vergleichsgruppe wurde mit eher reservierten Schauspielern zusammengebracht, die sich mit niemandem unterhielten.

Nachdem sie einige Zeit mit den attraktiven, flirtwilligen Fremden verbracht hatten, sollten die Paare sich vorstellen, ihr Ehepartner habe sie verärgert, indem er beispielsweise zu spät zu einer Verabredung gekommen sei oder sie angelogen habe. Nachdem die Probanden eine Weile über die eingebildete Verfehlung nachgegrübelt hatten, fragten die Forscher sie, ob sie ihren Partnern vergeben könnten.

Die Männer, die von einer Schauspielerin angeflirtet worden waren, verziehen ihrer Frau das hypothetische schlechte Benehmen viel seltener als die Männer, die nicht geschäkert hatten. Bei den Frauen jedoch zeigte sich die gegenteilige Reaktion: Diejenigen, die geflirtet hatten, waren viel eher bereit, ihrem Partner zu vergeben und sein Verhalten sogar zu entschuldigen, als die Frauen, die sich mit keinem der Schauspieler unterhalten hatten.

Diese Ergebnisse sprechen dafür, dass ein Mann, der von einer attraktiven Person in Versuchung geführt wird, sich seiner bestehenden Beziehung sofort weniger verpflichtet fühlt, weil er die neue Frau als gute Alternative betrachtet. Frauen hingegen betrachten einen Mann, der Interesse an ihnen zeigt, als Bedrohung, weshalb sie ihre Gefühle für den Partner bekräftigen, indem sie sein Fehlverhalten eher entschuldigen.

Die McGill-Forschung hat sich zum Ziel gesetzt, die Reaktionen von Männern und Frauen auf Flirtbegegnungen besser zu verstehen, um idealerweise Methoden zum Schutz vor Untreue für Paare entwickeln zu können. Anhand der Unterschiede in männlichem und weiblichem Verhalten ließen sich die Forscher in der Folge ein paar Empfehlungen einfallen, wie ein jeder sein

Gehirn umprogrammieren kann, um der Versuchung zu widerstehen.

Eine Strategie ist, vorauszuplanen. Das mag vielleicht banal klingen, aber man kann Verlockungen dadurch aus dem Weg gehen, dass man sich im Vorhinein überlegt, wie man damit umgehen könnte. Diese Vorgehensweise ist einer Brandschutzübung in einem Wohngebäude nicht unähnlich: Einfach nur durch das wiederholte Hinabsteigen einer Treppe wird das Gehirn so programmiert, dass man im Krisenfall, wenn man möglicherweise nicht so klar denken kann, angemessen reagiert. Auf der Basis dieser Theorie können Menschen, die sich eine Strategie für den Umgang mit den Avancen eines Kollegen oder der Begegnung mit einem attraktiven Fremden auf einer Geschäftsreise erarbeiten, möglicherweise im Augenblick eines ehelichen Krisenfalls, also wenn die Versuchung im realen Leben auftaucht, leichter widerstehen.

In einem weiteren Experiment sollten Männer sich vorstellen, an einem Wochenende, an dem ihre Freundin verreist war, eine gutaussehende Frau in einer Bar kennenzulernen. Im Anschluss daran mussten die Männer ebendiese Situation «üben», indem sie den folgenden Satz vervollständigten:

Wenn die Fremde auf mich zukommt, werde ich ____________, um meine Beziehung zu schützen.

Um herauszufinden, ob diese Trainingsmethode die Reaktionen von Männern beeinflussen kann, mussten die Probanden hinterher an einem virtuellen Spiel teilnehmen, bei dem sie sich unter anderem einige Zeit in diversen Räumen aufhalten mussten. In manchen der Zimmer flackerten Bilder attraktiver Frauen für Tausendstelsekunden auf – also so schnell, dass sie nicht bewusst wahrnehmbar waren, vom Unterbewusstsein aber noch registriert werden konnten, sagen die Forscher. Die Männer, die unmittelbar vorher den Übungssatz komplettiert hatten, neigten dazu, die Bereiche mit den aufflackernden Frauenbildern zu meiden.

Die Probanden dagegen, die an der Übung nicht teilgenommen hatten, zog es unwillkürlich gerade in diese Räume.[24]

Andere Studien beweisen, dass man unerlaubte Gedanken durchaus dämpfen kann, wenn man versucht ist, auf Abwege zu geraten. Viele Männer setzen diese Methode vielleicht sogar unbewusst ein, stellen es aber falsch an, etwa indem sie sich gut zureden, standhaft zu bleiben, wenn eine schöne Frau sie anflirtet. Beziehungsexperten halten es für einen Fehler, sich in einer solchen Situation darauf zu konzentrieren, dass man *nicht* auf das Angebot eingehen möchte. Man stelle sich zum Beispiel jemanden vor, der eine Diät beginnt und den Entschluss fasst, kein Eis mehr zu essen. Was ist seine erste Reaktion? Er lechzt nach Eis. Das Gleiche gilt, wenn man sich einredet, dass schon der bloße Gedanke an einen anderen Menschen tabu ist, denn allein diese Absicht bringt einen in Gefahr, das Gegenteil zu tun. Besser ist es, intensiv an den Menschen zu denken, den man liebt, oder ein Foto von ihm oder ihr zu betrachten, um so den fremden Reiz im Geiste zu verdrängen. Man sollte sich auf warme, liebevolle Gedanken konzentrieren, nicht auf sexuelles Begehren, denn das regt den Geschlechtstrieb, der einen überhaupt erst in Versuchung führt, nur zusätzlich an.[25]

Die Studie zeigt, dass man sehr wohl trainieren kann, der Versuchung zu widerstehen. Fast ausnahmslos geben Männer wie Frauen an, dass sie Treue in einer Ehe für wichtig halten und vorhaben, ihren Ehegatten niemals zu betrügen. Forschungen und Statistiken zeigen eindeutig, dass eheliche Treue im Tierreich vielleicht nicht unbedingt die Norm darstellen mag, es aber sowohl für Tiere als auch für Menschen möglich ist, sozial und sexuell zu einem Gefährten zu stehen. Die Fähigkeit, unsere Triebe zu kontrollieren, macht unter anderem das Wesen der menschlichen Natur aus – sie ist eines der vielen Merkmale, die uns von den niederen Geschöpfen unterscheiden. Wir heiraten, um einen Partner fürs Leben zu finden, und die Wissenschaft zeigt eindeutig, dass wir auf Ehe und feste Bindungen programmiert sind.

Doch was genau zieht uns zu einem anderen Menschen hin, befeuert unser Verlangen nach Treue und motiviert uns, das Eheversprechen abzugeben? Die Antwort lautet selbstverständlich: Liebe. Sie ist vermutlich der wichtigste Faktor in der biologischen Gleichung des Paarverhaltens, und dennoch gehört sie zu den kompliziertesten Gebieten in der Erforschung menschlicher Beziehungen.

Lieben und ehren:

Flirten, Anziehung und chemische Leidenschaft

> Liebe ist nichts weiter als ein schmutziger Trick der Natur, um das Fortbestehen der Menschheit zu garantieren.
>
> *W. Somerset Maugham*

In den 1960er Jahren studierte Elaine Hatfield an der Stanford University Psychologie. Ihre Kommilitonen waren emsig mit mathematischen Modellen und dem Verhalten von Ratten beschäftigt, in der Hoffnung, dadurch Einblicke in den menschlichen Geist zu erlangen. Elaine Hatfield interessierte sich dagegen vor allem für die Gespräche mit anderen Studenten nach dem Unterricht. Fast ohne Ausnahme hatten die jungen Leute damit zu kämpfen, aus Affären, Liebe und Ehe schlau zu werden und zu erkennen, wie wenig sie eigentlich alle vom vernünftigen Umgang mit zwischenmenschlichen Beziehungen wussten. Nach und nach fragte sich daher die angehende Psychologin und Forscherin, ob sie ihre akademischen Fertigkeiten nicht besser zum Studium von Paarverhalten nutzen könnte. Ist Liebe ein lohnenswerter Gegenstand wissenschaftlicher Forschung?, überlegte sie.

Schon bald schlug Dr. Hatfield eine universitäre Laufbahn ein, die sich systematisch mit dem Studium von körperlicher Anziehung, Schwärmereien, leidenschaftlicher Liebe und sexuellem Verlangen befasste. Ihre unorthodoxen Liebesstudien erregten die Aufmerksamkeit von William Proxmire, seines Zeichens Senator von Wisconsin, der sich hauptsächlich dadurch einen Namen machte, dass er die Verschwendung von Steuergeldern anprangerte. Er gab eine Pressemitteilung heraus, in der er das Forschungsprojekt mit dem Argument verriss, dass die Liebe als eines der großen Geheimnisse des Lebens vor dem Zugriff der Wissenschaft geschützt werden sollte.

«Ich lehne das ab, weil niemand, nicht einmal die National Science Foundation, behaupten kann, sich zu verlieben sei eine Wissenschaft», zeterte Senator Proxmire. «Außerdem bin ich dagegen, weil ich die Antwort gar nicht wissen will.» Die meisten Menschen, führte der Politiker ins Feld, «möchten manches im Leben als Mysterium belassen, und ganz oben auf der Liste der Dinge, die wir nicht wissen wollen, steht die Frage, warum ein Mann sich in eine Frau verliebt und umgekehrt».[26]

Die Kontroverse stieß Dr. Hatfield und die Liebesforschung unversehens ins nationale Rampenlicht. Die *Chicago Daily News* veranstaltete sogar eine Umfrage, ob Liebe und Sex ein sinnvoller Gegenstand wissenschaftlicher Forschung seien. Das Ergebnis? Die Wissenschaft verlor mit nur 12,5 Prozent der Stimmen.[27]

Glücklicherweise behielten die Skeptiker nicht das letzte Wort. James Reston, der einflussreiche Kolumnist der *New York Times*, verteidigte das Projekt. «Wenn die Soziologen und Psychologen auch nur die Andeutung einer Antwort auf unseren Umgang mit Liebe, Ehe, Desillusion, Scheidung – und den Kindern, die dabei auf der Strecke bleiben – finden können, dann wäre das die beste Investition staatlicher Gelder, seit Jefferson die Kolonie Louisiana gekauft hat», schrieb Mr. Reston.

Im Laufe der Zeit legte sich die kontroverse Debatte, und immer mehr Wissenschaftler fingen still und leise an, die Liebesforschung als legitime akademische Disziplin zu betreiben. Dr. Hatfield wurde später in ganz Amerika bekannt, weil sie eine häufig genutzte Skala entwarf, anhand derer Forscher die leidenschaftliche Liebe messen konnten. Heute floriert das Studium der Liebe. Gelehrte aller möglichen Disziplinen – Historiker, Sozialpsychologen, Evolutionsanthropologen, Demographen, Ökonomen, Mikrobiologen und Neurologen – haben diese strukturlose Emotion analysiert, seziert und dekonstruiert und dadurch ein tiefes und praktisches Verständnis der Wissenschaft von Liebe, Leidenschaft und Romantik entwickelt.

Eine der überraschendsten Entdeckungen der Liebesforschung ist die Frage, wie viele von unseren eigenen Verhaltensweisen in Gefühlsdingen programmiert, also durch den Selektionsdruck, der das Überleben unseres ererbten Genpools sicherte, in unsere DNS eingeprägt sind.

Im Tierreich stellen zahllose Spezies die unterschiedlichsten Formen von Balzverhalten zur Schau, es wird getänzelt, geklopft und sich in die Brust geworfen, um Aufmerksamkeit zu erregen. Eidechsen wiegen sich im Takt zu ihrem eigenen inneren Paarungslied, während Vögel herumstolzieren und hüpfen. Wölfe beschnüffeln sich zärtlich, knabbern einander am Fell und pressen sich beim Laufen dicht aneinander. Manchmal verneigt sich das Männchen vor dem Weibchen und legt einladend den Kopf schief. Das Ziel ist, einen potenziellen Partner durch unwiderstehliche und auffällige Imponiergesten, die auf besonders große Überlebensfähigkeit und gute Gene hindeuten, auf sich aufmerksam zu machen.

Wem das jetzt alles irgendwie bekannt vorkommt, der hat das vermutlich schon mal selbst erlebt. Menschen haben nämlich ein verblüffend ähnliches Repertoire von Balzritualen und -gesten. Wir nennen es Flirten.

Die frühesten Studien zum Thema Liebeswerben führte in den 1960ern Prof. Irenäus Eibl-Eibesfeldt durch, der das Verhalten von Tieren in ihrem natürlichen Umfeld erforschte. Der deutsche Ethologe richtete sein Objektiv dann allerdings auf den Menschen und filmte Männer und Frauen auf Südseeinseln, in großen Städten wie Paris, New York und Sydney sowie in kleinen Dörfern des Fernen Ostens, Afrikas und Südamerikas. Dafür benutzte er eine Spezialkamera, mit der er um die Ecke filmen konnte, sodass die Paare nichts davon bemerkten.

Durch seine Linse beobachtete er die typische Flirtgesten, die auf der ganzen Welt verblüffend ähnlich sind. Frauen, egal, ob sie nun aus traditionellen Gemeinschaften oder modernen Städten stammten, setzten eine identische Körpersprache ein, sobald sie sich in männlicher Gesellschaft befanden. Der Jargon des Flirtens besteht aus Lächeln, hochgezogenen Augenbrauen, um die Augen zu weiten, einem raschen Senken der Lider, dem Anziehen des Kinns an die Brust und neckischen Seitenblicken. Nachdem sie den Blick abgewendet haben, heben Frauen in der ganzen Welt gern die Hände in Mundnähe und kichern.

Wie unterlegene Tiere, die einen Partner anzuziehen versuchen, senden auch Menschen Signale der Unterwerfung und Hilflosigkeit aus, indem sie die Handflächen nach oben drehen, mit den Schultern zucken oder den Kopf neigen, um den Hals als Zeichen der Verwundbarkeit zu entblößen.

«Unsere nächsten tierischen Verwandten, die Schimpansen, begrüßen sich mit nach oben zeigenden Handflächen, um zu demonstrieren, dass sie einander freundlich gesinnt sind», schreibt der Psychologe und Beziehungsforscher David B. Givens. «Bei Menschen haben sich Gesten, bei denen die Handfläche offen sichtbar ist, ebenfalls bewährt, um auszudrücken: ‹Vertrau mir, ich tu dir nichts.› Auf der ganzen Welt gelten nach oben zeigende Handflächen als charmant und helfen, auf psychologische Weise den Partner zu entwaffnen, der sich seiner Absichten noch nicht ganz sicher sind.»[28] Neben einigen weiteren bekannten Sozialpsychologen hat Dr. Givens menschliche Flirtrituale in modernen Gesellschaften erforscht, indem er sich selbst in Kneipen, Restaurants und Cocktailbars unter die Singles mischte, um die verbalen und nonverbalen Botschaften zu entschlüsseln, die Männer und Frauen einander senden.

Inzwischen hat die Wissenschaft all unsere besten Spielzüge analysiert. Michael Cunningham, Professor für Psychologie an der Universität von Louisville, und der in Anchorage lehrende Professor Chris Kleinke haben zahlreiche Flirtsprüche gesammelt. Andere haben die Rolle körperlicher Attraktivität und sogar die unterschiedlichen Blicktypen studiert, mit denen Männer und Frauen einander umwerben.

Selbst die scheinbar endlosen Besuche, die Frauen der Toilette abstatten, gehören zum Ritual. Damit signalisiert eine Frau ihr Interesse an einem Mann, während sie gleichzeitig ihre eigene sexuelle Verfügbarkeit und Tauglichkeit zur Reproduktion demonstriert. Wie war das nochmal mit den sich wiegenden Eidechsen und den stolzierenden Vögeln? Auf ihrem Weg zur Toilette kann eine Frau mit den Hüften wackeln, einen koketten Seitenblick wagen, sich über die Lippen lecken, eine Haarsträhne zwirbeln und den Kopf nach hinten werfen.

Im Gegenzug kann der Mann, an den dieses Verhalten gerichtet ist, sich im Stuhl zurücklehnen, sodass seine Brust sich wölbt und das Kinn nach oben zeigt – man denke an einen Tauberich. Dann macht er vielleicht eine weit ausholende Geste oder reagiert auf den Witz eines Freundes mit übertriebenem Gelächter, um der Frau weiterhin aufzufallen – man denke an einen Pfau.

Dr. Monica Moore, Dozentin am Institut für Verhaltens- und Sozialwissenschaften an der Webster University in St. Louis, hat 52 verschiedene Verhaltensweisen beim Flirten katalogisiert, die Frauen einsetzen, um die Aufmerksamkeit eines potenziellen Partners zu erregen und zu erhalten. Darunter: intensive Blicke, Haare nach hinten werfen, sich herausputzen, Liebkosungen, Anlehnen und Tanzen.[29]

Unter anderem fand Dr. Moore heraus, dass körperliche Attraktivität nicht die beste Voraussetzung ist, um tatsächlich einen Partner zu finden. Weit wichtiger ist die Geschicklichkeit einer Frau beim Flirten – wie gut sie die entsprechenden nonverbalen Signale aussendet, die einem Mann versichern, dass er sich ihr nähern darf. Eine weniger attraktive Frau, die deutliche Zeichen gibt, erregt mehr Aufmerksamkeit als eine attraktivere Frau, die keine Signale sendet, sagt Dr. Moore.[30]

Wenn wir erst mal jemandes Aufmerksamkeit erregt haben, führt die wortlose Sprache der Balz zunächst zum Augenkontakt und damit zu einer direkten Begegnung. In diesem frühen Stadium der Bekanntschaft finden Paare oft Ausreden, um einander zu berühren – sie streichen dem anderen eine Haarsträhne zur

Seite oder picken einen Krümel vom Revers. Wenn sich die Anziehung weiter verstärkt und die beiden mehr Vertrauen zueinander fassen, verfallen sie buchstäblich in einen synchronen Rhythmus.

Mehrere Studien haben das Konzept der sogenannten «interaktionalen Synchronizität» dokumentiert, eines Phänomens, das zwischen zwei Menschen vorkommt, die nach einiger gemeinsam verbrachter Zeit einen ganz spezifischen Rhythmus in ihren Gesten entwickeln, wobei sie die Bewegungen des anderen entweder spiegeln oder ergänzen. Dieses Muster angeglichener Körpersprache wurde außerdem bei vielen Tieren beobachtet, und mehrere Untersuchungen haben es auch unter Müttern und Kindern nachgewiesen.[31]

Der Anthropologe Edward Hall erzählte die Geschichte von einem seiner Studenten an der Northwestern University, der eine Gruppe von Schulkindern beim Spielen filmte. Während er ihnen beim Toben, Springen und Hüpfen zusah, fiel ihm auf, dass die Bewegungsmuster sich in einen rhythmischen Takt übertrugen, den er sogar mit Musik unterlegte. Ein jedes Kind hielt offensichtlich unbewusst das Tempo seiner Kameraden.

«Der Rhythmus eines Volkes könnte sich als die am stärksten verbindende der Kräfte erweisen, die die Menschen zusammenhalten», schrieb Dr. Hall in einem seiner Bücher. «Ich bin zu dem Schluss gekommen, dass die menschliche Spezies in einem Meer von Rhythmus lebt, nicht für alle spürbar, für andere dagegen sehr konkret wahrnehmbar.»[32]

Einige Untersuchungen kamen zu dem Ergebnis, dass sich potenzielle Liebespaare, genau wie spielende Kinder und Mütter mit ihren Säuglingen, zu einem gemeinsamen Bewegungsrhythmus finden, je mehr sich ihr Interesse aneinander verstärkt.

In einer Studie analysierten die Forscher zehnminütige Begegnungen zwischen halbwüchsigen Schülern unterschiedlichen Geschlechts, die einander vorher nicht kannten. Man erklärte ihnen nur, sie nähmen nun an einem Experiment teil, das dann aber unterbrochen wurde, weil der Wissenschaftler zum Schein ans Telefon gerufen wurde. Während die beiden Teenager allein im Raum saßen, liefen Videokameras mit. Jeder schiefgelegte Kopf, jedes Vorbeugen und jede Haltungsveränderung wurde aufgezeichnet und codiert. Fragebogen enthüllten hinterher, welche der Schüler während der Wartezeit ein Interesse aneinander entwickelten.

Die Bewegungsmuster, die sich ergaben, waren komplex, ließen aber vermuten, dass zwei Menschen selbst in der allerersten Anfangsphase einer gegenseitigen Anziehung einen ganz eigenen Rhythmus herausbilden. Ein Paar wiederholte beispielsweise immer wieder denselben Bewegungsablauf: Der Junge lehnte sich zurück, das Mädchen fuhr sich zuerst durchs Haar und dann übers Gesicht – ganze drei Mal hintereinander.[33]

Andere Forschungsarbeiten berichten davon, dass Männer und Frauen, die sich näher kennenlernen, die Bewegungen des jeweils anderen wiederholen oder spiegeln. Sie drehen sich mit dem Stuhl herum und beugen sich einander zugewandt nach vorn, sie heben die Gläser und trinken in ungefähr dem gleichen Tempo. «Sobald wir uns zueinander hingezogen fühlen, stimmen wir uns auf einen gemeinsamen Takt ein», schreibt die Anthropologin Helen Fisher.[34]

Der Sozialpsychologe Timothy Perper aus Philadelphia stellt fest, dass die Beständigkeit des menschlichen Paarungstanzes als deutliche Erinnerung an die starken biologischen Kräfte dient, die uns dazu nötigen, uns einen Gefährten zu suchen. Die Muster, die er im Zuge seiner Forschung entdeckt habe, so schreibt er, drehten sich nicht allein darum, irgendeine Kneipenbekanntschaft zu machen. Vielmehr handelte es sich bei den Gesten und Ritualen um sichtbare Anzeichen dafür, dass zwei Menschen sich verlieben.[35]

Wie in Kapitel 2 bereits beschrieben, sind Frauen offenbar darauf programmiert, einen Partner zu finden, dessen MHC sich deutlich von ihrem eigenen unterscheidet, wie die T-Shirt-Studie der Forscher von der Universität Bern gezeigt hat. Das lässt darauf schließen, dass Frauen eine Geruchspräferenz für Männer mit abweichendem MHC haben. Die Fähigkeit, genetisch unterschiedliche Partner zu erschnuppern, könnte entstanden sein, um die Menschen von Inzucht abzuhalten, was zu gesünderen Kindern führt. Manche Forscher glauben sogar, dass sich das Küssen als eine Art MHC-Geschmackstest entwickelt hat, um die eigene Vereinbarkeit mit dem Immunsystem eines potenziellen Liebhabers zu überprüfen. Daraus lässt sich folgende Lehre ziehen: Je zufriedenstellender der Kuss für eine Frau ist und je angenehmer sie den Geruch des Mannes empfindet, desto größer ist die Wahrscheinlichkeit, dass man einen genetisch passenden Partner gefunden hat. Interessant ist dabei, dass die MHC-Anziehung zwar die *weibliche* Partnerwahl allem Anschein nach beeinflusst, Männer allerdings ganz offenbar nicht in der Lage sind, einen kompatiblen MHC zu erschnüffeln.

Nicht wenige Firmen haben versucht, aus diesen Ergebnissen Kapital zu schlagen, und bieten Gentests an, mit denen Männer und Frauen die MHC-Verträglichkeit ihres Partners ermitteln können. Die Firmenwerbung verspricht ein besseres Sexleben, mehr Orgasmen, ein geringeres Betrugsrisiko, höhere Fruchtbarkeit und gesündere Kinder.[36] Solch ein Test wäre natürlich faszinierend, aber leider sind die Werbeleute der Wissenschaft meilenweit voraus und behaupten Dinge, die nicht erforscht sind. Ein Paar sollte die Entscheidung über die Zukunft seiner Beziehung also lieber nicht auf der Basis eines nicht erprobten Speicheltests treffen.

Zwar kann man nicht sonderlich viel unternehmen, um sicherzustellen, dass man sich mit einem genetisch unterschiedlichen

Partner einlässt, doch die Wissenschaftler haben für Frauen immerhin einen guten Tipp parat: Falls sie einen bestimmten Mann ernsthaft als Partner fürs Leben in Betracht zieht, sollte sie die Pille absetzen und vorübergehend eine andere Form der Empfängnisverhütung wählen. Hormonelle Verhütungsmittel stumpfen erwiesenermaßen unsere natürlichen Instinkte in Bezug auf MHC-Unterschiede ab, und nicht wenige Forschungsergebnisse legen nahe, dass Frauen vorsichtig sein sollten, wenn sie sich einen Ehemann suchen, während sie die Pille nehmen.

Inwiefern beeinflusst die Pille denn nun den Auswahlprozess? Tatsächlich trafen Frauen, die hormonell verhüteten, bei den Tests mit den verschwitzten T-Shirts tendenziell eine schlechtere Wahl und bevorzugten Männer, deren MHC-Gene ihren eigenen zu ähnlich waren. Der Erklärungsansatz der Forscher lautet, dass die Pille dem Körper vorgaukelt, schwanger zu sein, und der biologische Geruchstest für die Partnersuche nicht mehr nötig ist. Frauen, die mit der Pille verhüten, gehen also möglicherweise das Risiko ein, sich einen genetisch ungeeigneten Gefährten zu suchen.[37]

Der Duft der Liebe hat aber auch auf die Entscheidungen der Männer Einfluss: Sein Geruchssinn führt einen Mann möglicherweise gezielt zu einer Frau, die empfängnisbereit ist. In einer jüngeren Studie wurde beispielsweise erforscht, wie viel Aufmerksamkeit eine Frau während unterschiedlicher Phasen ihres Menstruationszyklus bekommt – gemessen an der Höhe des Trinkgelds, das eine Reihe von Stripperinnen bekam. Die in der Zeitschrift *Evolution and Human Behavior (Evolution und menschliches Verhalten)* veröffentlichte Untersuchung zeigte auf, dass die Frauen an ihren fruchtbarsten Tagen mehr Geld verdienten als an anderen. Die Forscher fanden heraus, dass jene Frauen, die gerade ihren Eisprung hatten, etwa 335 US-Dollar in einer fünfstündigen Schicht bekamen. An den anderen Tagen verdienten sie in der gleichen Zeit nur 260 US-Dollar. Wenn eine der Stripperinnen gerade menstruierte – also an jenen Tagen, an denen eine Empfängnis am unwahrscheinlichsten ist –, sanken ihre Einnahmen sogar auf 185 US-Dollar. Das bedeutet Umsatzeinbußen von 45 Prozent in der Zeit zwischen Eisprung und Regelblutung.[38]

Martie Haselton, Psychologiedozentin an der University of California in Los Angeles, hat einige weitere Beispiele dokumentiert, bei denen die Ovulation Auswirkungen auf weibliche Beziehungen zu haben scheint. Sie stellte einen Zusammenhang zwischen Mode und Fruchtbarkeit her, da sie entdeckte, dass Frauen sich intensiver um ihr Aussehen kümmern, wenn der Eisprung unmittelbar bevorsteht.[39] In fruchtbaren Phasen wird außerdem die Stimme höher und weiblicher.[40] Und aus diversen Befragungen der Professorin geht hervor, dass Männer offenbar liebevoller, aufmerksamer und – bezeichnenderweise – eifersüchtiger auf andere Männer sind, wenn ihre Partnerin gerade ihren Eisprung hat.[41] Letzteres lässt vermuten, dass Männer über einen sechsten Sinn verfügen, mit dessen Hilfe sie ihre Partnerin besser bewachen und so ihr reproduktives Territorium beschützen können.

Die Chemie der Liebe

Jeder, der schon einmal verliebt war, kennt auch die Hilflosigkeit angesichts der schieren Wucht der Emotion. Wenn Liebe neu ist, kann sie alles andere in den Hintergrund drängen. Liebe erfüllt unser Herz, unseren Körper und unseren Kopf, lenkt uns von Arbeit, Freunden und so ziemlich allem außer dem Objekt unserer Zuneigung ab. Für nichts anderes bleibt Platz. Dichter und Denker beschreiben diese Emotion häufig als Wahnsinn und Elend.

Der französische Philosoph und Mathematiker Blaise Pascal sagte dazu einmal: «Das Herz hat Gründe, die der Verstand nicht kennt.»

Doch während die Launen des Herzens weiterhin ein Rätsel bleiben, zeigen zahlreiche Studien zum Thema Liebe, dass sie durchaus mehr als nur ein wildes, ungezähmtes Gefühl ist. Liebe ist ein physischer Zustand, eine biologische und chemische Reaktion, die diverse Veränderungen im gesamten Körper auslöst.

Schon seit einiger Zeit ist klar, dass eine Vielzahl von neurochemischen Stoffen und Hormonen mit leidenschaftlicher Liebe und sexuellem Begehren verknüpft sind. Donatella Marazziti, Psychiaterin an der Universität von Pisa, hat Frischverliebte regelmäßig Bluttests unterzogen und untersucht, inwiefern romantische Gefühle die Konzentration von verschiedenen Botenstoffen und Hormonen im Körper beeinflussen.

In einer Studie untersuchten Dr. Marazziti und ihre Kollegen den Zusammenhang von Liebe und dem Neurotransmitter Serotonin, der für Stimmungslage, Schlaf und Gedächtnis zuständig ist. Zu diesem Zweck ermittelten die Wissenschaftler den Serotoninspiegel mehrerer Testpersonen, die frisch verliebt waren, und verglichen die Werte mit ganz normalen Probanden, die nicht gerade auf Wolke sieben schwebten. Dazu kam eine dritte Gruppe: Patienten mit einer Angststörung, die geprägt ist von sich immer wieder aufdrängenden Gedanken und ständig wiederholten, ritualisierten Handlungen. Am Ende wiesen die liebestrunkenen Teilnehmer eine verblüffende Ähnlichkeit zu den zwangsgestörten auf. Bei beiden Probandengruppen war, im Gegensatz zu den Teilnehmern, die weder nerven-, noch liebeskrank waren, ein Absinken des Serotoninspiegels nachweisbar.[42]

Das Ergebnis trägt zur Erklärung des zwanghaften Charakters der Liebe im Anfangsstadium bei – wenn man einfach nicht aufhören kann, an den Menschen zu denken, den man gerade erst kennengelernt hat, und es schwierig wird, sich auf alltägliche Aufgaben zu konzentrieren. Die Anthropologin Helen Fisher hat beobachtet, dass Frischverliebte bis zu 85 Prozent des Tages damit verbringen, an die oder den Angebetete(n) zu denken.

In anderen Untersuchungen widmeten sich Dr. Marazziti und ihr Kollege Domenico Canale der Frage, inwieweit Liebe andere

Hormone beeinflusst, und entdeckten wiederum massive chemische Schwankungen. Nehmen wir nur mal Testosteron, das Geschlechtshormon, das sowohl bei Männern als auch bei Frauen viele Funktionen innehat: Wenn Frauen sich verlieben, steigt ihr Testosteronspiegel, bei Männern dagegen sinkt die Konzentrationsfähigkeit. Darüber hinaus beobachteten die Wissenschaftler abweichende Konzentrationen von Cortisol, einem Hormon, das bei körperlichem oder seelischem Stress ausgeschüttet wird, sowie von FSH, dem follikelstimulierenden Hormon, das bei Frauen für Eizellenwachstum und -reifung und bei Männern für die Spermaproduktion zuständig ist. Diese Veränderungen zeigen, dass Verliebtheit sehr wohl Auswirkungen auf den Körper hat, wobei hinzugefügt werden muss, dass diese chemischen Schwankungen nicht von Dauer sind. Als die italienischen Forscher dieselben Freiwilligen zwölf bis 24 Monate später erneut testeten, hatten sich die Hormonspiegel normalisiert.

Des Weiteren gibt es diverse spannende Untersuchungen über die Rolle der sogenannten Bindungshormone Oxytocin und Vasopressin in Paarbeziehungen. Oxytocin löst beispielsweise die Geburtswehen aus, wird ausgeschüttet, wenn eine Frau ihr Kind stillt und ist während des weiblichen Orgasmus in hoher Konzentration vorhanden. Vasopressin hingegen hat eine Reihe von Auswirkungen auf Blutdruck und Gehirntätigkeit. Wissenschaftler glauben, dass beide Stoffe eine wichtige Rolle im Bindungsprozess spielen. Übrigens sind das dieselben Hormone, die bei den monogamen und sexuell treuen Präriewühlmäusen entdeckt wurden, um die es in Kapitel 2 ging.

Andere Studien lassen außerdem auf eine Funktion von Oxytocin bei der leidenschaftlichen Liebe schließen. Dr. Marazziti und ihre Kollegen maßen die Oxytocinspiegel von 44 Probanden, von denen einige frisch verliebt, andere in langfristigen Beziehungen und wieder andere nicht liiert waren. Die Teilnehmer, die sich viele Sorgen und Gedanken um ihre Partner machten, wie es typisch für eine junge Liebe ist, wiesen auch höhere Konzentrationen von Oxytocin auf.[43]

Da Leidenschaft normalerweise die Anfangsphase einer Liebe kennzeichnet, stellt sie häufig auch ein Kriterium dar, an dem Paare die Qualität ihrer Beziehung messen. Nostalgisch erinnern sich lang Verheiratete oft an die elektrisierende Chemie der ersten gemeinsamen Tage. Die Psychologin Elaine Hatfield geht davon aus, dass es zwei Grundformen von Liebe gibt, welche die meisten Beziehungen zwischen Verheirateten abdecken:

- Leidenschaftliche Liebe: Wenn wir uns in den Fängen der Leidenschaft befinden, empfinden wir eine praktisch ununterbrochene, starke Sehnsucht nach dem anderen, die von ausgeprägter physiologischer Erregung gekennzeichnet ist. Falls das Gefühl erwidert wird, erleben wir Erfüllung und Verzückung. Unerwiderte Liebe hingegen führt zu Verzweiflung und innerer Leere.
- Kameradschaftliche Liebe: Diese Empfindung ist weit weniger intensiv, aber nicht weniger mächtig. Sie verbindet Gefühle von Zuneigung, fester Bindung und Vertrautheit miteinander und gilt denjenigen, mit denen unser eigenes Leben eng verflochten ist.[44]

Bei den meisten Paaren verblassen Leidenschaft und Romantik mit der Zeit und weichen im Laufe der Jahre einer ruhigeren, zufriedeneren Liebe. Da leidenschaftliche Liebe auf die Dauer erschöpfend und emotional auslaugend sein kann, wird der Wechsel zu einer weniger anstrengenden, beständigeren Empfindung von den Beteiligten häufig begrüßt.

Wo im Spektrum der Liebe steht Ihre Beziehung? Mit der nun folgenden Skala, die Dr. Hatfield und die Soziologin Dr. Susan Sprecher entwickelt haben, lassen sich die kognitiven, emotionalen und die Verhaltensaspekte der Leidenschaft einstufen. Obwohl Beziehungsforschern diese «Skala leidenschaftlicher Liebe» sehr gern benutzen, weist Dr. Hatfield darauf hin, dass man den Test nur zum Spaß machen sollte. Auf keinen Fall sollten Sie folgenschwere Entscheidungen auf der Basis dieser 15 Fragen treffen. «Die Liebe und das Leben sind sehr komplex und die Gefühle eines Menschen immer vielschichtig», mahnt Dr. Hatfield.

Beziehungstest 1:
Leidenschaft

Bewerten Sie die folgenden Aussagen anhand der Skala, um den Stand Ihrer eigenen Leidenschaft zu ermitteln. Denken Sie an den Menschen, den Sie im Augenblick am leidenschaftlichsten lieben, und machen Sie einen Kreis um die Ziffer, die Ihnen am zutreffendsten erscheint. Die Skala reicht von 1 – «trifft überhaupt nicht zu» – bis 9 – «trifft voll und ganz zu». Am Ende addieren Sie bitte die Werte und vergleichen das Ergebnis mit dem Auswertungsschlüssel, um zu sehen, wie heiß das Feuer Ihrer Liebe brennt.

	Trifft nicht zu … trifft zu
Ich wäre zutiefst verzweifelt, wenn mein Partner mich verlassen würde.	1 2 3 4 5 6 7 8 9
Manchmal habe ich das Gefühl, meine Gedanken nicht unter Kontrolle zu haben; sie kreisen zwanghaft um meinen Partner.	1 2 3 4 5 6 7 8 9
Ich bin glücklich, wenn ich etwas tue, was meinen Partner glücklich macht.	1 2 3 4 5 6 7 8 9
Ich bin lieber mit meinem Partner zusammen als mit irgendeinem anderen Menschen.	1 2 3 4 5 6 7 8 9

Ich wäre eifersüchtig, wenn ich glauben würde, dass mein Partner sich in einen anderen Menschen verliebt.	1 2 3 4 5 6 7 8 9
Ich möchte unbedingt alles über meinen Partner wissen.	1 2 3 4 5 6 7 8 9
Ich begehre meinen Partner körperlich, emotional und geistig.	1 2 3 4 5 6 7 8 9
Ich habe ein unersättliches Verlangen nach Liebesbezeugungen von meinem Partner.	1 2 3 4 5 6 7 8 9
Für mich ist mein Partner der perfekte Liebespartner.	1 2 3 4 5 6 7 8 9
Ich spüre, wie mein Körper reagiert, wenn mein Partner mich berührt.	1 2 3 4 5 6 7 8 9
Ich denke ständig an meinen Partner.	1 2 3 4 5 6 7 8 9
Ich möchte, dass mein Partner mich kennt – meine Gedanken, meine Ängste und meine Hoffnungen.	1 2 3 4 5 6 7 8 9
Ich achte gespannt auf Anzeichen dafür, dass mein Partner mich begehrt.	1 2 3 4 5 6 7 8 9
Ich übe eine starke Anziehungskraft auf meinen Partner aus.	1 2 3 4 5 6 7 8 9
Ich bin extrem niedergeschlagen, wenn es in meiner Beziehung nicht gut läuft.	1 2 3 4 5 6 7 8 9

Auswertung des Tests

106–135 Punkte: Extrem leidenschaftlich. Ihre Liebe ist wild und ungestüm.

86–105 Punkte: Leidenschaftlich. Das Feuer der Leidenschaft brennt noch, wenn auch nicht mehr ganz so heftig.

66–85 Punkte: Durchschnitt. Allgemeine Zufriedenheit mit gelegentlichen Funken.

45–65 Punkte: Abgekühlt. Lauwarme, sporadische Leidenschaft.

15–44 Punkte: Extrem abgekühlt. Das Feuer ist erloschen.

Die Liebe verursacht ohne Zweifel ein chemisches Chaos in unserem Körper – keine überraschende Tatsache, wenn man an all das Kribbeln und die Aufregung denkt, die man mit einer neuen Beziehung assoziiert. Doch die Wissenschaftler, die sich mit den breiten Schwankungen in der Konzentration von Botenstoffen und Hormonen im Verliebtheitszustand beschäftigen, wollten mehr wissen. Wie sieht Liebe im Gehirn aus?

Diese Frage war noch bis vor kurzem nicht zu beantworten, denn die Möglichkeit, verliebte Gehirne wissenschaftlich zu erforschen, ist das Ergebnis eines technologischen Durchbruchs in den 1990ern, der sogenannten funktionellen Magnetresonanztomographie oder kurz fMRT. Konventionelle Magnetresonanztomographen verwenden starke Magnet- und Radiowellen, um detaillierte Bilder des Gehirns oder anderer Organe herzustellen. Mit Hilfe dieser Apparate lassen sich Gehirntumore, Schlaganfälle und andere Krankheiten diagnostizieren.

Doch die funktionelle MRT geht noch einen Schritt weiter, indem sie die Konzentration des Blutsauerstoffs im Gehirn misst. Wann immer ein Teil des Gehirns aktiv wird, weiten sich die kleinen Adern in dieser Region, wodurch mehr Blut hindurchfließt. Demzufolge lassen sich mit Hilfe von fMRT-Aufnahmen die Reaktionen des Gehirns auf fast jede Art von emotionaler Stimulation einschließlich akustischer oder visueller Bilder beobachten.

Man geht davon aus, dass eine Gruppe deutscher Neurowissenschaftler im Jahr 1993 als Erste das Gehirn durchleuchteten, um zu beobachten, wie es in unterschiedlichen Gefühlszuständen aussah, unter anderem bei leidenschaftlicher Liebe. Die Forscher kamen zu dem Schluss, dass die Strukturen der Liebe im Gehirn ein «mentales Chaos» darstellen.[45] Erst sieben Jahre später beschlossen Andreas Bartels und Semir Zeki vom University College London, sich die neue Technologie zunutze zu machen, um die neurologischen Grundlagen der Liebe genauer unter die Lupe zu nehmen. Sie wollten verstehen, welche Teile des Gehirns reagieren, wenn Menschen dieses intensive Gefühl erleben. Dazu wählten sie elf Frauen und sechs Männer aus, die in der sogenannten «Skala leidenschaftlicher Liebe» hohe Werte erzielt hatten. Diese Probanden erklärten, «wirklich unsterblich, ja fast schon wahnsinnig verliebt» zu sein.

Doch die Erforschung von Emotionen im Gehirn ist eine knifflige Angelegenheit. Verliebte haben natürlich tiefe Gefühle für ihre Angebeteten, hegen aber gleichzeitig auch starke Empfindungen für enge Freunde und Verwandte. Die Frage ist nun, ob das Gehirn anders auf jemanden reagiert, für den man Leidenschaft empfindet, als auf Personen, die man von Herzen liebt, wie zum Beispiel Kinder, Eltern und gute Freunde. Um das herauszufinden, zeigten die Forscher den Probanden vier ähnliche Fotos. Verliebte Frauen bekamen Bilder ihres Partners und dreier männlicher Freunde in ähnlichem Alter vorgelegt, zu denen sie große Zuneigung empfanden. Entsprechend sollten die Männer je ein Foto von ihrer Partnerin und drei von ähnlichen Freundinnen betrachten. Um Unterschieden hinsichtlich der Gefühle für alte und neue Freunde Rechnung zu tragen, vergewisserten sich die Wissenschaftler, dass die Probanden ihre Freunde mindestens so lange kannten wie ihre Partner.

Um endgültig sicherzugehen, dass sie wirklich Menschen vor sich hatten, die rettungslos verliebt waren, ermittelten sie noch zwei zusätzliche Werte. Zum einen sollten die Teilnehmer ihre Gefühle von Liebe und sexueller Erregung bei der Betrachtung der Bilder ihrer Partner und ihrer Freunde selbst einstufen. Zum anderen untersuchten die Wissenschaftler die galvanische Hautreaktion – ein Bestandteil des Polygraphentests, bei dem Gemütsbewegungen untersucht werden –, während die Probanden die Fotos ansahen.

Die Ergebnisse enttäuschten die Erwartungen nicht. Die Aufnahmen der Gehirne zeigten, dass ganz bestimmte Areale aktiv werden, wenn jemand das Gesicht eines Menschen betrachtet, für den er leidenschaftliche Liebe empfindet. «Wir haben nachgewiesen, dass einer der reichsten Erfahrungen der Menschheit ein funktional spezialisiertes Gehirnsystem zugrunde liegt», fassten die Autoren ihre Ergebnisse zusammen.[46]

Leidenschaft rief eine verstärkte Aktivität in jenen Bereichen des Gehirns hervor, die in Zusammenhang mit Glücksgefühlen und Belohnung gebracht werden, und minderte die Tätigkeit in jenen Arealen, in denen Kummer und Schwermut angesiedelt sind. Die Befunde zeigten also, dass Liebe nicht nur ein mächtiges Gefühl ist, sondern ein tiefgreifender körperlicher Zustand, der echte und sichtbare Veränderungen in unserer Gehirnstruktur auslöst.

Vernebelt Liebe den Verstand?

Eine der interessantesten Erkenntnisse der fMRT-Studie war, dass leidenschaftliche Liebe offenbar die Teile des Gehirns deaktiviert, die mit dem kritischen Denken in Verbindung gebracht werden. Mit anderen Worten: Verliebt zu sein, kann die Urteilskraft beeinträchtigen.

Diese Untersuchungsergebnisse könnten ansatzweise erklären, warum verliebte Menschen häufig schlechte Entscheidungen treffen. Wie oft hat ein jeder schon eine gute Freundin erlebt, die so vernarrt in ihren neuen Partner war, dass sie die augenfälligen Anzeichen drohenden Ärgers, wie zum Beispiel Jähzorn, vergessene Rückrufe oder sogar Hinweise darauf, dass das Objekt ihrer Begierde verheiratet sein könnte, einfach nicht zur Kenntnis nahm? Ein verliebter Mensch geht unter Umständen Kompromisse ein, die er normalerweise niemals machen würde – zu spät zur Arbeit kommen oder einen nahenden wichtigen Abgabetermin missachten –, nur um dem oder der Angebeteten gefällig zu sein. Verliebte neigen zur Idealisierung eines Partners und ignorieren oft unübersehbare Fehler; immerhin wurden die Teile des Gehirns, die eine kritische zwischenmenschliche Wertung und negative Emotionen kontrollieren, abgeschaltet.

Die Bilder, die der Magnetresonanztomograph bei der Studie zeigte, erklären auch die tiefe Bindung, die wir zu einem geliebten Menschen aufbauen. Denn auf den Aufnahmen ist deutlich zu sehen, dass leidenschaftliche Liebe dieselben Gehirnareale aktiviert, die auch für Belohnung und Sucht zuständig sind. Wenn wir verliebt sind, können wir einfach nicht genug von dem anderen bekommen. Die Befunde verdeutlichten, so die Autoren der Studie, «die Macht der Liebe, zu motivieren und in Hochstimmung zu versetzen».[47]

Weitere Studien der Anthropologin Helen Fisher, des Psychologen Arthur Aron von der Stonybrook University in Stonybrook, New York, und der Forscherin Lucy Brown vom Albert Einstein College für Medizin geben zusätzlichen Aufschluss über den einzigartigen Apparat, der die Liebe entfacht. Emotionale Anziehung aktiviert nämlich jene Teile des Gehirns, die eine hohe Anzahl von Rezeptoren für Dopamin besitzen, jenen chemischen Botenstoff, der auch bei Drogensucht, heftigen Gelüsten und Euphorie aktiv ist.[48]

Dr. Fisher stellte fest, dass Frischverliebte Anzeichen einer Dopaminwirkung zeigen – sie haben grenzenlose Energie, sie können nicht schlafen, haben kaum Appetit und lechzen nach der oder dem Auserwählten. Ein verliebter Mensch hat tatsächlich etwas von einem Süchtigen; genau wie jemand, der einen Entzug durchmacht, wird er in Abwesenheit des Partners nervös und unkonzentriert. Doch schon die kleinste Dosis Aufmerksamkeit – ein Anruf oder eine SMS – wirkt wie ein «Schuss» und beruhigt zumindest vorübergehend.

In vielerlei Hinsicht zeigt die MRT-Studie demnach, dass die rasenden Liebesgefühle im Grunde genommen eine heftige Attacke auf die geistige Gesundheit sind. Das chemische Gewitter, das sie im Gehirn verursachen, ist einer Drogensucht oder auch einer Zwangsstörung verblüffend ähnlich. Liebe macht uns wirklich verrückt. «Die an dieser Emotion beteiligten Vorgänge im Gehirn haben gewaltige Auswirkungen», sagt Dr. Fisher. «Alles, was im Kopf vor sich geht, alles, was bei der Liebe passiert, hat eine chemische Basis.»[49]

In einer jüngeren Untersuchung befassten sich Dr. Fisher und ihre Kollegen mit 15 Testpersonen, die total verliebt waren – allerdings unglücklich. Sie mussten sich zunächst Bilder von Menschen ansehen, die sie kannten, für die sie jedoch keine starken Gefühle hegten. Im Anschluss zeigte man ihnen ein Bild der oder des Angebeteten.

Die Aufnahmen von den Gehirnen der verschmähten Probanden geben ebenfalls klare Hinweise darauf, warum das Zerbrechen einer Beziehung großen Kummer auslösen kann. Die Probanden, die mit einer gescheiterten Liebe zu kämpfen hatten, zeigten Aktivität im Dopaminsystem – was darauf schließen ließ, dass sie immer noch starke Gefühle für die- oder denjenigen hatten, die ihnen die kalte Schulter gezeigt hatten. Gleichzeitig waren aber auch Regungen in jenen Gehirnarealen nachweisbar, die mit Risikobereitschaft, Wutkontrolle und zwangsneurotischen Störungen assoziiert werden. Bemerkenswerterweise war außerdem Aktivität in einem Teil des Kopfes sichtbar, der in Verbindung mit körperlichem Schmerz steht.

Die Abbildung von Gehirntätigkeit zum Studium emotionaler Veränderungen ist eine noch junge Wissenschaft. Doch die Bilder zeigen, welchen Tribut Beziehungsprobleme fordern und warum ein Streit mit dem Partner oder eine Trennung buchstäblich schmerzhaft sein kann. Wenn jemand verschmäht wurde, herrsche in seinem Kopf eine «ungesunde Mischung», schreibt Dr. Fisher. «Man empfindet starke Liebe, man ist bereit, große Risiken einzugehen, man leidet körperliche Schmerzen, denkt zwanghaft über den anderen nach und hat Mühe, seine Wut zu beherrschen», sagt sie. «Man ist nicht im Vollbesitz seiner kognitiven Fähigkeiten. Es kann passieren, dass ein Teil des Verstands sich abschaltet.»[50] «Breaking up is hard to do», wie schon Neil Sedaka in den 1960ern sang.

In gewisser Weise ist es beruhigend, dass uns sehr wahrscheinlich unsere primitivsten Instinkte zu unserem Partner hingezogen haben und dass es derselbe uralte Instinkt ist, der uns mit ihm zusammenhält, um die besten Chancen auf gesunde Kinder und ein solides Liebesleben sowie die größtmöglichen Erfolgsaussichten für eine treue Beziehung zu gewährleisten. Was passiert, wenn eine Liebe entsteht, scheint in dem Moment unglaublich real und mächtig, dennoch wird ein beträchtlicher Teil davon durch die Vorgänge im Chemietopf unseres Hormonhaushalts verursacht.

Obwohl biologische Triebe und genetische Verhaltensmuster die Flammen der Anziehungskraft schüren können, ist das noch nicht das Ende vom Lied. Wenn wir einen Partner gefunden haben, liegt es an jedem Einzelnen von uns, das Feuer der Liebe sorgfältig zu schüren und uns alle Mühe zu geben, die Leidenschaft, die uns überhaupt erst zusammengeführt hat, immer wieder anzufachen.

Wie die Wissenschaft von der Liebe Ihre Ehe verbessern kann

Liebe ist eine derart komplexe Emotion, dass es im Arabischen mehr als ein halbes Dutzend Wörter gibt, um sie angemessen zu beschreiben – ein Phänomen, das in Ahdaf Soueifs Roman *Die Landkarte der Liebe* folgendermaßen beschrieben wird:

> «Hubb» ist Liebe, «ishq» ist Liebe, die zwei Menschen verbindet, «shaghaf» ist Liebe, die sich in den Kammern des Herzens einnistet, «hayam» ist Liebe, die über die Erde wandert, «teeh» ist Liebe, in der man sich verliert, «walah» ist Liebe, die Schmerz in sich birgt, «sababah» ist Liebe, die aus den Poren dringt, «hawa» ist Liebe, die ihren Namen mit «Luft» und mit «fallen» teilt, «gharam» ist Liebe, die gewillt ist, den Preis zu bezahlen.[51]

Wer schon einmal geliebt hat, braucht kein Arabisch zu beherrschen, um zu verstehen, dass nicht jede Liebe gleich ist. So empfinden wir für unsere Kinder etwas völlig anderes als für unsere Freunde, Liebhaber oder Ehegatten. Selbst innerhalb einer Liebesbeziehung erleben wir unterschiedliche Intensitäten dieses Gefühls, und nicht selten verändert sich die Liebe im Laufe der Zeit. Neben der nervösen Leidenschaft der ersten Verliebtheit und der beständigen Zufriedenheit der Ehe gibt es da auch noch die tiefe Hingabe lebenslanger Beziehungen.

Helen Fisher sagt, dass die menschliche Fähigkeit, unterschiedliche Formen von Liebe zu empfinden, ein Nebenprodukt der Evolution sei. Der Lust, der Anziehung und der Zuneigung würden jeweils unterschiedliche Neurotransmitter und Hormone zugeordnet, und diese «Emotions-Motivations-Systeme» hätten sich entwickelt, um drei verschiedene Aspekte der Reproduktion zu beeinflussen: Der Geschlechtstrieb motiviere Menschen, sich einen Partner zu suchen, die Schaltkreise, die mit der Anziehung befasst seien, motivierten Männer und Frauen, einen genetisch passenden Partner zu wählen, und der Bereich des Gehirns, der für die Zuneigung zuständig sei, erhalte eine Beziehung lange genug aufrecht, um Kinder aufzuziehen und zu beschützen.

Allerdings täuscht diese wissenschaftliche Erklärung über die Komplexität der zahlreichen Liebestypen hinweg. Wenn wir Glück haben, und das haben Gott sei Dank die meisten von uns, dann entdecken wir an irgendeinem Punkt in unserem Leben die Liebe, obwohl sie viele Formen annehmen kann. Romantische Liebe macht schwindlig, kameradschaftliche Liebe ist tröstlich, und erfüllte Liebe ist dauerhaft. Die unterschiedlichen Formen der Liebe zu verstehen und zu erkennen, wie sie sich im Laufe der Zeit vielleicht verändert und entwickelt, kann Paaren dabei helfen, ihre eigenen Emotionen und damit ihre Beziehung besser einzuschätzen. Fangen wir doch einfach mal mit dem grundlegendsten Ausdruck der Liebe an, dem berühmten Satz: «Ich liebe dich.»

Was bedeuten diese Worte für Sie? Die meisten von uns glauben, die Antwort zu kennen, doch in Wahrheit meinen Menschen häufig nicht das Gleiche damit. Die Soziologin Terry Hatkoff von der California State University hat sechs Grundformen der Liebe benannt. Sie lauten:

- romantisch – gekennzeichnet von Leidenschaft und sexueller Anziehung;
- beste Freunde – tiefe Zuneigung und Fürsorge;
- logisch – wenn praktische Dinge wie Geld, Religion und Werte die Gefühle beeinflussen;
- spielerisch – von einem gewissen Unernst geprägt, die Aufregung von Flirts und reizvollen Begegnungen;
- besitzergreifend – gekennzeichnet von Eifersucht und Obsession;
- uneigennützig – gekennzeichnet von Pflege, Güte und Opferbereitschaft.

Basierend auf diesen sechs emotionalen Komponenten entwickelte Dr. Hatkoff eine Skala, um zu messen, wie unterschiedliche Menschen die Liebe definieren. Diese Skala wurde an Tausenden von Männern und Frauen getestet und wird inzwischen von vielen Familientherapeuten sowohl als Forschungs- als auch als diagnostisches Werkzeug genutzt.

Dr. Hatkoff behauptet, die meisten Leute entdeckten anhand des Tests, dass sie zwei oder drei dominante Liebesformen hätten, häufig beantworte der jeweilige Partner die Fragen allerdings anders. So hilfreich es auch ist, sein eigenes Verständnis von Liebe zu begreifen – noch wichtiger ist es, zu wissen, wie der Partner empfindet.

Nehmen wir einmal folgendes Szenario:

Ein Ehepaar geht in ein Restaurant. Als der Kellner mit der Frau flirtet, scheint der Mann das überhaupt nicht zu bemerken. Vielmehr erzählt er, dass er einen Ölwechsel bei ihrem Auto gemacht habe. Seine mangelnde Eifersucht macht die Frau wütend, und der Mann wiederum ist verärgert, dass sie seine Bemühungen um ihren Wagen nicht anerkennt.

«Sie denkt: Würde er mich lieben, dann wäre er eifersüchtig, wenn mich jemand angräbt. Aber er ist ja nie eifersüchtig», erklärt Dr. Hatkoff. «Doch im Gegensatz zu seiner Frau ist das für ihn keine wichtige Komponente der Liebe. Insofern beurteilt sie ihn nach ihrem eigenen Verständnis.»

Der Liebestest würde in diesem Fall wahrscheinlich ergeben, dass die Liebe der Frau stark ins besitzergreifende Spektrum pendelt, denn in ihrem Kopf ist Eifersucht ein Gradmesser für die Zuneigung ihres Mannes. Ihr Ehemann hingegen würde sicherlich eher im Bereich «logische Liebe» punkten. Wenn seine Frau das wüsste, würde sie erkennen, dass es aus *seiner* Sicht ein starker Beweis seiner Liebe war, sich die Zeit für einen Ölwechsel bei ihrem Auto zu nehmen. Umgekehrt könnte der Gatte, wenn er ahnte, dass die Gefühle seine Frau eher besitzergreifend geprägt sind, sie wegen des flirtenden Kellners sanft necken.

Mit Hilfe des von Dr. Hatkoff entwickelten Tests können Sie herausfinden, welche Eigenschaften Sie in der Liebe am meisten schätzen. Möglicherweise wird es Sie überraschen, was Sie über sich erfahren. Im Anschluss sollten Sie dann Ihre Ergebnisse mit denen Ihres Partners vergleichen.

Beziehungstest 2: Welchen Liebesstil haben Sie?

Bewerten Sie die folgenden Aussagen bitte jeweils als *richtig* oder *falsch*. Bitte entscheiden Sie sich selbst dann für eine Bewertung, wenn Sie das Gefühl haben, dass ein Satz Ihre Gefühle nicht ganz zutreffend beschreibt.

(Bitte ankreuzen: R = richtig, F = falsch)

R	F		
		1.	Ich glaube, dass «Liebe auf den ersten Blick» möglich ist.
		2.	Als wir uns das erste Mal küssten oder unsere Wangen aneinander rieben, spürte ich ganz eindeutig eine körperliche Reaktion (Feuchtigkeit, Erektion).
		3.	Wir haben uns schon bald, nachdem wir uns kennenlernten, zum ersten Mal geküsst, weil wir das beide wollten.
		4.	Normalerweise werde ich auf jemanden als Erstes durch sein/ihr angenehmes Äußeres aufmerksam.
		5.	Als er/sie mich zum ersten Mal berührte, wusste ich, dass daraus Liebe werden kann.
		6.	Bevor ich mich jemals verliebt habe, hatte ich eine ziemlich klare Vorstellung davon, wie der/die Richtige für mich aussähe.
		7.	Ich finde es gut, die gleichen Kleider, Mützen, Pflanzen, Fahrräder, Autos etc. wie mein Partner zu haben.
		8.	Ich habe erst nach einer ganzen Weile gemerkt, dass ich längst verliebt war.
		9.	Liebe ist erst möglich, wenn man sich zuerst eine Zeitlang gernhatte.
		10.	Ich bin immer noch mit fast jedem gut befreundet, mit dem ich jemals eine Liebesbeziehung hatte.
		11.	Die beste Art von Liebe erwächst aus einer langen Freundschaft.
		12.	Das Beste an der Liebe ist, zusammenzuleben, ein gemeinsames Heim zu schaffen und Kinder gemeinsam großzuziehen.
		13.	Küssen, Kuscheln und Sex sollte man nicht überstürzen. Das passiert von allein, wenn sich genug Vertrautheit entwickelt hat.
		14.	Es ist schwer, zu sagen, wann genau wir uns verliebt haben.
		15.	Die besten Liebesbeziehungen sind diejenigen, die am längsten halten.
		16.	Wenn es bei uns nicht gut läuft, bekomme ich Magenprobleme.
		17.	Wenn eine Liebesbeziehung zerbricht, werde ich so traurig, dass ich sogar schon mal an Selbstmord gedacht habe.
		18.	Manchmal bin ich so aufgeregt, wenn ich verliebt bin, dass ich nicht schlafen kann.

R	F	
		19. Wenn mein Partner mich nicht beachtet, fühle ich mich total elend.
		20. Wenn ich verliebt bin, kann ich mich kaum auf etwas anderes konzentrieren.
		21. Ich kann mich nicht entspannen, wenn ich den Verdacht habe, dass er/sie mit jemand anderem zusammen ist.
		22. Obwohl ich eigentlich nicht eifersüchtig sein möchte, komme ich nicht dagegen an, wenn mein Partner sich mit jemand anderem beschäftigt.
		23. Mindestens einmal sind die alten Gefühle zurückgekommen, als ich einen Expartner wiedertraf, obwohl ich längst dachte, es wäre vorbei.
		24. Wenn mein Partner mich eine Zeitlang ignoriert, mache ich manchmal wirklich dumme Sachen, damit er/sie mich wieder beachtet.
		25. Von einem praktischen Standpunkt aus muss ich berücksichtigen, was ein Mensch mit seinem Leben vorhat, ehe ich mich emotional auf ihn einlasse.
		26. Es ist vernünftig, sein Leben sorgfältig zu planen, ehe man sich einen Partner sucht.
		27. Es ist am besten, einen Menschen mit einem ähnlichen Hintergrund zu lieben.
		28. Eine Hauptüberlegung bei der Wahl eines Partners ist, welches Licht er/sie auf meine Familie werfen wird.
		29. Eine Hauptüberlegung bei der Wahl eines Partners ist, ob er/sie ein guter Vater/eine gute Mutter sein wird.
		30. Ich könnte niemanden aufrichtig lieben, den ich nicht heiraten möchte.
		31. Ich würde mich mit niemandem einlassen, in den ich mich nicht verlieben möchte.
		32. Eine Hauptüberlegung bei der Wahl eines Partners ist, wie er/sie sich auf meine berufliche Karriere auswirken wird.
		33. Bevor ich mich mit jemandem einlasse, versuche ich, zu erfahren, wie gut unsere Erbanlagen zusammenpassen, falls wir jemals Kinder haben sollten.
		34. Es ist immer gut, den Partner über die eigenen Gefühle ein Stück weit im Unklaren zu lassen.

R	F	
		35. Eine Beziehung in Gang zu halten und gleichzeitig zu bekommen, was man sich davon erwartet, macht unter anderem die Freude an der Verliebtheit aus.
		36. Was mein Partner über mich nicht weiß, macht ihn/sie auch nicht heiß.
		37. Ich musste schon mindestens einmal sehr gut aufpassen, dass zwei meiner Liebhaber/Liebhaberinnen nichts voneinander erfuhren.
		38. Ich erhole mich ziemlich schnell und leicht von gescheiterten Affären.
		39. Ich flirte gern mit attraktiven Menschen.
		40. Mein Partner wäre nicht begeistert, wenn er/sie von einigen Dingen erführe, dich ich mit anderen Leuten getan habe.
		41. Es würde mir großen Spaß machen, auszuprobieren, ob ich jemanden dazu bringen kann, mit mir auszugehen, obwohl ich eigentlich nicht an ihm interessiert bin.
		42. Ich versuche, meine eigene Kraft einzusetzen, um meinem Partner durch schwierige Zeiten zu helfen, selbst wenn er/sie sich dumm benimmt.
		43. Ich würde lieber selbst leiden, als meinen Partner leiden zu lassen.
		44. Ich kann nicht glücklich sein, wenn ich nicht das Glück meines Partners über mein eigenes stelle.
		45. Wenn ich mich von jemandem trenne, dann gebe ich mir die größte Mühe, dafür zu sorgen, dass es ihm/ihr gutgeht.
		46. Normalerweise bin ich bereit, meine eigenen Wünsche zurückzustellen, damit mein Partner seine verwirklichen kann.
		47. Wenn mein Partner ein Kind mit jemand anderem hätte, würde ich es gern großziehen, lieben und versorgen, als wäre es mein eigenes.
		48. Ich würde mich lieber von meinem Partner trennen, als ihm/ihr im Weg zu stehen.
		49. Alles, was mir gehört, steht auch meinem Partner zur freien Verfügung.
		50. Wenn mein Partner mich eine Zeitlang nicht besucht oder anruft, gehe ich davon aus, dass er/sie einen guten Grund hat.

Jetzt werten Sie den Test bitte aus, indem Sie überprüfen, auf welche Bereiche sich Ihre Antworten konzentrieren, bei denen Sie sich für *richtig* entschieden haben.

Liebesstil	Fragen	Antworten mit «richtig»
Romantisch	1–7	____________
Beste Freunde	8–15	____________
Besitzergreifend	16–24	____________
Logisch	25–33	____________
Spielerisch	34–41	____________
Uneigennützig	42–50	____________

Sehr wahrscheinlich haben Sie mindestens einmal in jeder Kategorie mit *richtig* geantwortet. Wichtig für das Ergebnis sind jedoch die zwei oder drei Rubriken, in denen Sie am häufigsten *richtig* angekreuzt haben. Achten Sie bitte vor allem auch auf die Werte, die Ihrem Partner in der Liebe wichtig sind.

«Ich habe diesen Fragenkatalog unzähligen Menschen vorgelegt, und bisher hat noch niemand 100 Prozent in einem einzigen und null Prozent in den anderen fünf Bereichen erzielt. Bei jedem kommt üblicherweise eine Kombination aus allen sechs heraus», sagt Dr. Hatkoff. «Es müssen auch nicht beide Partner in einer Beziehung dieselbe Definition von Liebe haben. Man muss nur begreifen, was der andere darunter versteht, damit man nicht aneinander vorbeiredet.»

Die Wissenschaft vom Sex:
Was wirklich im Ehebett passiert

> Was für eine schöne und gesegnete Sitte es doch ist, dass diejenigen, die einander lieben, auf demselben Kissen ruhen.
>
> *Nathaniel Hawthorne*

Zsa Zsa Gabor, die schon öfter vor dem Altar stand, als die meisten von uns es jemals tun werden, sagte einmal, sie wisse nichts über Sex. «Weil ich immer verheiratet war», erklärte sie.

Es ist eine weitverbreitete Ansicht, dass man nur heiraten müsse, wenn man sein Liebesleben definitiv begraben wolle. Doch die Realität ist viel komplizierter. Zwar stimmt es, dass die erotische Spannung bei vielen Paaren in der Ehe nachlässt, doch im Durchschnitt, das zeigen diverse Statistiken, haben verheiratete Menschen öfter Sex als unverheiratete.

Seit Jahren zeigt Studie auf Studie, dass die Häufigkeit von Geschlechtsverkehr unter Ehepaaren am höchsten ist, höher als bei Ledigen, Geschiedenen, Verwitweten und Menschen, die in wilder Ehe leben. Das heißt jetzt nicht unbedingt, dass verheiratete Menschen unglaublich oft miteinander schlafen, aber es zeigt, dass die Kirschen im Garten des ledigen Nachbarn nicht immer süßer sind. Sicher, das Single-Leben kann phasenweise jede Menge neuen, aufregenden und auch regelmäßigen Sex mit einem oder mehreren Partnern bringen, aber keine Beziehung zu haben, bedeutet auch häufige Durststrecken. Ehepartner mögen vielleicht nicht jede Nacht am Kronleuchter schwingen, doch Tatsache ist, dass die Ehe die sicherste Methode ist, sich stetigen Zugang zu Sex zu verschaffen.

Trotzdem ist der Liebesakt ein typischer Konfliktpunkt bei heterosexuellen Paaren. (Schwule und lesbische Paare streiten deutlich weniger über Sex.) Viele Männer sind frustriert, weil sie häufiger wollen als ihre Frau. Frauen wiederum sind frustriert, weil ihre Männer die vielen Aspekte ihres Alltags (Job, Haushalt, Kinder), die sie alles andere als in Stimmung bringen, überhaupt nicht zu bemerken scheinen. In vielen Ehen ist Sex die ultimative Zwickmühle: Frauen sagen, sie würden ja gern öfter, wenn ihre Männer ihnen häufiger bei den Kindern helfen, mehr Hausarbeit übernehmen und ihnen regelmäßig ihre Liebe und Zuneigung bekunden würden, um sie zum Sex zu motivieren. Männer kontern, wenn sie zu wenig Sex bekämen, würden sie launisch und reizbar. Häufige Schäferstündchen machten sie dagegen auch im Alltag liebevoller, hilfsbereiter und zärtlicher.

Eine ganze Reihe von Faktoren – biologische Unterschiede, gesundheitliche Beschwerden, Stress und Beziehungsprobleme – können Qualität und Quantität des Liebeslebens beeinflussen. Zu verstehen, welche Auswirkungen diese Dinge auf die Libido eines Menschen haben, kann Paaren dabei helfen, Konflikte im Zusammenhang mit körperlicher Intimität zu lösen. Manche Menschen haben sich damit abgefunden, sehr wenig oder gar nicht miteinander zu schlafen, sie können ihren Partner akzeptieren und ihre Liebe zeigen, obwohl sie eine sexlose Ehe führen.

Aber für die meisten Paare gilt: Je öfter sie es tun, desto glücklicher die Ehe. Denn Leidenschaft und Sex unterscheiden Liebesbeziehungen von anderen Partnerschaften. Aller Wahrscheinlichkeit nach haben körperliche Anziehung und erotische Chemie maßgeblich dazu beigetragen, dass zwei Menschen überhaupt ein Paar wurden, daher bleiben Intimität und Sex wesentliche Zutaten einer guten Ehe. Natürlich ist das den meisten Menschen längst bekannt. Die Schwierigkeit für Paare liegt vielmehr darin, ein aktives Liebesleben im Verlauf einer Ehe aufrechtzuerhalten oder es neu anzufachen, wenn es dabei ist, zu verlöschen. Zum Glück bieten zahlreiche wissenschaftliche Studien zum Thema ehelicher Sex hilfreiche Einsichten und Antworten.

Diverse Forscher wollten herausfinden, wie sich das Liebesleben von Ehepaaren im Laufe der Zeit verändert. Die Soziologin Guillermina Jasso von der Universität New York ermittelte, dass viele Paare nach dem Glückstaumel des ersten Ehejahrs einen jähen Einbruch erleben. Schon nach 13 Monaten schliefen sie etwa einmal pro Woche seltener miteinander (das sind immerhin 52-mal weniger pro Jahr) als nach den ersten vier Wochen. Andere Studien dokumentieren gar einen Rückgang von rund 50 Prozent nach dem ersten Ehejahr. Im zweiten Jahr setzt sich diese Entwicklung fort, wenn auch deutlich langsamer. Einen Monat nach dem zweiten Hochzeitstag hatte sich die Häufigkeit im Vergleich zum Vorjahr um noch einmal zwölf reduziert, und nach dem zehnten Jahr dann kam es einmal weniger pro Monat zum Vollzug der Ehe als nach dem fünften.[52]

Um das Liebesleben von Ehepaaren weltweit zu vergleichen, werteten die Forscherinnen Alexandra Brewis und Mary Meyer von der Universität Georgia eine Datensammlung von mehr als 90000 Frauen in 19 Ländern Asiens, Afrikas und Amerikas aus.[53] Zwar gab es einige kleinere Unterschiede, doch das allgemeine Muster war eindeutig: Je länger ein Paar verheiratet ist, desto weniger häufig hat es Sex.

Hat sich Ihr Liebesleben ähnlich entwickelt, wie es die Forschung vermuten lässt? Machen Sie den folgenden Test, um zu erfahren, inwiefern es sich in zehn Jahren Ehe verändern könnte. Natürlich sind diese Ergebnisse nur Durchschnittswerte.[54] Manche Menschen erhalten sich in ihrer Ehe ein gesundes Liebesleben, während es bei anderen dramatisch verkümmert. Wenn Sie mehr Sex haben, als die Forschungsergebnisse prophezeien: schön für Sie! Das ist ein Zeichen dafür, dass der Liebesakt in Ihrer Ehe eine große Bedeutung hat. Wenn Sie weniger häufig miteinander schlafen als der Durchschnitt der Befragten, sollten Sie vielleicht in Betracht ziehen, sich mehr auf Ihr Sexleben zu konzentrieren und die körperliche Intimität in Ihrer Ehe wieder zu stärken.

Beziehungstest 3:
Hat der Zahn der Zeit Ihr Liebesleben verändert?

Geben Sie, basierend auf den geschilderten Erkenntnissen der Forschung, eine Schätzung über die Zukunft Ihres Liebeslebens ab. Zu Anfang überlegen Sie bitte, wie häufig pro Woche Sie in Ihrem ersten Ehejahr miteinander geschlafen haben:

a) einmal pro Woche: 52-mal im Jahr;
b) zweimal pro Woche: 104-mal im Jahr;
c) dreimal pro Woche: 156-mal im Jahr;
d) viermal pro Woche und mehr: 208-mal oder häufiger im Jahr

Wie wird Ihr Liebesleben nach dem dritten Ehejahr aussehen? Wählen Sie den gleichen Buchstaben wie in der ersten Frage. Die Antwort verrät Ihnen ungefähr, wie häufig Sie nach drei Jahren Ehe Sex mit Ihrem Partner haben werden.

a) Ein- oder zweimal pro Monat
b) Etwa einmal pro Woche
c) Zweimal pro Woche
d) Dreimal pro Woche

Und wie wird es nach zehn Jahren um Ihr Sexleben bestellt sein? Wählen Sie wiederum den gleichen Buchstaben wie in Frage eins, um zu erfahren, wie häufig Sie nach zehn gemeinsamen Jahren schätzungsweise mit Ihrem Partner schlafen werden.

a) Gelegentlich.
b) Etwa dreimal pro Monat.
c) Fast zweimal pro Woche.
d) Zwei- bis dreimal pro Woche.

Warum nimmt der Sex in der Ehe überhaupt ab? Zum Teil mag es dem Altern geschuldet sein. Die Ausnahme dieser Regel bilden jüngere Frauen – manche Studien lassen vermuten, dass Frauen bis zu ihrem 30. Lebensjahr tatsächlich eine Steigerung in der Häufigkeit erleben. Aber im Allgemeinen sinkt die Anzahl der Liebesakte nach dem 30. Lebensjahr um etwa 20 Prozent pro Lebensjahrzehnt, wobei der Rückgang ab einem Alter von 65 Jahren stärker wird. Die meisten Menschen, die eine gewisse Zeit verheiratet sind, stellen fest, dass das heiße Feuer der Leidenschaft, das in den Anfangstagen brannte, mit den Jahren zu flackern beginnt. Viel davon hängt mit der Chemie der Liebe zusammen, die in der Frühphase des Kennenlernens den Dopaminhaushalt anfacht, sich dann aber zu einem Zustand zufriedener Zusammengehörigkeit und Zuneigung abmildert, je länger ein Paar zusammenlebt.

Professor Cindy Hazan von der Cornell University stellte sich die Aufgabe, genau zu dokumentieren, wie lange die feurige, sexuell aufgeladene Frühphase einer Beziehung wirklich dauert. Dazu befragte sie 5000 Männer und Frauen aus 37 Kulturen über ihr Liebesleben vor und in der Ehe. Sie fand heraus, dass die Glut leidenschaftlicher Liebe bei den meisten Paaren nach etwa 18 bis 30 Monaten erlöscht.

Andere Studien zeigen, dass die Sexhäufigkeit im ersten Ehejahr meist um 50 Prozent absinkt, ein Befund, den die Forscher «Flitterwocheneffekt» tauften.[55] Manche Untersuchungen kommen zu dem Schluss, dass es nach den ersten Jahren einer Beziehung zu dieser Verringerung sexueller Aktivität kommt, weil der Reiz des Neuen verfliegt. Solange der Liebesakt ungewohnt und aufregend ist, sehnt man sich stärker danach und will ihn ständig. Doch wie bei einem neuen Auto, einem tollen Urlaubsort oder dem Lieblingsessen lässt die Spannung nach der anfänglichen Begeisterung oft nach.

Eine etwas optimistischere Theorie zur Erklärung der reduzierten Aktivität lautet, dass verheiratete Paare mehr Übung haben und zwar die Häufigkeit ab-, die Qualität aber zunimmt. Daten einer großen amerikanischen Umfrage, dem *National Health and Social Life Survey*, analysiert von den Forscherinnen Linda Waite und Kara Joyner, stützen die Annahme, dass verheiratete Paare erfüllenderen Sex haben als Singles oder ohne Trauschein zusammenlebende Menschen. Ein einzelner fabelhafter Liebesakt in der Lebensmitte, wenn beide Partner genau wissen, wie sie alle richtigen Knöpfe drücken, kann weitaus befriedigender sein als mehrere weniger fachkundige Versuche, wie sie typisch für die Anfangsjahre sind.[56]

Manche Studien lassen vermuten, dass allein der Schritt, sich in eine feste Beziehung zu begeben, das Interesse einer Frau am Sex reduzieren kann, ein Ergebnis, das möglicherweise für viele Männer nicht so überraschend ist. Forscher der Uniklinik Hamburg-Eppendorf befragten 530 Männer und Frauen über ihre Beziehungen, mit dem Ergebnis, dass 60 Prozent der 30-jährigen Frauen zu Beginn der Partnerschaft «häufig» Sex wollten. Innerhalb von vier Jahren sank diese Zahl auf weniger als die Hälfte, und nach 20 Jahren hatte nur noch eine von fünf Frauen regelmäßig Lust auf Sex. Der Anteil der Männer hingegen lag einigermaßen konstant zwischen 60 und 80 Prozent.

Die Studie stellte noch einen weiteren Unterschied zwischen Männern und Frauen fest: Etwa 90 Prozent der weiblichen Befragten waren der Ansicht, «Zärtlichkeit» sei wichtig, egal, wie lange sie schon in der Beziehung lebten. Nur einer von vier Männern allerdings, der seit zehn Jahren oder länger mit seiner Partnerin liiert war, gab an, sich «Zärtlichkeit» von ihr zu wünschen.[57]

Wissenschaftler haben viel Zeit darauf verwendet, das Liebesleben der Menschen zu verstehen. Sie haben beispielsweise mit Kameras ausgestattete Phalli gebastelt, künstliche Samenflüssigkeit gemixt und sie mit leuchtenden Markierungsstoffen versetzt, um zu erforschen, was während des Orgasmus im Körper einer Frau vor sich geht. Das Team um William Masters und Virginia E. Johnson beobachtete Hunderte von Paaren beim Geschlechtsakt, um die einzelnen Phasen des menschlichen Reaktionszyklus zu dokumentieren. (Der guten Ordnung halber, sie heißen Erregungs-, Plateau-, Orgasmus- und Rückbildungsphase.) Der bekannte Sexualforscher Alfred Kinsey wiederum rekrutierte 300 Männer, die an einer Studie über die von ejakuliertem Samen zurückgelegte Strecke teilnahmen. Die Frage lautete, ob der Druck, mit dem das Sperma ausgestoßen wird, ein potenzieller Fruchtbarkeitsfaktor sei. War er nicht.[58]

All das mag auf eine frivole Art zwar amüsant und faszinierend sein, allerdings ist es wenig hilfreich für uns, wenn wir menschliche Beziehung jenseits des Labors lebendig erhalten wollen.

In den USA stammen die wertvollsten Informationen über das Sexleben der Amerikaner aus dem *General Social Survey* (GSS), der bereits erwähnten großangelegten Umfrage über Meinungen und Verhaltensweisen, die das National Opinion Research Center an der Chicagoer Universität durchführt. Diese Erhebung beschränkt sich auf Amerikaner, es gibt jedoch auch ein Schwesterprojekt namens ISSP *(International Social Survey Programme)*, das Daten aus 41 Ländern zusammenträgt.

Seit 1988 hat der GSS Daten über die Anzahl von Geschlechtspartnern, die Häufigkeit des Beischlafs und außereheliche Beziehungen gesammelt. In den ersten Jahren kamen dabei zwar Hochs und Tiefs in der sexuellen Aktivität zum Vorschein, doch seit 1998 sind die Zahlen weitgehend stabil geblieben. Heraus kam bei der Untersuchung, dass der durchschnittliche

Erwachsene 58-mal pro Jahr, also einmal pro Woche plus ein paar Tage extra, Sex hat. Der durchschnittliche Liebesakt dauert übrigens etwa 30 Minuten.[59]

Das sind selbstverständlich nur Durchschnittswerte. Manche Menschen haben deutlich öfter, andere sehr viel seltener Sex. Etwa fünf Prozent der Befragten gaben an, mindestens dreimal die Woche Verkehr zu haben, und ungefähr 20 Prozent, die meisten davon Witwen, lebten seit mindestens einem Jahr komplett enthaltsam. Alle anderen lagen irgendwo dazwischen.

Diese Statistik schließt übrigens auch kürzlich Geschiedene und Kandidaten ein, die auf der Suche nach einem Partner sind, und zwar egal, wie lange. Selbst wenn Angehörige dieser Gruppe hin und wieder Glück haben und sich die Gelegenheiten zum Sex in manchen Phasen häufen, so weiß doch jeder, der nicht in einer festen Beziehung lebt oder sich erst vor kurzem getrennt hat, dass jeder noch so heftig erotisierte Single mal eine Dürreperiode erlebt und über ausgedehnte Zeiträume hinweg keinen Partner findet. Bei Ehepaaren ist das Liebesleben dagegen nach einiger Zeit zwar nicht mehr so wie zu Beginn der Beziehung, aber immerhin haben sie eines.

Laut GSS hat der typische verheiratete Amerikaner pro Jahr durchschnittlich 66-mal Geschlechtsverkehr, wobei Paare, die «sehr glücklich» sind, im Schnitt 74-mal im Jahr miteinander schlafen. Für die verheirateten unter 30-Jährigen beläuft sich die Zahl auf 112-mal jährlich. Zum Vergleich: Die durchschnittliche Häufigkeit bei allen Erwachsenen zwischen 18 und 29 liegt bei 69 pro Jahr. Zwischen 40 und 50 sinkt die Anzahl der Liebesakte für Verheiratete in diesem Zeitraum auf 69, für Singles auf 50. Wer über 70 ist, tut es im Durchschnitt dreimal pro Jahr, und wenn er verheiratet ist, steigt die Häufigkeit auf 16-mal an.[60]

Durchschnittliche Anzahl von Liebesakten pro Jahr
für ledige und verheiratete Erwachsene

Alter	Ledige	Verheiratete
18–29	69	112
30–39	66	86
40–49	50	69
50–59	31	54
60–69	16	33
70+	3	16

Eine genauere Analyse der Daten förderte die folgenden Tendenzen zutage:[61]

Die sexuelle Aktivität nimmt mit dem Alter ab. Ungefähr ab dem 30. Lebensjahr sinkt die Häufigkeit um etwa 20 Prozent alle zehn Jahre und ab dem 50. Lebensjahr nochmal um 50 Prozent. Ein Großteil des starken Rückgangs ist gesundheitlichen Problemen und der Witwenschaft geschuldet.

Sex ist, genau wie Wohlstand, ungleich verteilt. Studien zeigen, dass der Hauptteil des Privatkapitals sich im Besitz eines winzigen Prozentsatzes der Bevölkerung befindet. Das Gleiche gilt für Sex: Etwa 15 Prozent der Erwachsenen stehen für die Hälfte aller sexuellen Begegnungen.

Harte Arbeiter sind bessere Liebhaber. Überraschenderweise haben jene Menschen, die am meisten arbeiten, am häufigsten Sex. Wer angab, 60 Stunden oder mehr pro Woche dem Gelderwerb nachzugehen, hatte im Durchschnitt auch zehn Prozent mehr Geschlechtsverkehr als Leute mit reichlich Freizeit.

Kinder machen nicht alles kaputt. Eltern beklagen sich oft, dass sie keine Zeit mehr für Sex hätten, seit die Kinder da seien. Doch Eltern tun es immer noch häufiger als Alleinstehende.

«Wenn die Musik der Liebe Nahrung ist, dann spielt» – Jazz.

Jazzliebhaber sind um 30 Prozent sexuell aktiver als andere Menschen.

Religiöse Überzeugungen beeinflussen das Liebesleben. Juden und Agnostiker haben 20 Prozent mehr Sex als Christen.

Politische Leidenschaft facht sexuelle Leidenschaft an. Ein hitziges politisches Temperament, egal, welcher Couleur, geht Hand in Hand mit häufigem Geschlechtsverkehr. Extreme Liberale haben mehr Sex als extreme Konservative. Grundsätzlich sind Menschen an beiden Enden des politischen Spektrums in dieser Hinsicht aktiver als jene, die sich selbst als gemäßigt betrachten.

Reiche und Arme haben häufiger Sex als die Mittelschicht. Angehörige von extrem niedrigen und extrem hohen Einkommensklassen haben in den USA in Sachen Sex die Nase vorn. Männer, die 75 000 US-Dollar im Jahr verdienen, haben im Durchschnitt zwölf Tage weniger Sex pro Jahr als Männer, die um die 25 000 US-Dollar verdienen.

Aktive Menschen haben häufiger Sex. Ob nun Sport oder soziale Aktivitäten, wer sich stärker am Leben beteiligt, der beteiligt sich auch stärker am Liebesleben.

Sünder haben mehr Sex. Menschen, die rauchen und trinken, tun es öfter. Bei Rauchern belaufen sich die Ziffern auf zehn Prozent, Freunde des Alkohols kommen sogar auf 20 Prozent mehr Sex als Abstinenzler. Und wer sowohl raucht als auch trinkt, übt sich doppelt so häufig im Beischlaf wie jene, die beides unterlassen.

Collegeabsolventen haben weniger Sex. Im Durchschnitt führt eine höhere Ausbildung zu etwa sieben sexuellen Begegnungen weniger pro Jahr. Menschen mit Highschool-Abschluss oder auch College-Abbrecher haben häufiger Verkehr als solche mit Hochschulexamen.

Die Ehe ist kein Garant für Sex. In der Umfrage hatten 16 Prozent der Verheirateten seit einem Monat nicht mehr mit ihrem Partner geschlafen, sieben Prozent sogar seit einem Jahr nicht mehr.

Manche Menschen geben ihr Leben für Sex hin. In den USA gibt es pro Jahr geschätzte 11 250 Todesfälle im Zusammenhang mit sexueller Aktivität.

Wenn sich der Sex aus der Ehe verabschiedet

Vermutlich erlebt jeder, der in einer festen Beziehung lebt, zu irgendeinem Zeitpunkt eine Flaute in seinem Liebesleben, doch manche Paare haben irgendwann gar keinen Sex mehr miteinander. Etwa 15 Prozent der amerikanischen Ehepaare haben in den vergangenen sechs bis zwölf Monaten nicht mit ihrem Partner geschlafen.

Denise A. Donnelly, Soziologiedozentin an der Georgia State University, hat sich mit jenen Menschen beschäftigt und sagt, dass es ein deutlicher Hinweis auf Unzufriedenheit in der Partnerschaft und womöglich gar auf eine bevorstehende Scheidung ist, wenn ein Paar weniger als einmal pro Monat Sex hat.

Wobei wenig oder gar kein Sex nicht zwingend das Ende einer Ehe bedeuten muss – in manchen Fällen ist es für beide Partner in Ordnung, nur selten oder nie miteinander zu schlafen, und es entstehen keine weiteren Probleme. Ein Mann, der seit über 30 Jahren verheiratet ist, erklärte mir, warum eine Ehe mit wenig Sex für ihn und seine Frau funktioniere. «In den ersten 20 Jahren konnten meine Frau und ich gar nicht genug voneinander bekommen», schrieb er mir. «Dann, mit Anfang 40, veränderten gesundheitliche Probleme unser Liebesleben dauerhaft. Meine Frau musste sich die Gebärmutter vollständig entfernen lassen, und ich bekam Diabetes. Beides veränderte unseren individuellen Sexualtrieb, beendete aber nicht die Intimität zwischen uns – im Gegenteil, sie wurde sogar noch verstärkt.»

Er gab an, dass er und seine Frau immer noch gelegentlich miteinander schliefen, wenngleich weit seltener als früher. Doch ihre 30 gemeinsamen Jahre, der gegenseitige Respekt und ihre Liebe füreinander scheinen mehr zu zählen als der Mangel an Sex in ihrer Ehe. Der Mann schrieb außerdem, seine Beziehung sei nicht von ihren «sich verändernden Körpern» definiert, sondern beruhe auf einer langen Freundschaft und engen Bindung.

Häufiger ist jedoch, dass ein Partner unglücklich über den Mangel an Körperkontakt und Intimität ist. Eine Untersuchung aus dem Jahr 1993 von Dr. Donnelly zeigte, dass Menschen in sexlosen Beziehungen häufiger über eine Scheidung nachgedacht hatten als solche in aktiveren Ehen.

«Bei den meisten Paaren gibt es einen Rückkopplungseffekt zwischen Zufriedenheit und Liebesleben», erklärt Dr. Donnelly. «Glückliche Paare haben häufiger Sex, und je mehr Sex sie haben, desto glücklicher sind sie den eigenen Angaben nach. Allerdings darf man nicht vergessen, dass körperliche Liebe nur *eine* Form der Intimität ist und dass manche Paare auch ohne Sex recht glücklich (und intim) miteinander sind. Es gibt kein Idealmaß sexueller Aktivität – das Idealmaß ist, womit beide Partner zufrieden sind, und erst wenn einer es nicht mehr ist, können Eheprobleme entstehen.»

Die Therapeutin und Autorin Michele Weiner Davis schätzt, dass eins von drei Paaren Beziehungsprobleme hat, weil ein Partner weniger Lust auf Sex hat als der andere.

Nachdem ich einen Artikel über Ehen ohne Sex verfasst hatte, meldeten sich über 1000 Männer und Frauen bei mir, die selbst solche Beziehungen erlebt hatten. Einige wenige von ihnen behaupteten, zufrieden zu sein. Doch die überwältigende Mehrheit war am Boden zerstört gewesen, als der Sex aufhörte, und viele hatten sich scheiden lassen und waren neue, befriedigendere Beziehungen eingegangen. Andere schrieben, dass sie sich nur wegen der Kinder oder finanzieller Überlegungen nicht trennten. Einige Leser erzählten sogar von Affären mit anderen verheirateten Männern oder Frauen, die ebenfalls in einer sexlosen Ehe feststeckten. Dieses Arrangement gestattete ihnen, mit einem Menschen verheiratet zu bleiben, den sie liebten, und gleichzeitig körperliche Intimität mit einem «sicheren» Partner zu genießen – jemandem, der sich in einer ähnlichen Situation befand und daher keine Bedrohung ihrer Ehe darstellte.

Der wichtigste erste Schritt für die Betroffenen ist, den Rat eines Arztes einzuholen. Sowohl bei Männern als auch bei Frauen kann ein schwacher Sexualtrieb etwas mit gesundheitlichen Beschwerden zu tun haben, zum Beispiel mit einem niedrigen Testosteronspiegel, Potenzstörungen, mit der Menopause oder einer Depression. Außerdem kann es sich um Nebenwirkungen bestimmter Medikamente oder einer Krebstherapie handeln. Eine große Anzahl der Leser meines Artikels erklärte, dass der Sex einem dieser Punkte zum Opfer gefallen war. Eine Frau namens Mary berichtete, dass gesundheitliche Probleme in ihrer Ehe das Ende für den Sex bedeutet hätten, dass ihr Mann und sie allerdings zusammengeblieben seien.

«Eine Beziehung zu führen, wenn man auf einmal keinen Sex mehr hat, ist – vorsichtig formuliert – schwierig», erzählte sie mir. «Im Prinzip müssen sich beide Beteiligten fragen: ‹Möchte ich weiterhin alle anderen Aspekte meines Lebens mit diesem Menschen teilen? Können wir Intimität auf andere Weise erleben? Ist unsere gemeinsame Geschichte, der Respekt, die immer noch vorhandene Liebe mir mehr wert als Sex?› Für manche lautet die Antwort trotz allem ja.»

Eine weitere Leserin, Tanya, schrieb mir, dass sich zwar ihr Gesundheitszustand besserte, ihr Liebesleben aber nicht.

«Nachdem ich mich von einer Krankheit erholt hatte, die stark an meiner Kraft und an meinem Leben gezehrt hatte, sank mein Sexualtrieb gegen null, weswegen mein Mann und ich seit Monaten keinen Sex hatten. Es ist für uns beide sehr deprimierend und ein echtes Problem, aber die Lust ist einfach nicht mehr da. Mein Gehirn sagt mir, dass ich Sex wollen sollte, doch meinen Körper interessiert es einfach nicht mehr.»

Die gute Nachricht ist, dass viele dieser Probleme behandelt werden können, wenn beide Partner bereit sind, sich helfen zu lassen und ärztlichen Rat einzuholen. Tanya zum Beispiel meint, dass sie sich während ihrer Krankheit von ihrem Mann allein gelassen fühlte. Diese verletzten Gefühle sind nun noch da und erklären wahrscheinlich zumindest zum Teil, warum sie nicht mehr mit ihm schlafen möchte. In gewisser Hinsicht hat Tanya Glück, denn sie kann zumindest einige der psychologischen Gründe für ihren Interessenverlust nachvollziehen. Eine Paartherapie oder medizinische Beratung könnte sie und ihren Mann wieder zusammenbringen, wenn beide willens dazu sind.

Obwohl üblicherweise den Frauen vorgeworfen wird, das Interesse am Sex zu verlieren, besagt die Forschung, dass es Männern häufig ebenso geht. Dank einer Befragung von 75 in sexuell inaktiven Ehen lebenden Menschen kam Dr. Donnelly zu dem Ergebnis, dass in beinahe zwei von drei sexlosen Partnerschaften der Mann irgendwann die Lust verloren hatte. Seit ich über Ehe und Beziehungen schreibe, habe ich das von vielen Frauen gehört. Oft sagen sie, dass ihre Ehemänner sich schlicht weigern, über das Problem zu sprechen und es ihnen dadurch besonders schwermachen, daran zu arbeiten.

«Meine Ehe ist seit fast drei Jahren sexlos, und mein Mann will einfach nicht darüber sprechen», schrieb mir eine Frau namens Jessica. «Das Fehlen jeglicher Intimität mit meinem Mann liegt wie ein dunkler Schatten auf meinem gesamten Leben. Es macht mich sehr einsam.»

Es gibt mehrere Gründe dafür, warum in einer Ehe die Erotik abhandenkommt. In manchen Fällen hatten die Partner von Anfang an nicht sonderlich häufig Sex. In anderen konnten die Befragten einen ganz bestimmten Zeitpunkt oder ein Ereignis – etwa die Geburt eines Kindes oder einen Seitensprung – nennen, was die Glut ihrer Leidenschaft zum Erlöschen gebracht hatte.

Vertrautheit und Langeweile können ebenfalls ihren Tribut fordern. Manchmal sind es auch die alltäglichen Anforderungen, wenn man eine Familie zu versorgen und seiner Arbeit nachzugehen hat, und der damit verbundene Stress, die einem aktiven Liebesleben im Weg stehen. Erstaunlicherweise lenkte der ehemalige US-Arbeitsminister Robert Reich das nationale

Augenmerk auf dieses Problem, als er 2003 auf einer Konferenz über das Verhältnis von Arbeit und Privatleben sprach. Ein jeder hat sicher schon mal von Yuppies und von DINKS (Partner mit zwei Einkommen und ohne Kinder) gehört. Doch Mr. Reich sprach von DINS-Paaren: Partner mit zwei Einkommen und ohne Sex. Die Behauptung des Ministers, die Amerikaner seien so abgekämpft vom Arbeits- und Alltagsleben, dass sie keine Energie mehr für Sex hätten, schaffte es bis auf die Titelseite des *Wall Street Journal*.[62] Paare, die feststellen, dass in ihrer Ehe der Sex fehlt, sollten gemeinsam überlegen, ob die Ursache für das Problem möglicherweise eher in ihrem hektischen Arbeitsleben zu suchen ist als in ihrem Eheleben.

Vielleicht gibt es auch Menschen, die von Natur aus einen schwachen Sexualtrieb haben oder sogar asexuell sind. Zu Anfang schlafen sie möglicherweise hin und wieder aus Pflichtgefühl mit ihrem Partner, aber die körperliche Liebe ist eher unwichtig für sie und verblasst mit der Zeit immer mehr. Eine kleine Anzahl von Paaren verhält sich auch nach dem Prinzip «alles oder nichts», was bedeutet, sie haben Phasen mit sehr viel Sex, gefolgt von langen Auszeiten.

Eine Frau namens Sharon erzählte mir, dass sie noch nie an Sex interessiert gewesen sei. «Für mich ist es leichter und angenehmer, mir meinen Endorphinkick dadurch zu holen, dass ich jede Woche 60 bis 80 Kilometer jogge», sagt sie. «Sex wird total überbewertet!»

Ein Mann namens Brennan stimmt ihr zu. «Sex ist verdammt viel Arbeit für so wenig Belohnung. Ich verbringe meine Zeit lieber damit, mir etwas Leckeres zu kochen.»

Müdigkeit ist ebenfalls ein häufiger Grund, warum Frauen den Sex verweigern, und das ist nicht nur ein Problem für diejenigen, die außer Haus arbeiten. Janet Hyde, Professorin an der Universität von Wisconsin in Madison, hat 500 Frauen und ihre Ehemänner befragt. Hausfrauen berichteten genauso oft von durch Müdigkeit hervorgerufenem Mangel an erotischer Lust wie Angestellte.[63]

Nicht ganz klar ist, ob die sexlose Ehe tatsächlich häufiger wird oder wir einfach nur mehr darüber hören. Manche Wissenschaftler mutmaßen, dass dies an der steigenden Verwendung von Antidepressiva wie Prozac und Seroxat liegen könne, da diese Medikamente den Geschlechtstrieb mindern.

Laut Dr. Donnelly spielen andere Faktoren eine Rolle dabei, dass das Phänomen heute stärker wahrgenommen wird. «Vor der Erfindung verlässlicher Verhütungsmethoden war der Verzicht auf Sex eine Methode, um die Größe der Familie zu begrenzen», erklärt sie. «Damals sollten Frauen den Liebesakt auch nicht genießen und setzten ihn oft als Mittel zum Zweck ein (weil man ihnen das so beigebracht hatte). Zudem blieben unglückliche Paare (die in der Regel weniger miteinander schlafen) wegen der gesellschaftlichen Erwartungen oder weil sie Kinder hatten, häufiger zusammen als heute.»

Wenn ein Ehepaar erst einmal über längere Zeit keinen Sex hatte, ist es sehr schwer, die Erotik wieder anzufachen. «Einer oder beide haben möglicherweise große Angst, verletzt oder zurückgewiesen zu werden, oder sind einfach vollkommen teilnahmslos gegenüber ihrem Partner», sagt Dr. Donnelly. «Unter Umständen haben solche Menschen schon sehr lange nicht mehr (falls überhaupt jemals) über Sex kommuniziert und Schwierigkeiten, darüber zu reden. Paare, die über ihr Liebesleben (wie auch über andere Aspekte ihrer Ehe) sprechen, haben tendenziell bessere Partnerschaften, aber es ist schwer, ein Paar zum Reden zu bringen, wenn beide erst einmal ein Muster von Nichtkommunikation entwickelt haben.»

Die Meinungen darüber, was man unternehmen kann, um den Sex in einer Ehe wieder anzukurbeln, gehen auseinander. Für Paare, die erst seit kurzem nicht mehr miteinander schlafen, reicht oft schon ein Wochenende ohne die Kinder, ein Urlaub oder eine Kreuzfahrt oder einfach nur ein bisschen Zeit zu zweit, während andere professionellen Beistand brauchen. Dr. Donnelly rät, sich einen Eheberater zu suchen, der bereit ist, konkret über das Liebesleben zu sprechen, anstatt sich mit breiteren Themen zu befassen. «Ausdrücklich über Sex zu sprechen, ist unerlässlich», sagt sie.

Viele Therapeuten raten Betroffenen, das Thema Sex zu erzwingen, selbst wenn man eigentlich nicht will. Normalerweise stellen Paare dann fest, dass sie sehr schnell merken, was ihnen fehlt. Der Körper reagiert mit einer Flut von Botenstoffen im Gehirn, und innerhalb von Minuten fühlt sich der Sex wieder ganz natürlich an. Aber sich wieder ins Bett zu zwingen, kann schwer sein. Ein Mann erzählte mir, dass er auf die Versuche seiner Frau, ihr Liebesleben wieder anzukurbeln, völlig verkrampft reagierte. Eine Frau berichtete, dass die Annäherungsversuche ihres Mannes nach Jahren ohne Sex sie abstießen.

Für diese Paare sollte der erste Schritt nicht darin bestehen, miteinander zu schlafen, sondern zunächst über das Problem zu sprechen und sich professionelle Hilfe zu holen. «Menschen, die in einer sexlosen Ehe leben und unglücklich sind, sollten ihren Partnern das sagen und zu einem Therapeuten gehen», schrieb mir eine Frau. «Nach drei Kindern und zwei chronischen Krankheiten dachte ich, ich hätte jedes Interesse an Sex verloren, und ich glaubte, meinem Mann gehe es genauso. Bis ich eines Tages entdeckte, dass er Tausende von Dollars für Internetpornos ausgegeben hatte. Inzwischen haben wir eine Eheberatung und eine Hormontherapie hinter uns und haben wieder Sex – wir sind beide glücklicher.»

Außerdem müssen Betroffene die Möglichkeit in Betracht ziehen, dass der Mangel an Sex in einer Ehe ein Zeichen für das Ende der Intimität in dieser Beziehung ist. «Manche unserer früheren Probanden haben den Kontakt zu mir gehalten, und die Glücklichsten von ihnen sind tatsächlich diejenigen, die inzwischen neue Partner haben», stellt sie fest. «Das könnte eine bessere Lösung sein, als an einer Ehe festzuhalten, die verletzend und nicht erfüllend ist.»

Sex ist zwar in vielen Ehen ein schwieriges Thema, aber gleichzeitig auch ein höchst effektiver Weg, Probleme zu lösen und die alltäglichen Ausrutscher und Kümmernisse zu reparieren, die in einer Beziehung vorkommen. Das mag auf den ersten Blick aussehen wie das Gegenteil dessen, was man uns immer predigt: über Probleme sprechen und sie einander bewusst machen. Doch die Intimität körperlicher Liebe kann oft eine Kluft überbrücken, die sich mit Reden einfach nicht überwinden lässt, denn sie löst eine physische und emotionale Kettenreaktion aus, die den Denkprozess ausschaltet. Diese körperliche Verbindung aufrechtzuerhalten – und sogar dann Sex zu haben, wenn man vielleicht gar keine Lust darauf hat –, ist entscheidend für die Qualität einer Ehe.

Viele Paare beklagen sich, sie hätten keine Zeit für Sex, doch erfahrene Therapeuten wenden ein, dass das als Ausrede nicht gilt. Sheldon Isenberg zum Beispiel, Psychotherapeut und Arzt in Naperville, Illinois, reagiert auf derartige Beschwerden seiner Patienten, indem «ich ihnen sage: ‹Wissen Sie, wenn Sie eine Affäre hätten, würden Sie sicher Mittel und Wege finden›».

Es ist auch wichtig, sich bewusst zu machen, was man selbst und was der Partner vom Sex erwartet. Im Rahmen einer Studie aus dem Jahr 1981 befragten Forscher 100 Ehepaare, von denen die meisten glücklich verheiratet waren und ihr Liebesleben als gut bezeichneten. Doch Männer und Frauen gaben sehr unterschiedliche Gründe dafür an, mit ihrem Partner schlafen zu wollen. Die Frauen sagten, sie suchten «Liebe, Intimität und Berührung». Den Männern hingegen ging es laut eigenen Angaben vor allem um den «Abbau sexueller Spannungen». [64]

Wie die Beziehungsforscherin Elaine Hatfield erklärt: Die Frauen wünschten sich im Prinzip den klassisch romantischen Ansatz – Kerzenlicht, Wein, Musik und ein stimmungsvolles Umfeld, in dem die Zeit stillsteht, um sich zu lieben und zu umwerben. Sie wollten kein schnelles Fummeln oder gehetztes sexuelles Erlebnis, das am Ende des Tages im Bett stattfand, sondern eine langsame, sinnliche Annäherung durch zärtliche Liebkosungen, Umarmungen, Küsse und auch nichtsexuelle Berührungen mit nur gelegentlich offensiverem Verhalten. Sie wollten umgarnt werden, angesprochen werden und sich mit ihrem Partner über ihre Gedanken, Vorstellungen und Gefühle zu Themen abseits von Sex unterhalten. Sie wollten lachen und spielen und an ihrem Gatten auch außerhalb des Bettes Freude haben. Sie suchten verbale Anerkennung ihrer selbst als menschliche wie auch als sexuelle Wesen. Daraus entwickelte sich dann langsam der Liebesakt, weil die Frauen sich geliebt fühlten.

Eine beträchtliche Minderheit der Männer, nämlich 40 Prozent, gab an, es ebenfalls gern sanft angehen zu lassen, einschließlich Liebkosungen, Massagen und Verführungskünsten. Die verbleibenden 60 Prozent wünschten sich, von ihren Frauen unverblümt auf Sex angesprochen zu werden, und mochten es, wenn die Partnerin aggressiv war und wenig Hemmungen zeigte. Die Männer antworteten häufig, sie wollten sich «unwiderstehlich» und von ihren Frauen begehrt fühlen.

Dr. Hatfield befragte in einer Forschungsreihe ihre Probanden darüber, welches Verhalten sie sich von ihren Partnern beim Sex wünschten.[65] Sowohl die männlichen als auch die weiblichen Testpersonen sähen es gern, wenn ihre Partner direkter wären und ihnen genau sagten, was sie sich vom Sex erwarten. Gleichzeitig waren beide Seiten häufig zu befangen und räumten ein, dass es ihnen selbst schwerfalle, ihren Partnern gegenüber ihre eigenen Wünsche und Bedürfnisse offen zu beschreiben.

Im Rahmen der Studie waren die Teilnehmer allerdings bereit zu offenbaren, wovon sie träumten. Dabei stellte sich heraus, dass Männer wie Frauen ganz spezifische sexuelle Wünsche an ihre Ehegatten hatten.

Man muss nicht an einer akademischen Studie teilnehmen, um ähnliche Antworten hinsichtlich der eigenen Ehe zu finden. Jedes Paar kann dieses Experiment für sich selbst nachstellen, indem beide Partner fünf Dinge aufschreiben, die sie sich beim Sex vom anderen wünschen. Aus dieser Studie lässt sich folgern, dass Männer und Frauen weit mehr sexuelle Wünsche gemeinsam haben, als ihnen bewusst ist. Sie müssen nur bereit sein, darüber zu reden.

Beziehungstest 4: Was wünschen Sie sich von Ihrem Partner?

Überlegen Sie sich fünf Dinge, die Ihr Partner beim Sex sagen oder tun sollte. Konzentrieren Sie sich nicht zu sehr auf bestimmte Handlungen oder Positionen. Hier soll es mehr um allgemeine Verhaltensweisen gehen, die Ihnen mehr Vergnügen im Bett bereiten würden. Vielleicht wünschen Sie sich von Ihrem Partner, dass er mehr spricht, dass er liebevoller ist, experimenteller oder abenteuerlustiger oder dass er seine Wünsche klarer zum Ausdruck bringt. Schreiben Sie Ihre Antworten auf.

Ich wünschte, mein Mann würde beim Sex:

1. ______________________

2. ______________________

3. ______________________

4. ______________________

5. ______________________

Ich wünschte, meine Frau würde beim Sex:

1. ______________________________

2. ______________________________

3. ______________________________

4. ______________________________

5. ______________________________

Vergleichen Sie nun Ihre Antworten mit denen Ihres Partners. Sie werden überrascht sein, dass sich einige Ihrer Antworten decken. Achten Sie aber auch auf die Unterschiede und überlegen Sie, was Sie tun könnten, um Ihren Partner glücklicher zu machen.

Als Nächstes vergleichen Sie bitte Ihre Antworten mit denen der übrigen Paare, denen man dieselbe Frage gestellt hat. Die Probanden aus Dr. Hatfields Studie wünschten sich Folgendes beim Sex:

Was Männer sich von ihren Ehefrauen wünschen

Verführerischer zu sein
Häufiger beim Sex die Initiative zu ergreifen
Mehr Experimentierfreude
Wilder und sexyer zu sein
Mehr konkrete Anweisungen zu geben

Eine liebevollere Ansprache
Verführerischer zu sein
Mehr Komplimente zu machen
Mehr Experimentierfreude
Mehr konkrete Anweisungen zu geben
Warmherziger und aufmerksamer zu sein

Verblüffend an diesen Ergebnissen ist, wie viel Männer und Frauen gemeinsam haben, wenn es um Sex geht. Beide Geschlechter wünschen sich einen verführerischen Partner. Beide wünschen sich jemanden, der direkter und bereit ist, Anweisungen zu geben. Und überraschenderweise suchen beide nach einem Partner, der gern auch mal experimentiert.

Ebenfalls aufschlussreich waren die Punkte, in denen die Meinungen auseinandergingen. Männer waren bei ihren Angaben ausschließlich auf den Sexualakt fixiert, bei den Frauen dagegen kreisten die Träume um das Verhalten sowohl im als auch außerhalb des Schlafzimmers.

Die Bedeutung von Sex für eine Ehe ist nicht zu unterschätzen. Zu viele Paare glauben, ein jäher Einbruch in ihrem Liebesleben sei nach der Hochzeit unausweichlich, und wenn die Leidenschaft allmählich nachlässt, nehmen sie das einfach als etwas Unvermeidliches hin, das in jeder langjährigen Beziehung passiert. Doch aus der wissenschaftlichen Erforschung von Sex und Ehe lernen wir, dass regelmäßiger Geschlechtsverkehr zu einer guten Ehe gehören sollte und gehören kann und dass sexuelle Aktivität zwar im Laufe der Zeit vielleicht nachlässt, aber nicht unbedingt ganz aufhören muss.

Unzählige Männer und Frauen haben mir im Laufe der Jahre erzählt, dass Sex zwar nicht der wichtigste Aspekt ihrer Ehe sei, aber definitiv der Leim, der sie zusammenhalte. Sam, ein 70-jähriger verheirateter Mann, sagte mir, er und seine Frau hätten immer noch mindestens einmal pro Woche Sex, teilweise auch häufiger.

«Wir lachen viel, versuchen, so fit und attraktiv wie möglich füreinander zu bleiben, und lieben einander aus tiefstem Herzen», sagt er. «Sex ist nur ein Teil unserer Beziehung, allerdings ein wunderbarer.»

Abgesehen davon, dass häufiger und besserer Sex ohnehin ein löbliches Ziel für Paare ist, die ihre Leidenschaft wieder anfachen möchten, gibt es noch eine zusätzliche Motivation: Ein aktives Sexleben ist ein starker Indikator für allgemeine Gesundheit und eine gute Methode, um sich über das körperliche Wohlbefinden des Partners auf dem Laufenden zu halten. Ja, Sex, Gesundheit und eine gute Ehe sind sogar untrennbar miteinander verknüpft.

In Gesundheit wie in Krankheit:

Wie wirkt sich die Ehe auf den Körper aus?

Ich wünsche euch Gesundheit in den Armen des anderen.

Unbekannter Autor

Irgendwann zwischen dem Gang zum Altar und dem ersten Kuss als Verheiratete versprechen viele Paare einander, «in Gesundheit wie in Krankheit» zusammenzubleiben. Viele von uns machen sich jedoch nicht klar, wie bedeutsam diese Worte tatsächlich sind. Von dem Moment an, in dem wir sagen «Ja, ich will», hat der Akt des Heiratens einen tiefgreifenden Einfluss auf unsere Gesundheit und unser Wohlbefinden.

Allgemein geht man davon aus, dass die Ehe sich positiv auf die Gesundheit von Mann und Frau im Vergleich zu Alleinstehenden, Geschiedenen oder Verwitweten auswirkt. Verheiratete leben im Durchschnitt übrigens länger als Singles. Das heißt jetzt nicht, dass man automatisch mit Krankheit geschlagen sein muss, nur weil man ledig, geschieden oder verwitwet ist. Dennoch deuten diese Zahlen darauf hin, dass die Ehe einige erhebliche Vorteile bietet – von der gegenseitigen Fürsorge bis hin zu finanzieller Sicherheit –, die zur Verbesserung des körperlichen Zustands führen können.

Trotz alledem zeigen Studien, dass die Ehe allein zum Schutz der eigenen Gesundheit nicht ausreicht, die Qualität der Beziehung spielt ebenfalls eine Rolle. Immer häufiger kommen Forscher zu dem Schluss, dass eine gute Ehe guttut; steckt man dagegen in einer schlechten Partnerschaft, die von Konflikten und Unzufriedenheit geprägt ist, könnte es langfristig gesünder sein, wieder Single zu werden. Denn eine schlechte Ehe kann nachweislich negative Auswirkungen auf das Wohlergehen haben – manchen Studien zufolge hat eine unglückliche Partnerschaft Auswirkungen auf das Herz, die jenen ähneln, welche vom Rauchen hervorgerufen werden.

Allerdings kann sogar eine gute Ehe die Gesundheit auf unerwartete Weise beeinflussen. Zwar ist sie einerseits ein wunderbarer Quell emotionaler Unterstützung, andererseits verstärkt sie teilweise auch schlechte Angewohnheiten, wie zum Beispiel zu viel zu essen. Mehrere Untersuchungen haben bewiesen, dass Fettsucht in einer Beziehung ansteckend sein kann. Auch der Konfliktbewältigungsstil des Partners – und wie man selbst darauf reagiert – hat einen messbaren Effekt auf die eigene Gesundheit. Und ob der Gatte oder die Gattin schnarcht, kann die Qualität des Schlafes, die langfristige Gesundheit und das Gehör im Alter beeinflussen.

Das Eheplus

Warum sollte eine Heirat die Gesundheit verbessern?

Ein Grund lautet, dass die Ehe im Prinzip die vorhandenen Ressourcen verdoppelt. Menschen mit höherem Einkommen zum Beispiel sind generell gesünder als solche, die nur wenig verdienen oder gar unterhalb der Armutsgrenze leben. Man erwirtschaftet ja nicht nur mehr Geld durch die Eheschließung, sondern gewinnt auch eine neue Familie und einen neuen Freundeskreis hinzu. Der gesundheitliche Nutzen kann in Form von emotionaler Unterstützung entstehen, die sowohl der Partner als auch die Freunde und Verwandten leisten, die er mit in die Ehe bringt. Auch praktische Hilfe können Beziehungen bieten: Freunde, Verwandte und Ehegatten können auf die Kinder aufpassen, wenn man selbst krank ist, einen Botengang erledigen oder einen zum Arzt bringen und pflegen, solange man sich erholt. Außerdem ist häufig der Partner der Erste, der gesundheitliche Probleme bemerkt – wie zum Beispiel Potenzstörungen in Zusammenhang mit Herzerkrankungen, Schnarchen, das auf Schlafapnoe hinweisen kann, oder auch übermäßigen Durst, was ein Warnsignal für Diabetes sein könnte.

Studien zeigen, dass Verheiratete seltener Erkältungen, Krebs, Arthrose oder Herzinfarkte bekommen. Verheiratete Frauen haben ein kräftigeres Immunsystem als unverheiratete[66], und Menschen, die in glücklichen Ehen leben, haben generell einen niedrigeren Blutdruck. Schwedische Forscher haben sogar nachgewiesen, dass eine Hochzeit um die Lebensmitte das Risiko von Altersdemenz verringern kann.[67]

Wer das Gefühl hat, ohne seinen Partner sterben zu müssen, könnte damit gar nicht so falsch liegen, wie die Familienforschung zeigt. In jedem gegebenen Lebenszeitraum liegt die Wahrscheinlichkeit zu sterben für verheiratete Menschen niedriger als für unverheiratete. Bei einer großangelegten Analyse von Sterbe- und Heiratsregistern in den Niederlanden nahmen sich Forscher mehr als zwei Dutzend Todesursachen vor und kamen zu dem Ergebnis, dass Ledige ein weit höheres Sterberisiko in praktisch jeder Kategorie hatten – von gewaltsamem Tod wie Unfall oder Mord bis hin zu mehreren Arten von Krebs.[68] Laut kanadischen Statistiken ist die Lebenserwartung von in Ehe lebenden Männern um etwa sieben Jahre höher als die ihrer alleinstehenden Geschlechtsgenossen, während der Unterschied bei Frauen immerhin noch bei ungefähr drei Jahren liegt.[69]

Diese Daten sind weit davon entfernt, endgültige Beweiskraft zu haben. Einige der Studien weisen darauf hin, dass ein früher Tod häufig junge, schwule Männer mit HIV- oder Aids-Risiko betrifft, was die Ergebnisse zugunsten der Ehe verschieben kann.[70] Zusätzlich heiraten Menschen mit chronischen Krankheiten oder anderen gesundheitlichen Problemen seltener oder lassen sich möglicherweise als Folge dieser Beschwerden scheiden. Trotz dieser Einschränkungen hat das umfangreiche Forschungsmaterial durchgängig einen starken Zusammenhang zwischen Ehe und Gesundheit aufgezeigt.

Die Ergebnisse weichen hinsichtlich Männern und Frauen voneinander ab. Wenn ein Mann heiratet, sinkt sein Sterberisiko unmittelbar, bei Frauen zeigt sich der Ehebonus in den ersten Jahren nicht. Die Theorie dazu lautet, dass Männer sofort profitieren, weil die Ehe üblicherweise einige gefährliche Verhaltensweisen unterbindet – zum Beispiel exzessives Trinken, spät ins Bett gehen und sich in schlechter Gesellschaft bewegen.

Bei Männern führt die Hochzeit normalerweise zu stärkeren sozialen Bindungen, die während der Singlejahre vernachlässigt wurden. Das liegt daran, dass Frauen dazu neigen, verwandtschaftliche und freundschaftliche Beziehungen zu pflegen, indem sie mit Eltern und Geschwistern Kontakt halten, gesellschaftliche Ereignisse organisieren und Glückwunschkarten versenden. Das alles übersetzt sich in soziale Unterstützung, die wiederum das leibliche Wohlergehen positiv beeinflusst. Außerdem bringen Frauen eine bessere Gesundheitsfürsorge in die Partnerschaft ein, denn sie gehen häufiger zum Arzt, vereinbaren Termine und regeln die familiäre Versorgung. Nicht zuletzt erledigen Frauen einen Großteil der Hausarbeit, kochen und putzen – wovon ein Mann langfristig gesundheitlich profitiert: Vielleicht isst er dann endlich gesünder und regelmäßiger als vorher.

Da Frauen häufig bereits vor ihrer Hochzeit leistungsfähige familiäre und soziale Netzwerke haben, bezieht sich ein Großteil der gesundheitlichen Vorteile der Ehe für sie auf den finanziellen Zugewinn. In der Ehe verfügt sie über ein höheres Haushaltseinkommen, einen besseren Zugriff auf medizinische Versorgung, höherwertige Ernährung, komfortablere Wohnverhältnisse und einen unter Umständen sichereren Arbeitsplatz. Diese Verbesserungen führen nicht notwendigerweise zu unmittelbar gesteigertem körperlichem Wohlergehen, auf die Dauer ist eine verheiratete Frau dennoch gesünder als eine unverheiratete.

Ehefrauen: Hüterinnen der Familiengesundheit

Einer der oft übersehenen Vorteile einer Ehe für Männer ist, dass Frauen meist stärkere Antennen für potenzielle Gesundheitsbeschwerden haben. Vor einigen Jahren befragte ich Phil und Rachael in San José, Kalifornien, ein Paar mit zwei kleinen Kindern in Erwartung des dritten. Phil fühlte sich zu dem Zeitpunkt miserabel, nahm aber an, seine andauernde Müdigkeit und Schlappheit lägen an den häuslichen Anforderungen und den vielen Geschäftsreisen. Er baute gerade das Haus um, hatte erst vor kurzem, was vielleicht unklug war, das Kaffeetrinken aufgegeben, und er war 49 Jahre alt. Natürlich war er müde!

Doch seine Frau Rachel wollte davon nichts hören. Sie merkte, dass ihr normalerweise aktiver und energiegeladener Ehemann nicht einfach nur übernächtigt war. Er war erschöpft und abgekämpft, er trank Wasser in rauen Mengen, und er magerte ab. Sie tippte auf Diabetes. Er tippte darauf, dass sie zu viele Arztserien gesehen hatte.

Rachel konnte ihren Mann nicht zwingen, sich untersuchen zu lassen, doch zwei Wochen nach der Geburt des Babys sprach sie mit dem Kinderarzt über ihren Mann. Es sei übrigens gar nicht so ungewöhnlich, sagen Kinder- und Frauenärzte, dass Frauen auch andere Familienmitglieder betreffende gesundheitliche Fragen während eines Besuchs besprechen. Zum Glück für Rachael und Phil kannte der Kinderarzt das Problem, dass Männer nie zum Arzt gehen, und schlug einen Kompromiss vor. Er gab der jungen Mutter einen Packen Teststreifen mit nach Hause, damit ihr Mann seinen Blutzucker selbst messen konnte.

Als sie zurückkam, erzählte sie ihrem Mann davon. Wie erwartet weigerte er sich, es auszuprobieren. Doch als er seine Sachen für die nächste Geschäftsreise packte, steckte sie ihm die Streifen einfach in die Aktentasche und bat ihn eindringlich, den Test im Hotel zu machen.

Trotz Phils Protesten drang die Besorgnis seiner Frau endlich zu ihm durch. Erst kürzlich hatte ihm ein Kollege erzählt, dass er während einer Präsentation in der Arbeit einen nervösen Eindruck gemacht hatte. Eigentlich war er gar nicht nervös gewesen – seinem Mitarbeiter war nur aufgefallen, dass er immer wieder einen Schluck Wasser getrunken hatte. Als Phil im Hotel seine Tasche auspackte, fielen ihm die Teststreifen in die Hände, und er beschloss, sich Gewissheit zu verschaffen. Zu seinem Erstaunen hatte er eindeutig einen erhöhten Blutzuckerwert, also rief er einen Arzt an und machte für zwei Wochen später einen Termin aus.

Doch selbst damit gab Rachel sich noch nicht zufrieden. Sie hakte nach und besorgte ihrem Mann sofort einen Termin. Tatsächlich ergab die Untersuchung, dass Phils Blutzucker gefährlich hoch war, woraufhin bei ihm Erwachsenendiabetes diagnostiziert und behandelt wurde.

«Es gibt einen alten Song von Jimmy Buffet, in dem er zu seiner Freundin sagt: ‹I treat my body like a temple, you treat yours like a tent – Ich behandle meinen Körper wie einen Tempel, du den deinen wie ein Zelt›», erzählte Phil mir. «Das führt wieder zurück zum Wert der Ehe. Wenn ich ein Single gewesen wäre, ohne jemanden, der sich aufrichtig für mein Leben interessiert, weiß ich nicht, was passiert wäre. Mir fällt gerade kein besseres Wort ein, aber ich wurde zum Handeln genörgelt.»

Ärzte sagen, dass die Erfahrung von Rachel und Phil gar nicht so ungewöhnlich ist. Es ist typisch, dass die Frau ihren Mann lange, bevor er selbst es für nötig hält, zu einem Arztbesuch drängt. Diverse Umfragen zeigen, dass Männer viel seltener überhaupt einen Hausarzt haben als Frauen, und selbst wenn man die Besuche beim Gynäkologen und beim Kinderarzt abzieht, geht der weibliche Teil der Bevölkerung noch doppelt so häufig zum Arzt wie der männliche.

Oft sperrt sich ein Mann jedoch selbst beim Arzt noch dagegen, offen über seine Gesundheit zu sprechen. Laut Dr. Harvey Simon, Herausgeber des *Harvard Men's Health Watch*-Newsletters, ist es weit verbreitet, dass Männer ihren Frauen «die Schuld» daran geben, wenn sie schließlich einen Arzt aufsuchen. «Beim Termin in der Praxis bleiben die Männer häufig zunächst einmal stumm», berichtet Dr. Simon. «Irgendwann ziehen sie einen Zettel hervor und sagen: ‹Meine Frau will, dass ich mich hiernach erkundige.› Sie haben immer noch das Bedürfnis, sich hinter den Fragen ihrer Frauen zu verstecken.»

Frauen können bemerkenswert hartnäckig sein, wenn sie erst einmal anfangen, sich um die Gesundheit ihrer Männer zu sorgen. Ridwan Shabsigh, Leiter der urologischen Abteilung am Maimonides Medical Center in Brooklyn, New York, erzählte mir, dass einer seiner Freunde sich weigerte, zum Arzt zu gehen. Seine Frau hatte Anzeichen von Potenzstörungen bemerkt und machte sich Sorgen um sein Herz. Tränen, Streit und selbst die Androhung von Sexentzug halfen nichts, doch sie gab nicht auf. Als die Steuererklärung anstand, witterte sie ihre Chance und weigerte sich, ihre Unterschrift zu leisten, solange ihr Mann nicht zum Arzt gehe. Es funktionierte, und ihr Gatte kehrte mit der Diagnose überhöhte Cholesterinwerte und Bluthochdruck zurück.

Mediziner behaupten, Ehefrauen hätten eine Sonderstellung inne, um ihre Gatten zu ärztlicher Behandlung zu überreden. Da Potenzstörungen ein wichtiges Barometer der männlichen Gesundheit sind, ist die Frau häufig die Erste, die leichte Veränderungen wahrnimmt, welche auf Beschwerden wie eine Herzerkrankung hindeuten können. Weil Frauen normalerweise in regelmäßigem Kontakt mit Kinderärzten und Gynäkologen stehen, können sie dort um Rat und um eine Empfehlung der richtigen Fachärzte bitten, wenn ihre Männer es nicht tun.[71]

Was die Steigerung der Gesundheit des Partners betrifft, gebührt Frauen jedoch nicht das alleinige Verdienst. Wie eine Studie zeigte, leistet ein Ehemann, der seiner Gattin die Hand hält, mehr als nur den Ausdruck seiner Zuneigung. Er senkt ihr Stressniveau.

Das fand James A. Coan heraus, Dozent für Psychologie und Neurowissenschaften an der Universität von Virginia, als er untersuchte, wie es sich auf gestresste Frauen auswirkt, wenn jemand ihre Hand hält. Dr. Coan testete 16 Frauen, die in einem Fragebogen zum Thema Zufriedenheit in der Ehe hohe Werte erzielt hatten. Ziel der Studie war, festzustellen, ob eine tröstliche Geste des Ehemanns die Anspannung einer Frau mindern könne. In der Versuchsanordnung wurde der Stress durch einen leichten Elektroschock ausgelöst, während das Gehirn der Frauen gleichzeitig durch einen Magnetresonanztomographen abgebildet wurde.

Die Forscher betrachteten die Gehirnaktivitäten anhand von drei Szenarien. Im ersten erlebte die Frau den Elektroschock ohne jeglichen Trost von einem anderen Menschen. In den nächsten beiden hielt sie erst die Hand ihres Mannes, dann die eines Fremden.

Die Aufnahmen zeigten, dass die Stresssymptome in den letzten beiden Szenarien deutlich reduziert waren, und zwar egal, wer die Hand hielt, am stärksten war die Wirkung jedoch, wenn es der Ehemann war.

Generell beruhigte das Handhalten gewisse Gehirnareale, die an der Stressbewältigung beteiligt sind. Aber wenn es sich um die Hand des Gatten handelte, war auf den Aufnahmen eine zusätzliche Beschwichtigung in den Bereichen des Gehirns erkennbar, welche die emotionale Reaktionen steuern. Weitere Unterschiede entdeckten die Wissenschaftler, als sie die Ergebnisse mit dem Abschneiden der Probandinnen im Ehezufriedenheitstest verglichen. Bei den Frauen mit den höchsten Werten erzielte die Hand des Angetrauten eine noch größere Wirkung und beruhigte sogar Gehirnbereiche, die für Schmerz zuständig sind, ähnlich wie es ein schmerzstillendes Mittel tun würde.

Wie diese Studie deutlich macht, muss das Gehirn sich weniger anstrengen, wenn einem jemand unterstüzend zur Seite steht. Leider untersuchten die Forscher nicht, ob das Handhalten auf das Gehirn eines Mannes denselben Effekt hat.[72]

Macht die Ehe dick?

Die körperliche Wirkung, die Menschen aufeinander haben, hat auch etwas damit zu tun, auf welche Weise persönliche Angewohnheiten den Partner beeinflussen. In Anbetracht der Tatsache, dass 60 Prozent der erwachsenen Bevölkerung übergewichtig oder gar fettsüchtig sind, können wir der Ehe in der Sache nicht die alleinige Schuld in die Schuhe schieben. Doch je mehr sich die Forscher mit Partnerschaft und Gesundheit befassen, desto mehr Aufmerksamkeit wird inzwischen dem Zusammenhang zwischen Ehe und Körpergewicht gewidmet. Verheiratete sind häufiger zu dick als Ledige. Bei einer auf sechs Jahre angelegten Studie in Finnland stellten Forscher fest, dass die Menschen zunahmen, wenn sie heirateten, aber abnahmen, wenn der Ehepartner starb. Drei amerikanische Untersuchungen zeigten ebenfalls, dass Männer wie auch Frauen nach der Hochzeit an Gewicht zulegten, aber dünner wurden, sobald die Ehe vorbei war.[73]

Viele ungesunde und gefährliche Verhaltensmuster werden mit der Hochzeit eingestellt. Die Ehe lässt uns zur Ruhe kommen, meistens trinken und rauchen wir weniger, nehmen weniger illegale Drogen, essen regelmäßiger und schlafen zu geregelten Zeiten. All das führt wiederum zu einem weiteren interessanten

Effekt: mehr Essen, weniger Bewegung und weniger Zigaretten – lauter Verhaltensweisen, die zu einer Gewichtszunahme führen.

- Jemanden an seiner Seite zu haben, der beim Kochen und Einkaufen hilft und mit dem man am Essenstisch sitzt, schlägt sich in Extrapfunden und erhöhtem Bauchumfang nieder.
- Manche Studien kommen zu dem Ergebnis, dass Menschen sich weniger bewegen, wenn sie verheiratet sind – vor allem Männer. Es könnte daran liegen, dass Männer ihre Freizeit lieber mit der Ehefrau verbringen, anstatt sich mit einem Freund im Fitnessstudio zu treffen oder spontan eine Partie Basketball zu spielen. Vielleicht spüren sie weniger den Drang, in Form zu bleiben, um gut auszusehen und attraktiv auf potenzielle Partnerinnen zu wirken.
- Rauchen steht in Zusammenhang mit niedrigerem Körpergewicht, und zwei Untersuchungen haben gezeigt, dass verheiratete Menschen häufiger auf den Glimmstängel verzichten. Generell rauchen Alleinstehende, Geschiedene und Verwitwete mehr als Verheiratete.

Was tun? Wir können einander positiv und negativ beeinflussen. Es gibt Studien, die nachweisen, dass Paare, die gemeinsam Diät machen und Sport treiben, auch eine höhere Erfolgsquote haben, was Gewichtsverlust und Fitnessziele betrifft.

Sex, Altern und Gesundheit

Auch wenn Ehepaare mehr Sex als andere Menschen haben, können gesundheitliche Beschwerden ein stabiles Liebesleben beeinträchtigen, besonders im Alter. Potenzstörungen und die Wechseljahre bringen häufig tiefergehende Probleme zum Vorschein. So leidet etwa ein Drittel aller Männer zwischen 40 und 70 an beträchtlichen Erektionsschwierigkeiten, und die meisten davon, etwa 80 Prozent, lassen sich nicht behandeln. Potenzstörungen können eine verheerende Wirkung auf die Beziehung haben, und betroffene Männer ziehen sich oft zurück. Nicht nur die sexuelle Aktivität nimmt ab, sondern häufig wird jeglicher Körperkontakt zur Ehefrau eingestellt, weil der Mann Angst hat, das könnte zu einem weiteren erfolglosen Liebesakt führen. «Ich wollte nicht mal ihre Hand halten oder ihr den Arm um die Schultern legen», erzählte ein 52-jähriger Mann aus Irving, Texas, der sich mit mir über das Thema unterhielt. «Wenn man nicht funktioniert, lässt man solche Dinge komplett sein.»

Es gibt drei Medikamente dagegen – Viagra, Levitra und Cialis –, und alle haben ungefähr dieselbe Wirkungsweise. Der Mann, den ich interviewte, begann schließlich mit der Einnahme eines der Präparate, und beinahe sofort war die Intimität wieder da, die zwischen ihm und seiner Frau verlorengegangen war.

«Ja, der Sex findet wieder statt», erzählte er mir. «Aber das wirklich Tolle daran ist, dass wir keine Angst mehr haben, uns zu berühren oder Händchen zu halten.»

Die Regenbogenpresse behauptet zwar gern, dass Viagra zu Untreue und Scheidung führe, doch weitaus wahrscheinlicher ist, dass Menschen, die in ihrer Ehe allgemein unglücklich sind, von Untreue und Scheidung bedroht sind, egal, ob sie Viagra benutzen oder nicht. Bei Menschen hingegen, die ihr Liebesleben wieder ankurbeln möchten, können potenzfördernde Medikamente die Beziehung retten.

Eine Studie befasste sich mit Paaren, in denen der Mann Erektionsstörungen hatte. Sowohl die Männer als auch die Frauen wurden gefragt, wie häufig sie stritten und wie sie ihre Beziehung im Hinblick auf Zärtlichkeit und Zweisamkeit einstuften. Nach einer Behandlung mit Viagra berichteten die Männer von einer allgemeinen Verbesserung der Beziehung, von weniger Konflikten und dafür liebevollerem Umgang und stärkerem Zusammengehörigkeitsgefühl.[74]

Es gibt noch einige andere Gründe, sich bei Potenzschwierigkeiten ärztlichen Beistand zu holen. Denn solche Störungen betreffen nicht nur den «Lebensstil», sondern geben auch wichtige Hinweise auf den Gesamtgesundheitszustand. Veränderungen in der Potenz eines Mannes können frühe Warnsignale ernster gesundheitlicher Probleme sein. Eine italienische Studie kam zu dem Ergebnis, dass bei zwei Dritteln der Patienten, die sowohl an Herzerkrankungen als auch an Erektionsstörungen litten, Letztere im Durchschnitt bereits drei Jahre vor anderen, auffälligeren Symptomen wie beispielsweise Schmerzen im Brustbereich auftauchten.

«Der Penis ist ein Barometer der gesundheitlichen Verfassung des Gefäßsystems», sagt Andrew McCullough, Leiter der Abteilung Männliche Sexualgesundheit und Fruchtbarkeit an der New York University School of Medicine.[75]

Die Potenz ist deshalb so eng mit der Herz- und Gefäßgesundheit verknüpft, weil der Penis von zwei wichtigen Arterien versorgt wird. Wenn ein Mann an einer Gefäßkrankheit leidet, die zu einer Verengung oder Verkalkung der Arterien führt, zeigt sich das häufig früher in den kleineren Penisarterien als in den großen, die zum Herzen führen. Erektionsstörungen sind besonders verbreitet unter Männern mit einem oder mehreren Risikofaktoren für Herz-Kreislauf-Erkrankungen wie zum Beispiel Bluthochdruck und haben außerdem sehr wahrscheinlich mit Bewegungsmangel zu tun.

Auch die Wechseljahre der Frau, eine Zeit, in welcher der Hormonspiegel einer Frau wilden Schwankungen unterworfen ist und sie mit einer Reihe von unangenehmen Symptomen zu kämpfen hat, strapazieren das Liebesleben eines Paares. Hitzewallungen und Schlafstörungen führen zu körperlicher Erschöpfung und mindern das Interesse am Sex. Vaginale Trockenheit kann den Akt schmerzhaft machen. Durch eine Gewichtszunahme, die bei der Menopause häufig vorkommt, sind Frauen zudem häufig gehemmt und ziehen sich nicht mehr so gern nackt aus. All die übrigen Probleme der Lebensmitte – alternde Eltern, pubertierende Kinder und berufliche Anforderungen – tragen ebenso dazu bei, den Stress zu erhöhen und die Lust auf Sex zu verringern.

Doch das Liebesleben ist in dieser Phase nicht vollständig von den Hormonen beherrscht. Bei einer großangelegten Studie der Universität von Melbourne fanden Forscher heraus, dass einer der Hauptfaktoren für die Sexualfunktion *während* der Wechseljahre die Sexualfunktion der Frau *vor* der Menopause ist. Wenn man demnach vorher ein aktives, erfüllendes Liebesleben hatte, dann stehen die Chancen gut, dass das auch so bleibt, trotz aller körperlichen Veränderungen durch die hormonelle Umstellung.

Dennoch ergab die australische Studie, dass die Menopause einen deutlichen Anstieg im Prozentsatz der Frauen mit sich bringt, die von sexuellen Funktionsstörungen berichten. Zu Beginn der Wechseljahre betrifft das etwa 42 Prozent, doch wenn der Östrogenspiegel sinkt, klettert die Zahl auf bis zu 88 Prozent. Nach der Menopause gaben Frauen an, weniger Interesse am Sex zu haben, nicht mehr so empfänglich auf erotische Reize zu reagieren und unter vaginaler Trockenheit und Schmerzen zu leiden. Auch die Gefühle dem Partner gegenüber veränderten sich während der Wechseljahre ins Negative.

Frauen mit mittelmäßigem Liebesleben vor der Menopause wurden durch die hormonellen Veränderungen in dieser Übergangsphase häufiger in eine sexuelle Funktionsstörung gedrängt. Wenn sie Blockaden hatten, wenn sie in einer schlechten Beziehung steckten oder wenn sie einfach in jüngeren Jahren sexuell nicht so aktiv waren, dann änderte sich das durch die Wechseljahre kaum, oder es verschlechterte sich sogar noch, falls sie nicht die zugrundeliegenden Probleme lösten, die das Liebesleben störten. Die persönliche Geschichte einer Frau ist der wichtigste Faktor für ihr Sexleben nach der Menopause.[76]

Eines der bestimmenden Merkmale einer Ehe oder langfristigen Beziehung ist, dass die Partner sich nachts ein Bett teilen. Für glückliche Paare tut sich im Bett weitaus mehr als nur Sex. Es wird zum Zufluchtsort, um den Kindern und den Anforderungen des Berufs zu entfliehen, um sich die Ereignisse des Tages zu erzählen, um vertrauliche Gespräche zu führen und physischen Kontakt zu genießen und um Umarmungen und Zärtlichkeiten, die nicht nur Anspannungen lösen und das Stressniveau senken, sondern auch das Bindungsgefühl in der Beziehung verstärken. Diverse Schlafstudien haben gezeigt, dass verheiratete Menschen offenbar besser schlafen als nicht verheiratete. Eine längere und erholsamere Nachtruhe wiederum trägt nicht nur zu einer glücklicheren Ehe bei, sondern ist insgesamt der Gesundheit förderlich. Menschen, die schlecht schlafen, haben ein höheres Risiko, an Diabetes, Herzleiden und anderen Beschwerden zu erkranken.

Forscher der Universität von Pittsburgh fanden in einer achtjährigen Untersuchung mit beinahe 2000 weiblichen Teilnehmern heraus, dass verheiratete Frauen oder solche in stabilen Partnerschaften besser schlafen als Frauen, die nie verheiratet waren oder ihren Partner verloren hatten.[77] In einer Beziehung glücklich und zufrieden zu sein, senkt das Risiko von Schlafschwierigkeiten, während Eheprobleme die Nachtruhe tendenziell beeinträchtigen. Die Hauptausnahme bildeten frisch Verheiratete. Offenbar müssen Paare eine Anpassungsphase durchlaufen und gewöhnen sich erst allmählich daran, mit einem Partner das Bett zu teilen. Frauen, die zu Beginn der Studie ledig waren, später aber einen Partner hatten, schliefen deutlich unruhiger als Frauen, die bereits verheiratet waren.

Bei einer Studie der Universität von Arizona kamen Forscher zu dem Ergebnis, dass Männer, wenn sie besser schlafen, am nächsten Tag positivere Gefühle für ihre Partnerin hegen. Und

Frauen, die von Problemen in der Beziehung berichten, schlafen eigenen Angaben nach auch häufig schlecht. Die Forschung sagt dazu, manche Paare gerieten in einen «Teufelskreis» von Schlafstörungen, die ihre Beziehung beeinträchtigten, und Konflikten in der Partnerschaft, die wiederum ihren Schlaf beeinflussten.[78]

Brant Hasler, Doktorand in klinischer Psychologie an der Universität von Arizona, erklärt, die Daten ließen vermuten, dass Schlaf und Zufriedenheit eng miteinander verknüpft seien. Paare, besonders solche, die mit Beziehungsproblemen zu kämpfen haben, können daraus lernen, dass es bei der Lösung solcher Konflikte hilfreich sein kann, sich mit seinen Schlafgewohnheiten bewusst auseinanderzusetzen. Laut Hasler sollten Paare versuchen, ihre Probleme vor dem Zubettgehen zu klären, und möglichst vermeiden, schwierige Themen zu besprechen, wenn einer oder beide nicht gut geschlafen hat oder auch nach einem langen Tag, wenn man müde und vielleicht ohnehin gereizt durch den Schlafmangel ist.

Viele Ehepaare haben echte Schwierigkeiten, zusammen zu schlafen, was sowohl die Beziehung als auch ihre Gesundheit belastet. Eine der häufigsten Ursachen für Schlafprobleme in der Ehe ist Schnarchen, nicht selten einer Schlafapnoe geschuldet. Eine sogenannte obstruktive Schlafapnoe tritt auf, wenn das Gewebe in der Kehle zusammenfällt und die Atemwege blockiert. Die Folge sind Atemstillstände, die zehn Sekunden und länger andauern und mehrmals pro Stunde vorkommen können. Der Sauerstoffgehalt im Blut sinkt dabei stark ab, und langfristig besteht für die Betroffenen das Risiko von Bluthochdruck, Schlaganfällen und Herzerkrankungen.

So gefährlich eine Schlafapnoe für den Schnarcher selbst ist, so laut, unerfreulich und manchmal erschöpfend ist das Keuchen, Schnaufen und Röcheln für den Bettgefährten. Bei einer Telefonbefragung von mehr als 1000 Erwachsenen gaben 67 Prozent an, ihr Mitschläfer schnarche. Etwa ein Drittel der Befragten sagte, sie schliefen getrennt oder benutzten Ohrstöpsel wegen der Atemschwierigkeiten ihres Partners.[79]

Schnarchen und Schlafprobleme in der Ehe wurden bislang von der Forschung nicht sonderlich beachtet. Doch inzwischen glauben einige Wissenschaftler, dass Apnoe-Patienten zusätzlich zu der Unzahl gesundheitlicher Gefahren, denen sie ausgesetzt sind, außerdem ein höheres Scheidungsrisiko haben. In einer kleinen Studie mit zehn teilnehmenden Paaren fanden Ärzte des Rush University Medical Center in Chicago heraus, dass die Frauen von schnarchenden Männern ebenfalls unter Schlafentzug litten. Dabei handelt es sich übrigens um mehr als nur eine leichte Belästigung, denn Schlafmangel kann eine Ehe stark strapazieren, sagen die Forscher.[80]

Bei einem der in Chicago untersuchten Paare weckte der Mann seine Frau mehrmals pro Stunde auf. Ohrstöpsel halfen nicht, also zog sie irgendwann aus dem gemeinsamen Schlafzimmer aus, was wiederum eine schwere Belastung für die Ehe darstellte. Erst als der Gatte ein spezielles Atemgerät bekam, um der Apnoe nachts vorzubeugen, besserte sich auch der Schlaf seiner Partnerin, und der eheliche Zufriedenheitswert verdoppelte sich annähernd.

Häufig wird die Lärmbelästigung von dem Schnarchenden lachend abgetan, der die Klagen des Leidgeprüften nicht ernst genug nimmt, um sich medizinisch behandeln zu lassen. Zu wenig Aufmerksamkeit wurde bisher den Kollateralschäden der Krankheit für den Bettgenossen oder Ehepartner geschenkt. Die Forschung zeigt aber, dass jemand, der neben einem Schnarcher schläft, manchmal nachts genauso oft aufwacht wie Menschen mit pathologischen Schlafstörungen. Bei einer Untersuchung der Mayo Clinic kamen die Forscher zu dem Ergebnis, dass manche Ehegatten von Schnarchenden durchschnittlich 21-mal pro Stunde aufwachten, womit sie nur knapp unter den 27-mal blieben, die der Schnarchende selbst in der Stunde durch ihre Beschwerden geweckt wurde.[81]

Wie schädlich genau die Auswirkungen von Passivschnarchen sind, ist bisher nicht geklärt. Ehepartner von Betroffenen klagen oft über starke Tagesmüdigkeit und Erschöpfung, was sowohl die Beziehungen am Arbeitsplatz als auch zu Hause beeinträchtigen kann. Im Schlafstörungszentrum der Mayo Clinic in Scottsdale, Arizona, wurden 54 Patienten mit Schlafapnoe zusammen mit ihren Partnern beobachtet. Die Betroffenen und ihre Gatten bekamen Bewertungsbogen für Lebensqualität und Müdigkeitstests vorgelegt. Im Vergleich zum nationalen Durchschnitt berichteten die Partner der Schnarchenden von höheren Schmerzbeschwerden, obwohl nicht ganz klar ist, warum. Interessanterweise erzielten sie jedoch anfangs in der Befragung zur Lebensqualität Werte, die dem landesweiten Standard entsprechen, was die Forscher darauf zurückführten, dass sie den Lärmpegel ihrer Bettgenossen einfach als Teil ihres Alltags akzeptiert hatten.

Sobald die Schlafapnoe behandelt wurde, schnellten die Messwerte deutlich nach oben, ein Zeichen dafür, dass sie stärker gelitten hatten, als ihnen bewusst war. Ihre Müdigkeit verringerte sich übrigens um 20 Prozent.

«Die Studie hat gezeigt, dass die gesamte Lebensqualität für diese Menschen reduziert war … und sich erheblich steigerte, als [der Ehegatte] behandelt wurde», sagt James M. Parish, medizinischer Leiter des Mayo Center. «Wir müssen berücksichtigen, dass diese Krankheit neben dem Patienten auch den Partner in hohem Maße betrifft.»[82]

Die Zeitschrift für Hals-Nasen-Ohren-Heilkunde *Journal of Otolaryngology* veröffentlichte eine Pilotstudie von lediglich vier Schnarchenden und ihren Bettgenossen, die Forscher der Queen's University in Kingston, Ontario, durchgeführt hatten. Sie fanden heraus, dass die Partner sämtlich einen beträchtlichen Grad von lärmbedingtem Hörverlust aufwiesen. Alle vier hatten seit 15 bis 39 Jahren neben einem Schnarchenden geschlafen, und die Schädigung beschränkte sich ausschließlich auf das Ohr, das dem Lärm häufiger ausgesetzt war.[83]

Schnarchen kann eine Lautstärke von 90 bis zu 120 Dezibel erreichen. Für manchen Mitschläfer ist das, wie «zehn bis 15 Jahre lang neben einer Industriemaschine zu schlafen», erklärt der Co-Autor der Studie, Andre Tan, der dem Institut für Hals-Nasen-Ohren-Kunde der Queen's University vorsteht. Am Arbeitsplatz müssen Arbeiter, die Lautstärken über 85 oder 90 Dezibel acht Stunden oder länger ausgesetzt sind, laut Vorschrift einen Gehörschutz tragen.[84]

Ohrstöpsel sind zwar eine Option, aber viele Menschen wollen nicht riskieren, den Wecker oder einen nächtlichen Notfall zu überhören. Die längerfristige Lösung besteht darin, das Schnarchen oder die Apnoe zu behandeln. Bei manchen Patienten kann schon Gewichtsverlust zu einer deutlichen Besserung führen. Andere Auslöser lassen sich durch zahnmedizinische Vorrichtungen beheben, welche die Atemwege freihalten. Operative Maßnahmen unter Einsatz von hochfrequenter Hitze, Lasern, Injektionen oder winzigen Implantaten können das Gaumensegel verkleinern und die Atemwege freilegen oder auch das Gewebe straffen, das beim Schnarchen vibriert. Wie gut die operativen Methoden funktionieren oder wie lange die Wirkung vorhält, ist noch nicht erwiesen, aber etwa 80 Prozent der Patienten berichten von zumindest einer leichten Besserung. Die schwerwiegendsten Apnoe-Beschwerden können mit einer Atemmaske behandelt werden, die der Betroffene beim Schlafen trägt.

Warum widme ich dem Schlafen und Schnarchen in der Ehe so viel Raum? Ganz einfach: Wenn man landesweiten Umfragen glaubt, flüchtet mindestens ein Drittel der verheirateten Menschen regelmäßig wegen Schlafproblemen aus dem Ehebett. Paare, die gereizt sind und häufig streiten, sollten einen Schritt zurückgehen und sich fragen, ob ihre Probleme vielleicht eher von nächtlichen Schlafstörungen verursacht werden als von Ärgernissen und Enttäuschungen während des Tages. Möglicherweise sind sie gar nicht wirklich wütend aufeinander, sondern einfach nur übermüdet und schlecht gelaunt.

Um herauszufinden, wie der Schlaf auch die eigene Beziehung beeinflusst, sollten Sie Ihre eheliche Nachtruhe analysieren. Schnarcht einer von Ihnen? Ändern Sie extra Ihre Schlafzeiten, um dem Lärm zu entgehen? Wie stark das Schnarchen Ihres Mitschläfers Sie beeinträchtigt, könnten Sie beispielsweise durch einen zweiwöchigen «Schlafurlaub» feststellen. Ziehen Sie für diesen Zeitraum nachts in ein anderes Zimmer um und beobachten Sie, ob sich dadurch an Ihrem Schlaf, Ihrer Tagesmüdigkeit oder Gereiztheit etwas verändert. Das ist natürlich keine Dauerlösung, aber es wird beiden Partnern helfen zu erkennen, wie ernst oder störend das Schlafproblem tatsächlich ist. Wenn Sie selbst der Schnarchende in der Beziehung sind, lassen Sie sich bitte um der Gesundheit und des Wohlbefindens Ihres Partners willen behandeln.

Wenn der Ehepartner krank macht

Eine unglückliche Ehe ist der Gesundheit auf tückische Weise abträglich. Anders als Geldsorgen oder Probleme im Beruf scheinen Beziehungsprobleme so besonders schädlich zu sein, weil sie so persönlich sind.

«Ehelichem Stress kann man nicht auf die gleiche Art entfliehen wie anderen Auslösern», sagt Annmarie Cano, Psychologiedozentin an der Wayne State University in Detroit. Dr. Cano hat den Zusammenhang zwischen chronischem Schmerz und nervlicher Belastung in der Ehe erforscht und nachgewiesen, dass gestresste Partner häufiger unter Schmerzen leiden als solche in zufriedeneren Beziehungen.[85]

«Für die meisten Menschen ist die Ehe eine Komfortzone, ein Ort, an dem sie sich erholen können», erklärt Dr. Cano. «Wenn nun genau dort Spannungen auftreten, gibt es keine Zuflucht mehr.»

Wissenschaftler der Ohio State University haben Dutzende von Studien durchgeführt, die den hohen Tribut dokumentieren, den Beziehungsstress dem Immunsystem abfordern kann. Einige der verblüffendsten Ergebnisse stammten aus Untersuchungen einer Gruppe frisch Verheirateter, die in Befragungen zur Zufriedenheit in ihrer Ehe besonders hohe Werte erzielt hatten und, den Forschern zufolge, «überglücklich» miteinander waren.

In diesen Studien wurden die Testpersonen über ihre Partnerschaft befragt, und die Wissenschaftler maßen individuelle Persönlichkeitsunterschiede und Problemlösungsverhaltensweisen. Zu Beginn des Projekts sollten die Paare ein Thema besprechen, das normalerweise in ihrer Beziehung zu Konflikten führte. Die Unterhaltung wurde auf Video aufgezeichnet und codiert, um Negativität und Verachtung, die ehelichen Zwist prophezeien, zu ermitteln und einzustufen. In einem Zeitraum von 24 Stunden wurden alle 60 Minuten Blutproben genommen, um die Konzentration diverser Stresshormone im Blut der Eheleute zu messen.

Zehn Jahre später nahmen die Forscher erneut eine Überprüfung derselben Paare vor. Sie stellten fest, dass 19 Prozent inzwischen geschieden waren. Im Rückblick betrachtet, hatten die anfangs durchgeführten Bluttests bereits vorausgesagt, welche Paare sich trennen würden und welche nicht. Drei der im Rahmen der Konfliktstudie gemessenen Stresshormone – Epinephrin (Adrenalin), Norepinephrin und ACTH (Adrenocorticotropin) – waren bei den Probanden, die sich hinterher scheiden ließen, schon damals beträchtlich erhöht.[86]

Janice Kiecolt-Glaser von der Ohio State University stellt fest, dass jene Probanden mit den auffälligen Hormonspiegeln überwiegend nicht diejenigen waren, die sich in anderen Situationen als hitzköpfig erwiesen. Die zu Beginn der Studie bei allen Testpersonen durchgeführten Befragungen zeigten außerdem, dass die im Endeffekt geschiedenen Paare ursprünglich nicht weniger zufrieden gewesen waren als jene, die zusammenblieben. «Ihren Aussagen nach waren sie sehr glücklich, aber ihre Hormone verrieten uns, dass sie gleichzeitig auch extrem angespannt waren», meint Dr. Kiecolt-Glaser.

Die Forscher aus Ohio führten ähnliche Studien durch, um die Auswirkungen von Beziehungsstress auf das Immunsystem zu messen. Dabei fanden sie heraus, dass schon ein halbstündiger, ganz gewöhnlicher Streit die körperlichen Abwehrkräfte erheblich schwächen kann.

Eine dieser Untersuchungen befasste sich mit 42 Ehepaaren, die durchschnittlich zwölf Jahre verheiratet waren. Über einen Zeitraum von zwei Monaten verbrachte jedes Paar zwei Nächte im Labor. Beide Male unterzogen sich Mann und Frau einer Behandlung mit einer kleinen Saugvorrichtung, die acht winzige Bläschen auf dem Arm hinterließ. Die Wunden wurden abgedeckt, um sie zu schützen, und die Forscher entnahmen regelmäßig Flüssigkeiten, die normalerweise die Bläschen gefüllt hätten.

Damit wollte man untersuchen, wie die Interaktion zwischen Ehepartnern die Wundheilung beeinflusst, die wiederum ihrerseits die Stärke des Abwehrsystems anzeigt.

Die Paare nahmen an zwei Arten von Gesprächen teil. Beim ersten Termin unterhielten sie sich positiv und entgegenkommend über eine Eigenschaft oder Verhaltensweise, die sie jeweils gern am anderen ändern würden. Während des zweiten Aufenthalts sprachen sie über ein Thema, das regelmäßig zu Konflikten führte und häufig eine emotionale Reaktion bei einem oder beiden Partnern hervorrief.

Es stellte sich heraus, dass nach einer emotional aufgeladenen Debatte die Druckwunden einen vollen Tag länger brauchten, um abzuheilen, als nach dem ersten, freundlichen Gespräch. Bei Paaren, die einander einen hohen Grad an Feindseligkeit entgegenbrachten, dauerte die Wundheilung sogar zwei Tage länger als bei jenen, die während der Auseinandersetzung nur geringfügig aggressiv waren.[87]

Blutproben zeigten, dass bei feindseligen Paaren außerdem eine Reaktion des Immunsystems auftrat, die auch mit einer Reihe von gesundheitlichen Beschwerden wie Herzerkrankungen, Krebs und Diabetes einhergeht.

«Stress in der Ehe hat deshalb eine Sonderstellung, weil er im Grunde das, was eigentlich die Hauptquelle für Unterstützung sein sollte, zum Hauptstressfaktor macht», erklärt Professor Janice Kiecolt-Glaser.

Bei anderen Untersuchungen verglichen die Forscher die Auswirkungen von Stress in der Ehe mit denen von Stress am Arbeitsplatz auf die Gesundheit und fanden so heraus, dass bei Spannungen in der Beziehung häufig eine Verdickung der linken Herzkammer zu beobachten ist, genau wie bei Rauchern und starken Trinkern. Berufliche Belastung hatte dagegen nicht denselben Effekt.[88]

Wie viel Kontakt man insgesamt mit seinem Ehepartner in einer guten oder schlechten Beziehung hat, kann ebenfalls die Gesundheit beeinflussen. Dieselbe Studie ergab nämlich, dass unter unglücklich Verheirateten diejenigen, die weniger Zeit mit dem Partner verbrachten, einen niedrigeren Blutdruck hatten. In guten Ehen wiederum war der Blutdruck bei den Männern und Frauen, die viel Zeit miteinander verbrachten, noch niedriger.

Was passiert, wenn man den Ehepartner verliert?

Wenn es stimmt, dass die Ehe an sich gesundheitsfördernd ist, können wir uns diesen Nutzen dann auch nach dem Ende einer Partnerschaft bewahren? Wie sich herausgestellt hat, ist der Verlust eines Ehepartners weit mehr als ein nur emotionaler. Wenn aus Verheirateten wieder Singles werden, erleiden sie häufig eine Verschlechterung ihres körperlichen Gesundheitszustands, von dem sie sich niemals wieder erholen, nicht einmal, wenn sie erneut vor den Altar treten.

Eine landesweite Studie mit fast 9000 Testpersonen ergab, dass Männer und Frauen, die eine Scheidung oder den Tod eines Partners erlebt hatten, 20 Prozent mehr chronische Beschwerden wie Herzerkrankungen, Diabetes und Krebs aufwiesen als diejenigen, die durchgehend verheiratet waren. Auch Mobilitätseinschränkungen wie Probleme beim Treppensteigen oder dem Zurücklegen einer nennenswerten Strecke zu Fuß kamen bei den ehemals Verheirateten häufiger vor.[89]

Diese Untersuchung beweist natürlich nicht, dass der Verlust eines Partners grundsätzlich gesundheitliche Probleme hervorruft, sondern nur, dass die beiden Umstände miteinander verknüpft sind. Es könnte sein, dass Menschen, die sich nicht viel bewegen, schlecht essen und nicht gut mit Stress umgehen können, sich außerdem häufiger scheiden lassen. Dennoch sagen Wissenschaftler, dass die Daten, da der Effekt sowohl bei geschiedenen als auch bei verwitweten Personen sichtbar ist, einen starken Zusammenhang zwischen jeglicher Form von Verlust des Ehepartners und einem schlechten Gesundheitszustand vermuten lassen.

Ein Grund dafür könnten Veränderungen auf Zellebene in Stressphasen sein. Starke Anspannung wirkt sich auf der genetischen Ebene aus, sie verursacht Chromosomenschäden, die unter Umständen wie ein umgelegter Schalter die Reproduktion schlechter Gene aktivieren können. Der Stress, einen Alzheimer-Kranken pflegen zu müssen, schädigte beispielsweise in einer Studie die Telomere (die Endabschnitte der Chromosomen, die sie vor allem bei der Zellteilung schützen) so stark, dass sich die Lebenserwartung der Betroffenen um vier bis acht Jahre verkürzte. Der Stress einer Scheidung oder des Todes eines Partners kann einen ähnlichen Tribut fordern.

Auch wenn eine erneute Heirat zu einer gewissen gesundheitlichen Verbesserung führte, zeigte obige Studie, dass die meisten ehemals verheirateten Menschen sich nie ganz von den körperlichen Verfallserscheinungen im Zusammenhang mit dem Verlust ihres Partners erholten. Verglichen mit denjenigen, die durchgehend verheiratet waren, litten die in zweiter Ehe lebenden Probanden um zwölf Prozent häufiger an chronischen Krankheiten und um 19 Prozent häufiger unter Mobilitätsbeschwerden. Andererseits nahmen die Forscher auch depressive Symptome unter die Lupe und fanden heraus, dass eine zweite Ehe emotionale Wunden offenbar heilen kann: Wenn jemand erneut heiratete, bewegten sich die depressiven Symptome auf dem gleichen Niveau wie bei Menschen, die keine Trennung durch Scheidung oder Tod erlebt hatten.

Diese Daten bedeuten zwar nicht, dass man um jeden Preis verheiratet bleiben sollte, aber die Ergebnisse zeigen, dass die persönliche Beziehungsgeschichte ein wichtiger Indikator für die Gesundheit ist. Wenn jemand gerade erst wieder Single geworden ist, ob nun durch Scheidung oder Tod des Partners, sollte er besonders gut auf all jene Dinge achten, die er selbst in gewissem Maße beeinflussen kann, zum Beispiel Stressbewältigung, Ernährung und Bewegung.

Andere Untersuchungen deuten darauf hin, dass das Ende einer Ehe auf Männer und Frauen unterschiedliche Auswirkungen hat. So, wie Männer sofort nach der Hochzeit gesundheitliche Früchte ernten, verschwindet auch der positive Effekt der Partnerschaft rasch wieder, sobald sie beendet ist.

Das Sterberisiko geschiedener und verwitweter Männer ist genauso hoch, wie es vor ihrer Eheschließung war. Der Grund könnte darin liegen, dass alleinstehende Männer rasch wieder zu dem unbeständigen Lebensstil ihrer Junggesellentage zurückkehren, da sie auf die Fähigkeiten ihrer Ehefrauen, den Haushalt zu organisieren, verzichten müssen. Das Ergebnis sind weniger Rücksicht auf die eigene Gesundheit, schlechtere Essgewohnheiten und ein Anstieg, was Rauchen, Trinken und weitere gesundheitsschädliche Verhaltensweisen betrifft. Wenn man bedenkt, dass es auch häufig die Frauen sind, die ihre Männer zum Arzt schicken, muss man außerdem davon ausgehen, dass geschiedene und verwitwete Männer sich seltener in medizinische Behandlung begeben. Das alles gilt nicht für Frauen.

Ich persönlich war überrascht, wie stark diese wissenschaftlichen Beobachtungen meine eigenen Erfahrungen mit Freunden, Kollegen und Verwandten widerspiegeln. Mehrere geschiedene

Männer aus meinem Bekanntenkreis haben sich sofort nach dem Ende ihrer Ehe ein Motorrad gekauft – die Gattin hatte dieses Hobby entweder als zu gefährlich oder als zu zeitraubend untersagt. Andere Männer steigern ihren Marihuana- oder Alkoholkonsum nach der Scheidung und gehen wieder häufiger in die Kneipe.

Für Frauen dagegen ist die Trennung häufig eine vollkommen andere Erfahrung. Geschiedene Frauen übernehmen in den meisten Fällen den Hauptteil der Kinderbetreuung, weswegen sie, selbst wenn sie es wollten, gar nicht die Option haben, das feierfreudige (und ungesündere) Leben der Jahre vor der Ehe wiederaufzunehmen.

Dennoch leidet auch bei Frauen der körperliche Zustand unmittelbar nach einer Scheidung. Der gesamte gesundheitliche Nutzen, den eine Frau durch die Ehe gehortet hat, löst sich in Luft auf, wenn der Gatte auf seinem neuen Motorrad davonbraust. Interessant ist auch, dass sich das nur auf geschiedene Frauen bezieht. Diejenigen, deren Mann gestorben ist, machen eine andere Erfahrung: Ihr Gesundheitszustand bleibt in etwa gleich und ähnelt dem verheirateter Frauen.

Warum sollte der Tod eines Partners leichter zu bewältigen sein als eine Scheidung? Das könnte auf den Umstand zurückzuführen sein, dass der Ehevorteil sich, wie eingangs in diesem Kapitel beschrieben, bei Frauen tendenziell eher finanziell auswirkt als emotional oder auf das Alltagsverhalten bezogen. Witwen behalten vermutlich häufiger den gemeinsamen Wohnsitz und die Vermögenswerte des Ehemannes. Geschiedene Frauen hingegen verlieren häufig ihr Haus und mindestens die Hälfte des Familieneinkommens und der Besitztümer.

Die Ehe allein reicht nicht aus, um das persönliche Wohlergehen zu schützen, und die Aussicht auf einen verbesserten Gesundheitszustand ist mit Sicherheit nicht Grund genug, den Bund fürs Leben einzugehen. Was wirklich eine Rolle spielt, ist die Qualität einer Beziehung. Es wäre zu einfach, zu behaupten, dass eine Ehe immer guttut. Die Wahrheit lautet vielmehr: Nur eine *gute* Ehe tut auch gut. Eine belastete Partnerschaft voller Spannungen, Konflikte und Kämpfe kann sowohl psychisch als auch körperlich drastische Auswirkungen haben. Im Endeffekt bietet eine verbitterte und irreparabel geschädigte Beziehung ganz bestimmt keinen persönlichen gesundheitlichen Nutzen, da ist man als Single in jedem Fall besser dran.

Konflikte sind ein unvermeidbarer Teil jeder Ehe, und viele Paare können sich auch streiten, ohne gesundheitlichen Schaden zu nehmen. Doch gewisse Arten von Auseinandersetzungen führen unter Umständen zu einem hohen Stressniveau und stehen im Verdacht, ernste körperliche Beschwerden auszulösen.

Im Rahmen einer Studie wurden 4000 Männer und Frauen befragt, ob sie ihren Gefühlen normalerweise Ausdruck verliehen oder sich in Streitgesprächen mit ihrem Partner eher still verhielten. Etwa jeder dritte Mann und jede vierte Frau sagten, dass sie ihre Emotionen während eines Ehestreits meistens für sich behielten.[90]

Bei den untersuchten Männern hatte die Verschlossenheit keinen messbaren Effekt auf die Gesundheit. Aber bei den Frauen, die im Streit nicht offen ihre Meinung sagten, lag die Sterbequote während des zehnjährigen Untersuchungszeitraums viermal so hoch wie bei denjenigen, die ihre Gefühle immer offen mitteilten. Dabei spielte es keine Rolle, ob eine Frau ihre Ehe für gut oder schlecht hielt. Ihr Risiko war das gleiche.

Die Tendenz, Empfindungen in sich hineinzufressen, nennt man im Englischen auch «Self-silencing», übersetzt in etwa «selbstverordnetes Schweigen», so Elaine Eaker, Epidemiologin in Gaithersburg, Maryland, die Hauptautorin der Studie.

In einer Ehe müssen vor allem die Frauen lernen, ihrer Frustration und Wut auf konstruktive Weise Ausdruck zu verleihen, nicht nur, um ihre Beziehung zu retten, sondern auch, um langfristig ihre Gesundheit zu schützen. «Das heißt nicht, dass Frauen anfangen sollten, ihre Männer mit Geschirr zu bewerfen, aber erforderlich ist eine sichere Umgebung, in der beide Partner gleichberechtigt kommunizieren können.»

Untersuchungen von Dana Crowley Jack, einer Professorin für Interdisziplinäre Studien an der Western Washington University in Bellingham, Washington, haben einen Zusammenhang zwischen dem *Self-silencing* und zahlreichen psychischen und physischen Gesundheitsrisiken wie Depression, Essstörungen und Herzerkrankungen nachgewiesen.

Sich während eines Streits mit dem Partner zurückzuhalten, ist etwas, was «wir alle manchmal tun müssen», sagte Dr. Jack. «Doch Sorgen machen wir uns um jene Menschen, bei denen das extreme Ausmaße annimmt.»

Wenn auch das *Self-silencing* Männer normalerweise nicht betrifft, werden doch auch sie vom emotionalen Tonfall einer Auseinandersetzung beeinflusst.

Forscher in Utah haben 150 Paare auf Video aufgezeichnet, um die Auswirkungen des Streitverhaltens auf das Risiko von Herzerkrankungen zu ermitteln. Die Männer und Frauen waren überwiegend zwischen 60 und 70 Jahre alt, im Durchschnitt seit über 30 Jahren verheiratet und zeigten keine sichtbaren Anzeichen eines kranken Herzens. In dem Experiment sollten sich die Paare über spannungsgeladene Themen wie Geld oder Hausarbeit unterhalten, und die Kommentare, die während der folgenden Auseinandersetzungen fielen, wurden als herzlich, feindselig, herrisch oder unterwürfig kategorisiert. Zudem unterzogen sich die Männer und Frauen einem Herz-CT, um eventuelle Verkalkungen der Koronararterien zu messen, einem Anzeichen für drohende Herzerkrankungen.[91]

Die Forscher fanden heraus, dass das in den Videoaufzeichnungen beobachtete Streitverhalten ein aussagekräftiger Indikator für eine zugrundeliegende Herzerkrankung war. Der Umgangston eines Paars sei sogar als Risikofaktor genauso bedeutsam wie Rauchen oder ein hoher Cholesterinspiegel, sagte Timothy W. Smith, Psychologieprofessor an der Universität von Utah.

Ob ihr Ehemann sich in einer Auseinandersetzung eher herzlich oder feindselig verhielt, hatte bei fast allen Frauen extrem starke Auswirkungen auf den Gesundheitszustand des Herzens. Hier sind zwei Beispiele von Ehemännern der Studie, die sich beide mit ihren Frauen über Geld stritten.

Ehemann 1: «Sag mal, hattest du im Rechnen in der Grundschule eine Sechs?»

Ehemann 2: «Schatz, mit dem Scheckbuch kannst du nicht so gut umgehen, aber dafür beherrschst du andere Dinge.»

In beiden Gesprächen kritisierte der Mann den Umgang seiner Frau mit Geld, doch spricht aus der zweiten Bemerkung eine gewisse Wärme. In der Studie senkte ein warmherzigeres Streitverhalten beider Ehegatten das Risiko der Frau, am Herzen zu erkranken.

Generell hatte der Streitstil auf Frauen und Männer unterschiedliche Auswirkungen. Für Männer spielte der Grad an Herzlichkeit oder Feindseligkeit keine Rolle; ihr Krankheitsrisiko stieg dann, wenn Meinungsverschiedenheiten mit der Frau gleichzeitig ein Machtkampf waren. Dabei war übrigens nicht entscheidend, ob der Mann oder seine Frau den herrschsüchtigen Ton anschlug. Ein Beispiel für einen solchen Machtkampf tauchte in einem Video auf, in dem das Paar ebenfalls ums Geld stritt. «Du solltest einfach mal auf mich hören», sagte er zu ihr.

«Unstimmigkeiten in einer Ehe sind unausweichlich, aber es geht darum, *wie* man sich dabei verhält», sagt Dr. Smith. «Schafft man es, seine Anliegen anzusprechen, ohne gleichzeitig Schaden anzurichten? Das ist für manche Paare keine leichte Übung.»

Paare, die in ihrer Ehe zu kämpfen haben, können aus diesen Forschungsdaten lernen, dass weit mehr auf dem Spiel steht, als vielen vielleicht bewusst ist: Eine bessere Ehe macht nicht nur glücklicher, sie kann auch gesundheitsfördernd sein. Um es noch mal zusammenzufassen: Im Durchschnitt führen verheiratete Menschen ein längeres, gesünderes Leben. Sie leiden weniger unter Kopf- und Rückenschmerzen, sie rauchen und trinken seltener im Übermaß und bewegen sich tendenziell mehr. Sie schlafen besser, haben häufiger Sex und außerdem mehr logistische Unterstützung, wenn sie einmal ernsthaft krank werden. Nichts zu unternehmen und zuzulassen, dass Beziehungsprobleme weiter schwelen, hilft der Partnerschaft nicht und kann sogar die eigene Gesundheit und die des Partners ernstlich schädigen.

Alles in allem: die Vorteile der Ehe

Inzwischen sind Sie hoffentlich richtig froh über den Part mit den «guten Tagen» in Ihrem Eheversprechen. Eine Ehe hat doch einiges für sich.

Soziale und ökonomische Veränderungen im Laufe der letzten 40 Jahre haben dazu geführt, dass Paare heutzutage länger mit der Hochzeit warten, mit dem Ergebnis, dass moderne Ehen offenbar widerstandsfähiger und dauerhafter sind als die früherer Generationen. Die Entscheidung, wen man wann heiratet, wird natürlich von einer Vielzahl von Faktoren beeinflusst. Psychologen erklären uns, dass wir normalerweise Menschen derselben ethnischen und sozioökonomischen Herkunft bevorzugen. Wir wählen uns Partner, die ein ähnliches Maß an körperlicher Attraktivität, Intelligenz und Bildung besitzen. Es ist wenig überraschend, dass wir gern mit Menschen zusammen sind, die den gleichen Sinn für Humor, die gleichen politischen Ansichten, Werte und langfristigen Ziele haben.

Die Wissenschaft von den Beziehungen lehrt uns außerdem, dass wir bei der Auswahl eines Gefährten fürs Leben durch chemische Substanzen im Gehirn, durch Hormone und biologische Triebe geleitet werden. Kulturelle Werte, sozialer Druck und persönliche Erfahrungen beeinflussen unser Denken, unsere Gefühle und unser Verhalten in Momenten der Zweisamkeit.

In einer wegweisenden kulturübergreifenden Studie befragte David Buss von der University of Texas 10000 Männer und Frauen aus 37 Ländern, welche Eigenschaften sie bei einem potenziellen Partner suchten. Weltweit wünschten sich die Testpersonen Gefährten, die intelligent, freundlich, verständnisvoll, verlässlich und gesund waren.[92] Im Endeffekt sind die Entscheidungen, wann und wen wir heiraten, das Ergebnis eines komplexen Zusammenspiels von genetischen und entwicklungsgeschichtlichen Faktoren, außerdem von persönlichen und kulturellen Erfahrungen, gemischt mit einer gehörigen Dosis Glück und Zufall.

All die positiven Effekte, die eine Ehe hat, sollten jedoch nicht darüber hinwegtäuschen, dass sie auch Mühe kostet. In den vergangenen 50 Jahren hat sich die Ehe grundlegend verändert, und heutige Paare haben außerordentlich hohe Erwartungen an ihre Beziehung, wodurch die moderne Ehe zu einer erstaunlich aufwendigen Unternehmung wurde. Heiraten ist ziemlich einfach, aber wenn wir die hohen Standards erhalten wollen, die wir uns selbst setzen, wird es anstrengend.

Obwohl häufig klar ist, wann es in einer Ehe nicht mehr so gut läuft, wissen wir meist nicht so recht, wo wir anfangen sollen, die Dinge zu verbessern. Sind Konflikte immer gleich Anzeichen für ehelichen Unfrieden? Oder gibt es auch Momente, in denen ein Streit sogar gut ist? Bringen Kinder ein Paar näher zusammen, oder schafft die Familiengründung eine völlig neue und aufreibende Dynamik in einer Beziehung? Was sagen Geldsorgen und das Ringen um die Verteilung der Hausarbeit über die Gesamtverfassung einer Partnerschaft aus?

Familienforscher haben die Ehe unters Mikroskop gelegt und einige der schwierigsten Probleme, denen Paare sich allgemein gegenübersehen, eingehend studiert. Dabei haben sie neue Wege entdeckt, um den Zustand einer Ehe festzustellen, und die Konfliktmuster identifiziert, die auf eine intakte oder eine zum Scheitern verurteilte Beziehung hindeuten. Egal, ob nun die Herausforderungen der Elternschaft oder das Gerangel um Hausarbeit und Geld – ein bunter Reigen wissenschaftlicher Studien bietet einfache, praktische Ratschläge, wie man kleine Veränderungen erreichen kann, die zu großen Verbesserungen in einer Beziehung führen.

Was also sollte ein Paar tun, wenn die guten zu schlechten Zeiten werden? Die Antworten, denen wir im zweiten Teil des Buches nachgehen wollen, werden Sie überraschen.

In schlechten Tagen

(aber Sie wünschen sich
die guten zurück)

Die Wissenschaft von der Ehe:

Wie man den Gesundheitszustand einer Beziehung ermittelt

> Für eine gelungene Ehe muss man sich oft verlieben, und zwar immer wieder in denselben Menschen.
>
> *Mignon McLaughlin*

Können Sie eine gute Ehe erkennen? Eine der wichtigsten Erkenntnisse der Wissenschaft zur Ehe ist, dass viele von uns sich auf die falschen Dinge konzentrieren, wenn es um die Einschätzung und Verbesserung der Qualität einer Beziehung geht.

Der renommierte Familienforscher Robert Levenson von der University of California in Berkeley führte ein faszinierendes Experiment durch, um festzustellen, ob es irgendwelche auffälligen Anzeichen für eine gute oder schlechte Beziehung gibt. Er stellte eine Videokassette zusammen, auf der sich zehn Paare über alltägliche und auch einige Streitthemen unterhielten und zankten. Bei den Aufzeichnungen waren alle Paare noch verheiratet, doch als Dr. Levenson die Kassette erstellte, wusste er bereits, dass fünf von ihnen sich in der Zwischenzeit hatten scheiden lassen. Die Forscher, die damals diese Männer und Frauen beobachteten, hatten deren Gespräche auf Band festgehalten, lange bevor die Paare selbst auch nur ahnten, dass ihre Beziehung zum Scheitern verurteilt war.

Im Rahmen seiner Studie bat Dr. Levenson 200 Probanden, sich das zusammengestellte Videoband genau anzusehen und zu raten, welche der Paare inzwischen geschieden waren. Unter den Testpersonen waren Collegestudenten, kürzlich Geschiedene, seit langem Verheiratete, Pfarrer, Ehetherapeuten und Beziehungsforscher. Insgesamt lagen die Teilnehmer nur zur

Hälfte richtig – die gleiche Trefferquote hätten sie gehabt, wenn sie eine Münze geworfen hätten.

Auffallend war allerdings, dass zwei Typen von Teilnehmern zielsicherer als die anderen jene Beziehungen benannten, in denen einer oder beide Partner unglücklich waren: Menschen, die kurz zuvor selbst eine Scheidung hinter sich gebracht hatten, und Paare, die schon lange verheiratet waren, schnitten in dem Test überdurchschnittlich gut ab. Wer erst kürzlich am eigenen Leib eine schwierige Beziehung erlebt hat, erkennt also möglicherweise schneller eine schlechte Partnerschaft. Und wer schon seit langem verheiratet ist und weiß, was es heißt, dauerhaft eine Beziehung zu führen, wird vermutlich ebenfalls das eine oder andere über das Funktionieren einer Ehe begriffen haben.

Doch für die meisten von uns kann der eheliche Schein leicht trügen. Dr. Levensons Experiment zeigt, dass der Unterschied zwischen einer guten und einer schlechten Ehe nicht immer so augenfällig ist, wie man vielleicht glaubt.

Nehmen wir beispielsweise ein Paar, das sich oft zu streiten scheint. Wortgefechte, Wut und Negativität klingen automatisch wie Symptome einer schlechten Ehe. Doch wissenschaftliche Untersuchungen zeigen beständig, dass die Häufigkeit, mit der ein Paar sich streitet, keinen Rückschluss auf das Scheidungsrisiko zulässt. Manche Studien sprechen sogar dafür, dass Konflikte ein gutes Zeichen sind, da sich darin zeigt, dass beide Partner bereit sind, Probleme zu lösen, statt sie einfach vor sich hin schwelen zu lassen. Ja, es sieht sogar danach aus, als spielte es keine große Rolle, wie häufig oder worüber man sich streitet. Für die eheliche Zufriedenheit zählen vielmehr die Art der Konfrontation und die Form der Auseinandersetzung.

Auf der anderen Seite tippt man bei einem lächelnden, fröhlichen Pärchen spontan auf eine glückliche Ehe. Aber aus diversen Studien zur Interaktion von Partnern in Krisensituationen geht hervor, dass Humor nicht immer ideal ist. Manchmal sind Gelächter und freundliche Gesichter nur dazu da, Spannungen abzubauen und tiefergehende Schwierigkeiten zu verdecken.

Tatsache ist, dass sich die typische Ehe aus einer Reihe komplizierter Emotionen, Interaktionen und Ereignisse zusammensetzt. Das meiste von dem, was sich zwischen Paaren abspielt, ist allerdings kein verlässlicher Hinweis für die Qualität der Beziehung. Die Eheforscher haben herausgefunden, dass es ein paar simple und aussagekräftige Symptome gibt, anhand derer man Unstimmigkeiten in einer Ehe, lange bevor die Beziehung tatsächlich ins Schleudern gerät, diagnostizieren kann.

Zeigt Ihre Ehe sich nun bei guter Gesundheit, oder schwant Ihnen Böses? Hier ein kurzer Blick auf einige Methoden, mit denen Sie den Zustand der eigenen Beziehung unter die Lupe nehmen können.

Die Kennenlerngeschichte

Wie haben Sie beide sich kennengelernt? War es Liebe auf den ersten Blick? Haben Sie es langsam angehen lassen, oder war es eine stürmische Romanze?

Frischvermählte und lange verheiratete Ehepaare werden oft gebeten, ihre erste Begegnung, die ersten Verabredungen oder auch den Heiratsantrag zu schildern. Manche haben sich schon in der Schule verliebt, andere haben sich über eine Singlebörse im Internet, im Supermarkt oder über gemeinsame Freunde kennengelernt. Kennenlerngeschichten sind fast immer interessant, ob sie nun lustig, ergreifend oder eine Aneinanderreihung von merkwürdigen Zufällen sind.

Doch was hat ein mehrere Jahre zurückliegendes Ereignis damit zu tun, wie man sich heute mit seinem Partner versteht? Beziehungsforscher brennen darauf, sich anzuhören, wie ein Paar sich kennengelernt hat, weil sie dadurch die Qualität der Partnerschaft einschätzen können. Allerdings sind dabei die Details der Geschichte weit weniger wichtig als die *Art*, wie zwei

Menschen sie erzählen. Die eigene Liebesgeschichte, so wie man selbst oder der Partner sie schildert, steckt voller Hinweise auf den gegenwärtigen Zustand einer Beziehung und kann sogar andeuten, ob um die Ecke schon Ärger lauert.

Die Arbeit des Pulitzer-Preisträgers Studs Terkel, bekannt für die Aufzeichnung der Lebensgeschichten und Ansichten von Zeitzeugen der Weltwirtschaftskrise und des Zweiten Weltkriegs, weckte unlängst das Interesse zweier Eheforscher, Lowell J. Krokoff und John M. Gottman. Basierend auf der Methode, mit der Mr. Terkel die Menschen zum Erzählen gebracht hatte, entwickelten die beiden Wissenschaftler einen mündlichen Fragenkatalog für Ehepaare, mit dem sie Männer und Frauen nach ihrer persönlichen Beziehungsgeschichte, ihrer Ehephilosophie und auch nach der Veränderung ihrer Partnerschaft im Laufe der Jahre befragten.[93]

Seitdem zeigen zahlreiche Studien, dass die Vorgeschichte jedes Paares ganz besonders aufschlussreich für den aktuellen Zustand einer Beziehung ist. Eine der ersten Arbeiten über dieses Thema stammt aus dem Jahr 1992. Dr. Gottman und seine Kollegen an der University of Washington befragten 52 Paare, deren Aussagen sie im Anschluss codierten und analysierten. Außerdem nahmen die Probanden an mehreren im Labor stattfindenden Gesprächen teil, die von Kameras aufgezeichnet wurden, während die Testpersonen an Körperfunktions-Messgeräten angeschlossen waren. Anhand der gesammelten Daten hatten die Forscher bereits eine ziemlich klare Vorstellung davon gewonnen, welche Paare glücklich waren und welche auf eine Scheidung zusteuerten.

Drei Jahre später bestellten die Wissenschaftler die Paare erneut ein und stellten fest, dass sie in ihrer Einschätzung fast fehlerfrei gewesen waren. Die Kennenlerngeschichte hatte mit 94-prozentiger Genauigkeit vorhergesagt, welche Paare sich trennen und welche zusammenbleiben würden.[94]

Einzig bei Frischvermählten besitzt der Bericht eine geringere prophetische Aussagekraft – die Beziehung entwickelt sich noch, und die Paare haben noch keine verfestigten Muster. Dennoch kann ein Gespräch über die erste Verliebtheitsphase, selbst wenn ein Paar sich gerade mittendrin befindet, eine potenziell gefährdete Beziehung entlarven. In einer anderen Studie sammelten die Wissenschaftler 95 Kennenlerngeschichten von frischgebackenen Ehepaaren und fragten dann über neun Jahre hinweg in unterschiedlichen Abständen nach.

Im Zeitraum von vier bis sechs Jahren nach der Hochzeit war die auf der Kennenlerngeschichte beruhende Prognose zu 86 Prozent korrekt. Am Ende der neunjährigen Studie war diese Zahl auf 81 Prozent abgesunken.[95] Unter den 79 Paaren, die nach den neun Jahren noch zusammen waren, hatten die Forscher bei 68 davon mit ihrer ursprünglichen Voraussage richtig gelegen. Ebenso hatten sie 13 der 16 Scheidungen korrekt vorhergesehen.

Man muss sich mal überlegen, was das bedeutet. Die Geschichte der ersten Begegnung, ob nun zu Beginn einer Ehe oder auch Jahre später erzählt, funktioniert wie eine Art Kristallkugel, mit der man bis zu neun Jahre in die Zukunft einer Ehe blicken kann. Wie ein Paar ganz zu Anfang seine Beziehung betrachtet, ist also ein starker Hinweis darauf, wie gut sich diese beiden Menschen noch Jahre später verstehen werden.

Beziehungstest 5: Ihre Kennenlerngeschichte

Hier nun einige der Fragen, mit denen die Forscher Ehepaaren ihre Kennenlerngeschichten entlockten. Bevor Sie weiterlesen, gehen Sie die Fragen bitte durch und schreiben Sie Ihre Antworten auf. Sie müssen nicht unbedingt jede beantworten – suchen Sie sich einfach eine oder zwei heraus, um ins Erzählen zu kommen. Der Zweck der Übung besteht vor allem darin, Ihre

Erinnerungen an die Anfangstage Ihrer Beziehung schriftlich festzuhalten.

Diese Fragen sollten unbedingt vorab beantwortet werden, damit Sie nicht von den im Anschluss beschriebenen Forschungsergebnissen beeinflusst werden.

1. Erinnern Sie sich noch an Ihre erste Begegnung? Was war Ihr erster Eindruck?
2. Wie lange kannten Sie einander, bevor Sie geheiratet haben? Was haben Sie zusammen unternommen?
3. Wie kam es dazu, dass Sie geheiratet haben? Ist Ihnen die Entscheidung schwer- oder leichtgefallen?
4. Was brachte Sie auf den Gedanken, dass Sie von allen Menschen auf der Welt genau diesen einen heiraten wollten?
5. Woran erinnern Sie sich noch von Ihrer Hochzeit? Aus den Flitterwochen?
6. Wenn Sie an das erste Ehejahr zurückdenken, woran erinnern Sie sich noch?
7. Welche Augenblicke stechen als besonders gut in Ihrer Ehe hervor?
8. Welche Augenblicke waren besonders schwierig? Warum, glauben Sie, sind Sie zusammengeblieben?
9. Warum funktionieren Ihrer Meinung nach manche Ehen und andere nicht?
10. Wie waren die Ehen Ihrer Eltern?

Die Fragen klingen ziemlich einfach, aber die Antworten sprechen Bände. Warum ist die Geschichte des Kennenlernens nun so wichtig? Normalerweise sind die ersten Tage einer Beziehung die romantischsten und die verliebtesten.

Wenn man in der Anfangszeit einer neuen Liebe unser Gehirn röntgt, deutet alles darauf hin, als wären wir durchgedreht oder auf Drogen. Die Gehirnareale, die für kritisches Denken zuständig sind, wurden abgeschaltet – genau deshalb kümmern uns ja auch die offensichtlichen Haken an unserem Partner nicht, sei es nun die dreckige Wohnung oder der verschwenderische Umgang mit Geld. Gleichzeitig schwimmt unser Gehirn in Dopamin, die Liebe macht uns schwindlig und versetzt uns in Hochstimmung. Sämtliche Erinnerungen, die wir in dieser Phase bilden, sind durch die rosarote Brille der jungen Liebe gefärbt.

Wenn wir in unserer Beziehung glücklich sind, denken wir mit ungefähr demselben rosaroten Optimismus an diese Tage zurück. Doch sobald wir unzufrieden über unsere Partnerschaft werden, verschiebt sich die Sichtweise an einem bestimmten Punkt. Nicht, dass wir Probleme schaffen würden, die niemals existiert haben, es wird nur viel einfacher, sich an die schlechten als an die guten Zeiten zu erinnern. Am Ende formulieren wir unsere Geschichte um, sodass sie den aktuellen Zustand der Unzufriedenheit reflektiert.

Ist Ihre Kennenlerngeschichte von Nostalgie und Optimismus erfüllt? Oder getrübt von Negativität und Bedauern? Wissen Sie noch, wie Sie sich bei Ihrer ersten Verabredung zusammen im Regen verlaufen haben? Oder erinnern Sie sich nur noch daran, dass er sich geweigert hat, nach dem Weg zu fragen?

Glücklich Verheiratete erzählen den Beginn ihrer Beziehung häufig fröhlich, lächelnd, verklärt – selbst wenn sie über schwierige Zeiten wie den Verlust des Arbeitsplatzes oder finanzielle Engpässe sprechen. Unzufriedene Paare dagegen neigen dazu, ihre gemeinsame Vergangenheit in ein düsteres Licht zu tauchen. Stellen wir uns zum Beispiel vor, eine Frau erzählt von ihrem ersten Besuch in der unaufgeräumten Wohnung ihres künftigen Gatten.

«Meine Güte, was war das für ein Chaos! Überall Socken und leere Bierflaschen. Eine typische Junggesellenbude eben.»

Oder sie könnte sich folgendermaßen erinnern:

«Es war ekelhaft. Selbst damals schon war er ein totales Ferkel.»

Es ist dieselbe Story über dieselbe unordentliche Wohnung, nur auf unterschiedliche Art und Weise erzählt. Doch es ist sonnenklar, welche Frau in ihrer Beziehung glücklicher ist.

Oder nehmen wir meine eigene Kennenlerngeschichte damals in Austin, Texas. In den Anfangstagen meiner Ehe hätte ich unsere erste Verabredung so geschildert:

«Nach dem Essen schlug er vor, einen Spaziergang um das Capitol Building zu machen. Ich war gerade am Fuß operiert worden, aber der Abend war so schön, dass mir das ganz egal war. Ich wollte die Stimmung nicht kaputtmachen, also kam ich mit und humpelte fröhlich durch die Gegend.»

Jahre später, als unsere Beziehung zu bröckeln begann, klang derselbe Abend bei mir manchmal so:

«Nach dem Essen schlug er vor, einen Spaziergang um das Capitol Building zu machen. Ich war gerade am Fuß operiert worden, aber natürlich hat er überhaupt nicht bemerkt, dass ich kaum laufen konnte.»

Obwohl ich häufig lachte, wenn ich die Geschichte erzählte, bin ich sicher, dass ein erfahrener Therapeut meine negative Grundhaltung, lange bevor sie mir überhaupt bewusst war, durchschaut hätte. Genau deshalb ist die Kennenlerngeschichte eines Paares so aufschlussreich. Lassen Sie also nicht nur Ihren Partner erzählen, wie Sie beide einander begegnet sind, sondern passen Sie genau auf, wie Sie selbst die Zeit Ihrer ersten Verliebtheit schildern. Was Sie dabei heraushören, kann wie ein Schnappschuss den derzeitigen Zustand Ihrer Ehe abbilden.

Hier sind einige Signale, auf die Sie achten sollten, wenn Sie Ihre eigene Beziehungsgeschichte erzählen.

Enttäuschung und Desillusionierung

Als die Forscher der University of Washington die Berichte der 52 befragten Paare analysierten, fanden sie heraus, dass die aussagekräftigste Vorhersagevariable für eine Scheidung war, ob der Ehemann beim Erzählen der Geschichte Enttäuschung oder Desillusionierung zum Ausdruck brachte. Hier ein Beispiel für Letzteres:

«Ich wünschte, wir hätten länger mit der Hochzeit gewartet, weil

mir niemand vorher gesagt hatte, wie schwer es sein würde. Es war eine emotionale Entscheidung und nicht sonderlich rational.»[96]

Bei den Interviews im Rahmen der Studie brachten manche der Männer verschiedene Einsichten über die Ehe vor, die auf Unzufriedenheit oder Ernüchterung über ihre derzeitige Situation schließen ließen. So sagten sie zum Beispiel, dass sie noch nie eine gute Ehe gesehen hätten, oder erwähnten, dass sie zu Anfang ihrer eigenen Beziehung unrealistische Erwartungen gehabt hätten. Manche der männlichen Probanden gaben dem Interviewer auch gute Ratschläge, die unterschwellige Anzeichen dafür enthielten, dass sie einige ihrer eigenen Entscheidungen bereuten. Hier zwei Beispiele für Bemerkungen, bei denen die persönliche Enttäuschung durchklingt.

«Ehe man heiratet, sollte man zusehen, dass man ausgiebig gereist ist und sich ausgetobt hat.»

«Als ich geheiratet habe, hatte ich keine Ahnung, worauf ich mich da einlasse. Die Ehe meiner Eltern war furchtbar, und ich hatte nie erlebt, wie sich ein glückliches Paar verhält.»

Im Rahmen der Studie war es wirklich nur die Desillusionierung des Ehemannes, die eine Scheidung ankündigte. Das heißt nicht, dass der Mann oder dessen Zufriedenheit am Ende der Grund ist, wenn eine Ehe ins Trudeln gerät. Es bedeutet einfach nur, dass die Beziehung, wenn der Mann die erste Verliebtheitsphase mit einer gewissen Ernüchterung schildert, wahrscheinlich bereits einen Tiefpunkt erreicht hat.

Ich, du oder wir

Glückliche Paare sagen «wir», «uns» und «unser», wenn sie ihre Geschichte erzählen, und ihre Schilderung ist erfüllt von Zweisamkeit. Die Forscher der Washingtoner Universität nannten das «Wir-heit». Im Gegensatz dazu vermeiden unzufriedene Paare häufig sämtliche Fürwörter der ersten Person Plural und halten sich lieber an «ich», «mich», «mein» und «du», «dich», «dein».

Hier ein Beispiel für Wir-heit:

«Wir haben eine Wanderung in den Bergen gemacht und uns total verlaufen. Wir waren einfach so abgelenkt von der Landschaft», erzählte sie.

«Danach sind wir zwar nie wieder Bergwandern gegangen, aber das war trotzdem einer unserer schönsten gemeinsamen Ausflüge», entgegnete er.

Paare, die sich selbst nicht als «wir» betrachten, leben oft nebeneinander her und fühlen sich nicht mit dem Partner verbunden. Die Wanderanekdote könnte dann folgendermaßen klingen:

«Du hattest an dem Tag die Landkarte verloren, und es hat Stunden gedauert, bis wir wieder zu Hause waren. Ich war völlig erschöpft», sagte sie.

«Du bist sowieso noch nie gern gewandert», gab er zurück.

Zuneigung

Es ist nicht zu übersehen, wenn man sich in Gesellschaft eines Mannes und einer Frau befindet, die einander sehr gern haben. Sie zeigen Einfühlungsvermögen, machen einander Komplimente und singen das Loblied des anderen:

«Es war super. Midge hat nie hübscher ausgesehen als damals in ihrem weißen Kleid in der Kirche.»[97]

Zwar klingt es erst mal nicht wie eine riesige Leistung, seiner Frau ein Kompliment über ihr Hochzeitskleid zu machen, doch darin schwingt eine Zuneigung mit, die nicht in jeder Hochzeitsgeschichte zum Ausdruck kommt.

In der Studie waren Männer, die niedrige Werte für «Zuneigung» erzielten, während des Interviews ihren Frauen gegenüber nur wenig liebevoll und gewogen. In der Nacherzählung der Kennenlerngeschichte kamen bei Paaren mit geringen Zuneigungswerten keine verträumten Erinnerungen, keine Komplimente oder Stolz auf den Partner vor.

Glückliche Ehepartner wiederholen oder bauen die eigentliche Geschichte häufig noch aus. Beispielsweise erzählt die Frau davon, dass ihr Mann sich ewig nicht entscheiden konnte, ob er sie heiraten wollte, und er führt den Gedanken auf positive Art fort.

«Ja, das war wirklich eine schöne Zeit. Selbst jetzt noch ist es eine schöne Zeit. Nichts zu überstürzen, hat sich bei uns wirklich ausgezahlt.»[98]

Wenn Ihr Partner nicht über Ihre gemeinsame Anfangszeit sprechen möchte, dann kann das ein Zeichen sein, dass er sich innerlich zurückzieht, was wiederum auf drohende Probleme hindeuten kann.

«Du weißt, dass ich nicht gern über solche Dinge rede.»

Schwere Zeiten

Es kann durchaus vorkommen, dass bei der Schilderung der Anfangsphase einer Partnerschaft auch schwierige Zeiten erwähnt werden. Vielleicht hatte man damals finanzielle Probleme oder sogar Zweifel hinsichtlich der Beziehung. Selbst wenn Schwierigkeiten zur gemeinsamen Liebesgeschichte gehören, erzählen glückliche und unglückliche Paare davon auf völlig verschiedene Art und Weise. Unzufriedene Partner berichten oft von «Chaos», wenn sie von ihren ersten Problemen sprechen. Zufriedene Menschen hingegen «verklären» diese Komplikationen. Hier zwei Beispiele, achten Sie auch diesmal auf die Verwendung von «ich» und «wir» und den positiven oder negativen Tonfall der Aussagen:

«Das Leben war hart in diesen Jahren. Ich brauchte all meine Kraft, um überhaupt etwas zu essen auf den Tisch zu bringen.»[99]

«Das Leben war hart in diesen Jahren. Manchmal hatten wir zu kämpfen, überhaupt etwas zu essen auf den Tisch zu bringen, aber wir haben es durchgestanden.»

Selbst wenn die Kennenlerngeschichte sich als nützliches Werkzeug zur Diagnose einer Ehe erwiesen hat, darf man auf keinen Fall vergessen, dass sie nicht zu 100 Prozent verlässlich ist. In der Studie mit den Frischvermählten gab es immerhin 15 Paare, deren Beziehung basierend auf ihrer Schilderung nicht ganz unproblematisch wirkte, die jedoch neun Jahre später immer noch verheiratet waren. Zudem ließen sich drei Paare, die einen glücklichen Eindruck gemacht hatten, als sie ihre Geschichte erzählten, trotzdem scheiden.

Achten Sie auf die Pronomen

Eine erstaunlich große Anzahl von Gelehrten hat sich dem Studium der Wortwahl im Allgemeinen und der Pronomen oder Fürwörter im Besonderen gewidmet. Freud machte den Anfang mit seiner berühmten «Fehlleistung» – jenen Versprechern, welche die tieferen Gefühle eines Menschen verraten. Diverse Forscher haben sich damit beschäftigt, inwiefern die Wortwahl die Bedürfnisse eines Menschen reflektiert oder sogar verrät, ob dieser Mensch an einer bipolaren Störung oder anderen Beschwerden leidet. Ganz massiv hat sich die Computertechnologie auf die Sprachforschung ausgewirkt. Ein Programm namens *Linguistic Inquiry and Word Count* (LIWC) teilt die Wörter, die wir schreiben und sprechen, in mehr als 70 «psychologisch relevante» Kategorien ein. Der Computer kann dank dieses Programms Begriffe, die negative oder positive Emotionen vermitteln, sowie Pronomen, Präpositionen und weitere Wortarten identifizieren.

Einer der führenden Wissenschaftler auf diesem Gebiet, der Psychologe und Linguist James W. Pennebaker von der University of Texas in Austin, erklärt, dass die akademische Welt sich nach der Einführung des Programms zunächst auf die Inhalte menschlicher Gespräche und Korrespondenzen konzentrierte, etwa auf Tod, Religion oder Geld. Doch die Erforschung von Sprache und Wortwahl zeigt, dass jeder Mensch einen ganz persönlichen Sprachstil entwickelt, egal, worüber er gerade redet.

Besonders in der polizeilichen Ermittlungsarbeit wird deutlich, welch starke Botschaften wir durch unsere Wortwahl aussenden. Im Jahr 1994 gab es beispielsweise einen Fall, bei dem eine Mutter namens Susan Smith meldete, ihre beiden kleinen Kinder seien entführt worden. Zu Reportern sagte sie: «Meine Kinder wollten mich. Sie brauchten mich. Und jetzt kann ich ihnen nicht helfen.»

Die FBI-Beamten wurden hellhörig. Da die Frau die Vergangenheitsform benutzte, vermuteten die Beamten, dass sie wusste, dass ihre Kinder nicht mehr am Leben waren, denn die meisten Eltern sprechen von einem vermissten Kind in der Gegenwartsform. Schon bald fanden sie heraus, dass Ms. Smith ihre Kinder in einem See ertränkt hatte.[100]

Die genaue Formulierung ist also aufschlussreich, und tatsächlich sind es oft die kleinen Wörter, nicht die großen oder besonders anschaulichen Begriffe, die am meisten preisgeben. Die Artikel, Pronomen, Präpositionen und Konjunktionen, die wir verwenden, bilden verschiedene Muster, und eine der ergiebigsten Informationsquellen für die geistige und sogar die körperliche Gesundheit sind eben die Fürwörter. In einem faszinierenden Artikel, in dem es darum geht, was die von uns verwendeten Wörter über uns aussagen, stellt Dr. Pennebaker einige der Ergebnisse vor.[101]

- Studenten, die beim Schreiben über ihre Erfahrungen auf dem College oft Pronomen in der ersten Person benutzen, sind häufig depressiv.
- Dichter, die später Selbstmord begehen, verwenden tendenziell öfter die erste Person Singular in ihren Gedichten. Außerdem erwähnen sie seltener andere Menschen, was auf soziale Isolation hindeutet.

- Flächendeckende soziale Traumata steigern die Verwendung des Wortes «wir». Ein Beispiel dafür stellte der Tod von Lady Diana dar. In Chatrooms schnellte der Gebrauch von «wir» um 135 Prozent nach oben, wohingegen die Verwendung von «ich» um zwölf Prozent sank.

In einer anderen Studie führten die Forscher eine Reihe von Lügenexperimenten durch, in denen Studenten vorsätzlich über ihre Ansichten zum Thema Abtreibung, über Leute, die sie mochten und nicht mochten, und darüber, ob sie einen Dollarschein aus einem Buch genommen hatten, lügen mussten. Bei der Analyse von mehreren hundert Gesprächen und schriftlichen Antworten stellten die Wissenschaftler einen auffallenden Trend fest: Wenn Menschen lügen, dann verwenden sie seltener Pronomen in der ersten Person Singular, als ob sie sich von der Unwahrheit zu distanzieren versuchten, indem sie das Wörtchen «ich» mieden. Die Forscher zogen sogar den Umkehrschluss, dass der Gebrauch des Pronomens «ich» einer der besten Indikatoren für Ehrlichkeit sei.[102]

Andere Studien zeigen, dass Menschen während einer Krankheit andere Verwendungsmuster von Pronomen aufweisen als im gesunden Zustand. Kranke benutzen seltener Pronomen in der ersten Person, vielleicht um sich von ihren Beschwerden zu distanzieren. Sobald sich der Gesundheitszustand wieder bessert, nimmt die Anzahl der verwendeten «Ichs» und Wirs» wieder zu.[103]

In Anbetracht der Bedeutung von Pronomen für das Verständnis von psychischer Gesundheit, Motiven und Wohlbefinden eines Menschen ist es wenig überraschend, dass diese Wortart für Beziehungsforscher ganz besonders spannend ist. Erinnern Sie sich noch an die Kennenlerngeschichten? Die Worte «wir», «uns», «unser» oder «beide» waren besonders bedeutsam, da sie die sogenannte «Wir-heit» hervorriefen und darauf hindeuteten, dass beide Partner sich miteinander wohl fühlten.

Ein Projekt der Universität von Pennsylvania und der Universität von North Carolina in Chapel Hill befasste sich mit der Verwendung von Fürwörtern bei 59 Ehepaaren. Es ging um einen Vergleich von auf den Sprecher bezogenen mit auf sein Gegenüber bezogenen Pronomen. Allerdings handelte es sich nicht um gewöhnliche Probanden, da bei je einem Partner eine Zwangsneurose oder Angststörung diagnostiziert worden war. Besonders interessant war diese Gruppe deshalb, weil die Hälfte der Patienten und 40 Prozent ihrer Partner angaben, in ihrer Ehe unglücklich zu sein. Bei der Analyse der Gesprächsprotokolle dieser Paare entdeckten die Forscher gewisse Tendenzen in der Wortwahl. Die Verwendung der ersten Person – sowohl «ich» als auch «wir» – ging mit besseren Fähigkeiten der Problembewältigung einher. Paare hingegen, die regelmäßig das Wort «du» benutzten, wenn sie ein Thema diskutierten, hatten eher negativ geprägte Gespräche, weniger Geschick bei der Problemlösung und unglücklichere Beziehungen.[104]

Wenn Sie also das nächste Mal eine Meinungsverschiedenheit mit Ihrem Partner austragen, dann achten Sie ruhig einmal auf Ihre Pronomen. Versuchen Sie, Wendungen wie «immer machst du» oder «nie machst du» zu vermeiden. Am besten vermeiden Sie sogar das Wörtchen «du» komplett, wenn Sie sich streiten. Bleiben Sie lieber bei «ich» oder «wir» und umgehen Sie das anklagende «du».

Stellen wir uns ein Paar vor, das sich wegen einer unordentlichen Wohnung zankt. Man könnte das Gespräch zum Beispiel so anfangen:

«Du bist so was von schlampig. Nie räumst du deine Sachen auf.»

Es ginge aber auch so:

«Es frustriert mich ehrlich, wie die Wohnung aussieht. Wir müssen uns etwas überlegen, um sie sauber zu halten. Ich brauche ein bisschen Hilfe.»

Der zweite Satz mag nur nach einer geringfügigen Änderung klingen, doch jeder, der schon mal der Adressat solcher «Du-du-du»-Attacken war, weiß genau, wie unangenehm und provokativ dieses kleine Wörtchen sein kann.

Manchmal steht einem die wichtigste Information über den Zustand der eigenen Ehe sozusagen auf die Stirn geschrieben. Die Mimik kann Gefühle nämlich mehr als deutlich verraten, selbst wenn die ausgesprochenen Worte neutral oder gar freundlich klingen.

Herauszufinden, welcher Gesichtsausdruck in einer Ehe die größte Rolle spielt, war allerdings nicht einfach. Ganz allgemein fiel es Wissenschaftler erstaunlich schwer, das Gesicht zu erforschen, wobei das Lächeln besonders kompliziert ist, denn es kann Glück, Stolz, Verlegenheit, Liebe oder sogar Verachtung vermitteln.[105] In einem Überblick über die Wissenschaft der Mimik aus den 1950ern wurde das Gesicht einmal «der Albtraum jedes Forschers» genannt.

Dem französischen Mediziner Guillaume Duchenne gelang es, ein Lächeln echten Glücks zu entschlüsseln. Ein «Duchenne-Lächeln», wie es heute genannt wird, ist gekennzeichnet durch Muskeltätigkeit sowohl des Mundes als auch der Augen und entsteht nur dann, wenn Menschen sich ehrlich freuen. Ein Lächeln, bei dem sich lediglich die Mundpartie bewegt, wird generell als weniger aufrichtig eingestuft und wird oft aufgesetzt, wenn Menschen Kummer oder ein Täuschungsmanöver zu tarnen versuchen.[106]

Der Durchbruch kam erst, als die Forscher aufhörten, den Gesichtsausdruck im Ganzen studieren zu wollen, und stattdessen begannen, einzelne Muskeltätigkeiten zu untersuchen. Daraus entstand in den 1970ern ein Codierungssystem für Gesichtsbewegungen, das jeder der unzähligen mimischen Regungen eine Nummer zuweist. Ob Heben oder Senken der Augenbrauen, Aufblasen der Wangen, Runzeln der Stirn, Zusammenkneifen der Augen, Öffnen der Lippen, Senken des Unterkiefers, Blähen der Nasenflügel, Zwinkern, Schließen oder Aufreißen der Augen und Vorschieben der Lippen – alles wurde codiert. Auffallend ist, dass der Großteil der mimischen Tätigkeit um den Mund herum stattfindet, mit reichlich Unterstützung durch Stirn, Augen und Nase.

Allerdings erwies sich die früheste Version dieses Codierungssystems als schwerfällig und zeitraubend. Daher wurde auf der Basis weiterführender Forschung ein neues Instrument entwickelt, das sich lediglich auf die Stirn, die Augen, den mittleren Gesichtsabschnitt und den Mund konzentriert. Dieses ermöglicht es Forschern, Emotionen schneller, doch mit der gleichen Genauigkeit zu dechiffrieren wie das kompliziertere Vorgängersystem.

In einem der frühesten Versuche, die Mimik von Ehepaaren zu codieren, beobachteten Wissenschaftler eine Testgruppe von 79 Paaren aus Bloomington, Indiana. Die Männer waren durchschnittlich 32, die Frauen 29 Jahre alt, und sie waren im Schnitt fünf Jahre verheiratet.

Die Probanden wurden zu Hause gemeinsam anhand des bereits erwähnten Fragenkatalogs zu ihrer persönlichen Beziehungsgeschichte interviewt. Die folgenden acht Stunden verbrachten sie getrennt voneinander und trafen sich danach im Labor wieder, wo sie an Körpersensoren angeschlossen und vor Videokameras gesetzt wurden. Zunächst wurden sie gebeten, sich eine Viertelstunde lang über die allgemeinen Vorfälle des Tages zu unterhalten (Arbeit, Kinder, Besorgungen, das Wetter), gefolgt von fünf Minuten Stillschweigen. Dadurch bekamen die Wissenschaftler eine Vorstellung davon, wie das Paar normalerweise miteinander umging.

Im Anschluss sollten sie 15 Minuten lang über ein Hauptstreitthema in der jeweiligen Ehe sprechen (Geld, Schwiegereltern, Sex), wiederum gefolgt von einer fünfminütigen Redepause. Danach kam ein viertelstündiger Austausch über etwas Angenehmes, auf das sich beide Partner einigen konnten (ein Familienurlaub, Renovierungsmaßnahmen, Haustiere).

Vier Jahre später kehrten die meisten der Paare zu einer Anschlussstudie zurück ins Labor. Dabei fanden die Forscher heraus, dass Gesichtsausdrücke, die sie vier Jahre zuvor sogar während scheinbar harmloser Unterhaltungen beobachtet hatten, kommende Unzufriedenheiten vorausgesagt hatten. Die wichtigsten mimischen Bewegungen beziehen sich auf Wut, Abscheu, Verachtung, Traurigkeit und Angst. Ebenfalls eine wichtige Rolle spielt der im Gespräch benutzte Typus von Lächeln: Ein ehrliches Lächeln, das Krähenfüße um die Augen herum erzeugt, ist ein gutes Zeichen; ein Lächeln, bei dem sich nur die Lippen verziehen, ist hingegen ein Hinweis auf «unaufrichtige» Freude und lässt auf drohenden Ärger schließen.

Die Komplexität dieses Codierungssystems darf man nicht unterschätzen. Dem Anschein nach langweilige Unterhaltungen über den Hund oder die Schwiegereltern werden in Zahlenreihen übersetzt, die eine numerische Blaupause des Beziehungsstils eines Paares ergeben. Anschließend werden die von Herzmonitoren, Elektroden und anderen Sensoren erzeugten Daten mit der Videocodierung abgeglichen. Zum Beispiel sagt eine Frau in der Aufzeichnung vielleicht etwas Positives oder lächelt sogar, doch ein scharfsinniger Beobachter entdeckt, dass das Lächeln angestrengt wirkt und die Augenmuskulatur nicht einbezieht. Die Körpersensoren wiederum zeigen gleichzeitig, dass der Herzschlag der Frau sich beschleunigt, was darauf hindeutet, dass sie weit weniger glücklich ist, als sie erscheint.

All diese Informationen werden dann in eine komplexe Gleichung eingespeist, anhand derer Beziehungsforscher objektiv untersuchen können, wie ein Paar interagiert. Wenngleich diese Daten alle faszinierend – und überaus nützlich für Forschungszwecke – sind, kann man doch im praktischen Leben von keinem Ehepaar erwarten, seine Auseinandersetzungen auf Video aufzuzeichnen und hinterher nach einem komplexen Codierungssystem zu analysieren, um seine wunden Punkte zu ermitteln.

Glücklicherweise sind die meisten Gesichtsausdrücke gar nicht so bedeutsam. Eigentlich spielt nur ein einziger eine große Rolle, und man muss kein Akademiker sein, um ihn zu erkennen. Gemeint ist das Augenverdrehen.

Forscher sagen, eines der deutlichsten Signale für Probleme in einer Beziehung sei, wenn der Partner als Reaktion auf etwas, das man sagt oder tut, die Augen verdreht. Das wird zwar häufig von einem Lächeln oder Lachen begleitet, sodass es nicht immer negativ wirkt. Doch das Augenverdrehen ist ein schmerzlich offensichtliches Anzeichen von Verachtung, und es ist ein starker Anhaltspunkt dafür, dass eine Beziehung in ernsten Schwierigkeiten steckt.[107] Für viele Paare ist diese kleine Information höchst aufschlussreich. Auf den oben beschriebenen Videoaufzeichnungen der Paarsitzungen vermittelten die Unterhaltungen an sich einen freundlichen Eindruck, es wurden keine Stimmen erhoben, keine bösen Worte fielen. Doch die beobachtenden Forscher schlüsselten die Gespräche auf und codierten jede einzelne Geste, jeden Ausdruck und jedes Wort als positives oder negatives Zeichen. Dabei kristallisierten sich all jene Signale heraus, die darauf hindeuteten, dass ein Partner für den anderen Verachtung empfand, und das stärkste dieser Signale war das Verdrehen der Augen, wenn der andere etwas sagte.

Wie häufig hat Ihr Partner schon die Augen gen Himmel erhoben, wenn Sie anfingen zu sprechen? Oder sind Sie selbst der Augenverdreher in der Beziehung?

So schätzen Sie die Qualität Ihrer Ehe ein

Die jahrzehntelange Erforschung von Paarbeziehungen lehrt uns, dass ein paar wenige Schlüsselsignale wertvolle Hinweise über den Zustand einer Ehe liefern können. Natürlich darf man dabei nicht vergessen, dass eine Partnerschaft mehr ist als nur eine Sammlung von Erinnerungen, Pronomen und Gesichtsausdrücken. Doch auf diese Indizien zu achten, ist ein erster Schritt zur Verbesserung der Kommunikation und der eigenen Verhaltensmuster in der Beziehung. Es ist außerdem eine Möglichkeit, versteckte Missstimmungen und Frustrationen bei sich selbst zu erkennen, die man ohne Hilfe gar nicht bemerkt hätte.

Natürlich wird keines dieser Signale das letzte Wort über Ihre Beziehung sein. Selbst wenn Ihre Kennenlerngeschichte momentan toll klingt, sollten Sie sie auf jeden Fall weiterhin erzählen und auf unterschwellige Veränderungen horchen, die vielleicht nichts Gutes verheißen. Wenn die Geschichte jetzt schon voller Warnsignale steckt, ist das kein Grund zu verzweifeln. Viele der im folgenden Kapitel vorgestellten Strategien und Maßnahmen können Ihnen dabei helfen, Ihre Beziehung zu kitten und dafür zu sorgen, dass Ihre Geschichte ein Happy End haben wird.

Wenn Sie sich das nächste Mal streiten, hören Sie sich selbst und Ihrem Partner einfach mal genau zu. Die ständige Verwendung des Wörtchens «du» beim Aufzählen von Beschwerden ist ein Zeichen dafür, dass Ihre Auseinandersetzung nicht produktiv verläuft. Ein Partner, der regelmäßig die Augen verdreht, selbst wenn es nur im Spaß ist, sendet ein wortloses Signal der Verachtung, das befürchten lässt, dass die Probleme weit über das gerade diskutierte Thema hinausreichen.

Selbstverständlich bedeutet das nicht, dass Sie nie wieder in einem Gespräch mit Ihrem Partner «du» sagen dürfen. Aber wenn Sie beide viele zweisame Pronomen wie «wir» und «uns» benutzen, dann sind Sie auf einem guten Wege, ein Problem zu lösen, statt ein neues zu schaffen.

In seinen Workshops mit Ehepaaren lässt der Paar- und Familienforscher John Gottman die Teilnehmer gern einen Fragebogen ausfüllen, um die emotionale Temperatur einer Beziehung zu messen. Er nennt den Bogen «Landkarte der Liebe», die dabei helfen soll, das Seelenleben des Partners zu erforschen.

Beziehungstest 6:
Wie gut kennen Sie Ihren Partner?

		Ja	Nein
1.	Ich kann die besten Freunde meines Partners beim Namen nennen.		
2.	Ich weiß, welche Probleme mein Partner im Augenblick hat.		
3.	Ich kenne die Namen einiger Leute, über die sich mein Partner in letzter Zeit geärgert hat.		
4.	Ich kann einige der Lebensträume meines Partners aufzählen.		
5.	Ich kann etwas über die allgemeine Lebensphilosophie meines Partners erzählen.		
6.	Ich weiß, welche Verwandten mein Partner am wenigsten mag.		
7.	Ich habe das Gefühl, dass mein Partner mich sehr gut kennt.		
8.	Wenn wir getrennt sind, denke ich oft liebevoll an meinen Partner.		
9.	Ich berühre oder küsse meinen Partner oft zärtlich.		
10.	Mein Partner respektiert mich wirklich.		
11.	In unserer Beziehung gibt es Feuer und Leidenschaft.		
12.	Romantik spielt auf jeden Fall in unserer Beziehung noch eine Rolle.		
13.	Mein Partner weiß zu schätzen, was ich in unserer Beziehung tue.		
14.	Mein Partner mag meine Persönlichkeit.		
15.	Unser Sexleben ist größtenteils befriedigend.		
16.	Mein Partner freut sich abends, mich zu sehen.		
17.	Mein Partner ist einer meiner besten Freunde.		
18.	Wir reden unheimlich gern miteinander.		

19.	In unseren Gesprächen herrscht ein Geben und Nehmen (beide haben Einfluss).		
20.	Mein Partner hört mir mit Respekt zu, auch wenn wir nicht einer Meinung sind.		
21.	Mein Partner ist mir normalerweise beim Lösen von Problemen eine große Hilfe.		
22.	Im Allgemeinen harmonieren wir gut, was unsere Grundwerte und Lebensziele betrifft.		

Gesamtanzahl der Ja-Antworten:

15 oder darüber: In Ihrer Beziehung steckt viel Kraft. Glückwunsch!

8–14: Sie befinden sich an einem entscheidenden Punkt Ihrer Beziehung. Es gibt viele Stärken, auf die Sie aufbauen können, aber auch einige Schwachstellen, auf die Sie achten müssen.

7 oder weniger: Ihre Beziehung könnte in ernsthaften Schwierigkeiten stecken. Wenn Ihnen das Sorgen bereitet, dann ist Ihnen die Partnerschaft wahrscheinlich immer noch wichtig genug, um sich professionellen Rat zu holen.

Selbstverständlich ist ein gutes Abschneiden in Dr. Gottmans Test keine Garantie für eine gute Ehe, ebenso wenig wie ein niedriger Wert bedeutet, dass man rettungslos verloren ist. Aber die Nein-Antworten weisen klar auf die Aspekte Ihrer Ehe hin, die im Moment besondere Aufmerksamkeit erfordern.

Die Wissenschaft vom Konflikt:

Ehegefechte und ihre Regeln

Geh nie wütend ins Bett.
Bleib auf und streite dich.

Phyllis Diller

Auf einem Beziehungs- und Familienforscherkongress in Chicago sprach ich beim Frühstück mit Philip und Carolyn Cowan aus Berkeley, zwei renommierten Wissenschaftlern, die sowohl ihre Ehe als auch ihre Karriere der Erforschung von Familien, Paaren und Kindern gewidmet haben. Ich fragte sie, warum Männer und Frauen allem Anschein nach in ihren Beziehungen so sehr zu kämpfen haben. Carolyns Antwort überraschte mich.

«Wir müssen lernen, mehr Konflikte in unserer Partnerschaft zu dulden», sagte sie. «Und uns Zeit für Meinungsverschiedenheiten nehmen.»

Mehr Konflikte? Ich war erschrocken. Meine gesamte Ehezeit über hatte ich versucht, Konflikte zu *vermeiden*. Ich beobachtete, wie andere Paare sich über Nichtigkeiten stritten und bekriegten, und war erleichtert, dass mein Mann und ich nur selten aneinandergerieten. Meine eigenen Eltern, die bis zum Tod meiner Mutter 43 Jahre lang verheiratet waren, hatten ständig gestritten, obwohl sie einander laut eigenem Bekunden sehr liebten. Während ich Carolyns Ratschlag noch auf mich wirken ließ, schüttelte ich den Kopf.

«Das Letzte, was ich will», sagte ich dann zu ihr, «ist eine Beziehung mit Konflikten.»

Sie gab zu, dass sie auch nicht gern mit ihrem Mann stritt. «Aber es gibt einige Dinge, über die man sich auseinandersetzen muss», sagte sie weise.

Viele Paare messen den Zustand ihrer Beziehung am Ausmaß

der Konflikte, die sie mit ihrem Partner haben. Wenn sie nicht streiten, kommt ihnen die Ehe stabiler vor, haben sie dagegen Meinungsverschiedenheiten, dann bedrückt sie das. In dieser einen Hinsicht sind sich Männer und Frauen sehr häufig einig: Je weniger Konflikte in einer Beziehung, desto besser.

Doch das stimmt nicht unbedingt. Die Wissenschaft zeigt, dass Paare die Rolle, die Streit in ihrem Leben spielt, und die Chancen, die er zur Verbesserung einer Ehe bietet, überdenken müssen. Wenn man sich überlegt, was man sich eigentlich von einer Partnerschaft wünscht – einen Seelenverwandten, Erfüllung, Gemeinschaft –, dann leuchtet ein, dass man solche Ideale nur durch Verhandlungen, Diskussionen und Streit erreichen kann.

Der Eheforscher John Gottman hat eine faszinierende Theorie zu Konflikten in Beziehungen. Genau wie Raub- und Beutetiere eine wichtige Rolle in der Ökologie der Natur spielen, sind seiner Ansicht nach positive wie auch negative Interaktionen von großer Bedeutung für die Ökologie einer Ehe. Er glaubt, dass eine gewisse Menge an Konflikten nötig ist, um Probleme auszumerzen, die eine Ehe auf die Dauer schädigen können. Durch seine eigenen Forschungen entdeckte er, dass der «vorübergehende Kummer» eines Streits langfristig gesünder für eine Ehe sein kann.

Er stellte nämlich fest, dass zu Anfang einer Beziehung friedfertige Paare zwar von einem höheren Grad an Zufriedenheit berichteten als diejenigen, die häufig zankten, doch bei Kontrollstudien drei Jahre später steuerten die verträglichen Paare weit häufiger auf eine Scheidung zu oder lebten bereits getrennt. Die streitbaren Paare hingegen hatten die heiklen Punkte in ihrer Beziehung geklärt und führten meistens stabile Partnerschaften.

«Wenn eine Ehe echtes Durchhaltevermögen haben soll, muss ein Paar seinen Differenzen Luft machen, egal, ob es sie nun auf flüchtige, bereinigende oder bagatellisierende Weise löst», schreibt Dr. Gottman in seinem Buch *Lass uns einfach glücklich sein!*. «Anstatt destruktiv zu sein, kann Wut gelegentlich auch ein Hilfsmittel zur Verbesserung einer Ehe darstellen.»[108]

Die Vorstellung, dass Wut auch eine positive Maßnahme zur Festigung einer Beziehung sein kann, ist nicht leicht zu akzeptieren, doch zahlreiche Forscher, die sich mit Konflikten befasst haben, kommen zu demselben Schluss. Natürlich ist nicht jeder Konflikt gleich, und Gewalt ist immer ein Problem. Feindseligkeit, Negativität und Verachtung – wie zum Beispiel Beschimpfungen, Fluchen, Sarkasmus und Drohungen – sind in einem Streit niemals gesund. Aber bei den meisten ehelichen Unstimmigkeiten ist für die Qualität der Beziehung vor allem wichtig, dass beide Partner einige grundlegende Regeln befolgen, die letztlich zu einer fairen und produktiven Lösung des Disputs führen.

Tatsächlich kann man aus den Jahrzehnten der Beziehungsforschung vor allem eines lernen: dass viele der gängigen Ansichten über Konflikte in der Partnerschaft schlichtweg falsch sind. Das Ziel der Wissenschaft ist denn auch nicht, eheliche Unstimmigkeiten vollkommen auszuräumen. Vielmehr besteht die Hoffnung, dass Paare, indem sie verstehen, worüber und wie sie streiten, lernen können, die Macht der Wut und des Konflikts zu nutzen, um ihre Beziehung zu stärken. Und zwar dadurch, dass sie lernen, wie man ein Streitgespräch beginnt, wie man verhindert, dass es eskaliert, und wie man herausfindet, welcher Teil des Konflikts am schwersten wiegt.

Worüber streiten Paare?

Herauszufinden, warum und worüber Ehepaare sich streiten, ist kniffliger, als man vielleicht glauben möchte. Konflikte werden von einer Vielzahl sozialer und kultureller Faktoren beeinflusst, und es gibt Myriaden von Dingen, über die ein Paar geteilter

Meinung sein kann. In einer bahnbrechenden Reihe von Studien in den 1980ern setzte David Buss von der Universität von Texas in Austin sich das Ziel, zu ermitteln, was genau Konflikte zwischen Männern und Frauen verursacht.

Dr. Buss befragte 600 Männer und Frauen für seine Untersuchung, darunter Paare ohne Trauschein, Frischvermählte und unglücklich Verheiratete. Den Anfang machte er mit 107 Psychologiestudenten, die jeweils vier Dinge auflisten sollten, durch die Männer und Frauen einen Angehörigen des anderen Geschlechts «verärgern, verletzen, wütend machen oder reizen».[109] Nachdem er alles offensichtlich Überflüssige gestrichen hatte, blieb eine überraschend große Anzahl an Kritikpunkten übrig – die Studenten hatten 147 unterschiedliche Streitpunkte unter Paaren benannt. Die Beschwerden deckten das gesamte Spektrum ab, von «er lässt den Klodeckel oben» und «er rülpst laut» bis hin zu «sie putzt mich vor anderen herunter» und «sie schreit mich an».

Gerüstet mit einer solchen Fülle potenzieller Konfliktquellen, heuerte Dr. Buss weitere 317 Studenten an, etwa gleich verteilt auf beide Geschlechter, und ergänzte die Gruppe um 214 Frischvermählte. Die Testpersonen bekamen den Katalog mit den 147 Streitpunkten und zusätzlich fünf Feldern vorgelegt, in die sie häufige Streitpunkte eintragen konnten, die noch nicht auf der Liste standen. Die Aufgabe bestand darin, die Ärgernisse zu markieren, die der jeweilige Proband im vergangenen Jahr persönlich erlebt hatte. Aus diesem Teil seiner Studie leitete Dr. Buss her, dass die Beschwerden, die Männer und Frauen übereinander äußern, üblicherweise in 15 Gruppen von Verhaltensweisen fallen. Diese sind:

- herablassend (er/sie hat mich behandelt, als wäre ich dumm oder zweitklassig);
- besitzergreifend, eifersüchtig-unselbständig (er/sie hat zu viel Aufmerksamkeit gefordert);
- gleichgültig, abweisend, unzuverlässig (er/sie hat nicht gesagt, dass er/sie mich liebt);

- aggressiv (er/sie hat mich geschlagen oder beschimpft);
- untreu (er/sie hat mich belogen oder sich mit wem anders getroffen);
- rücksichtslos (er/sie hat mir nicht beim Putzen geholfen oder mich angeschrien);
- launisch (er/sie hat sich «zickig» benommen oder wollte alles bestimmen);
- egozentrisch (er/sie hat sich selbstsüchtig benommen);
- körperlich selbstbezogen (er/sie hat zu viel geredet oder zu viel Geld für Kleidung ausgegeben);
- unordentliches Erscheinungsbild (er/sie hat sich keine Mühe mit seinem/ihrem Äußeren gegeben);
- beleidigend über das Äußere des Partners (er/sie hat gesagt, ich sei hässlich, oder hat sich abfällig über mein Aussehen geäußert);
- sexuell abweisend (er/sie wollte nicht mit mir schlafen oder hat mich an der Nase herumgeführt);
- sexuell aggressiv (er/sie hat mich benutzt oder Sex gefordert);
- Sexualisieren von anderen (er/sie hat betont, wie gut eine andere Frau/ein anderer Mann aussah);
- Alkoholmissbrauch/emotionale Beschränkung (er/sie hat zu viel getrunken oder seine Gefühle verborgen, um hart zu wirken).

Die Ergebnisse zeigten eindeutig, dass einige Konfliktpunkte Geschlechtergrenzen überschreiten. Männer und Frauen waren sich einig, dass gewisse Verhaltensweisen, darunter Untreue, Übergriffe, Herablassung und Vernachlässigung, für beide Geschlechter verletzend sind.

Andere Verhaltensmuster wiederum ärgern ein Geschlecht mehr als das andere. Ganz besonders stört es Frauen, wenn Männer

- sexuelle Forderungen stellen, durch die sie sich benutzt oder zum Sex gezwungen fühlen,
- ihre Gefühle verbergen, um hart zu wirken, oder wenn sie im Übermaß trinken oder rauchen,
- rücksichtslos sind, schlechte Manieren haben oder beispielsweise die Toilettenbrille nicht herunterklappen.

Männern behagt es nicht, wenn Frauen

- sich weigern, Sex zu haben oder teilnahmslos reagieren,
- launisch oder missmutig sind,
- selbstbezogen sind, zu viel Wert auf ihr Äußeres legen oder zu viel Geld für Kleidung ausgeben.[110]

Auch wenn die Resultate offensichtlich erscheinen mögen, sind die Daten dennoch sehr wichtig, und zwar deshalb, weil die Forscher präziser als je zuvor die Konfliktthemen dokumentierten, die zwischen Männern und Frauen entstehen. Man kann darunter einige interessante Muster erkennen. Sex ist regelmäßig ein Anlass für Streitigkeiten. Launen frustrieren den Partner oft, ob nun Emotionen verborgen werden, um sich besonders hart zu geben, oder ob sie zu gehäuft gezeigt werden. Und ist es nicht faszinierend, dass Frauen sich von Männern wünschen, sie sollen mehr an *andere* denken, während Männer sich von Frauen wünschen, sie sollen weniger an sich *selbst* denken?

Die Daten zeigen, dass Konflikte sich häufig dies- und jenseits von Geschlechtergrenzen einordnen lassen, was erklären könnte, warum manche Probleme sich als so hartnäckig erweisen. Das zu wissen, bringt zwar vermutlich niemanden dazu, den Toilettendeckel herunterzuklappen oder weniger Aufwand mit seinem Äußeren zu betreiben, doch es lässt darauf schließen, dass viele Konfliktquellen in Beziehungen kulturell und vielleicht sogar biologisch verwurzelt sind.

Allerdings wird die Aussagekraft der beschriebenen Studie dadurch begrenzt, dass viele der Befragten noch relativ jung waren und Themen wie Geld und Kindererziehung höchstwahrscheinlich in ihrem Leben bisher keine große Bedeutung hatten.

In einer neueren Untersuchung werteten Wissenschaftler eine Befragung von fast 4000 Männern und Frauen aus Framingham, Massachusetts, aus. Die Ergebnisse sind unter anderem deshalb interessant, weil sie nicht von Collegestudenten oder angehenden Psychologen gewonnen wurden, letztlich nicht einmal von Menschen, denen bewusst war, dass ihre Beziehungen erforscht wurden. Vielmehr wurden die Daten im Rahmen einer noch nicht abgeschlossenen Studie über Herz-Kreislauf-Erkrankungen unter einer Gruppe von Erwachsenen erhoben, deren körperliche Verfassung und Lebensweise seit Jahren unter allen möglichen gesundheitlichen Aspekten beobachtet werden.

Diese Testpersonen wurden unter anderem gebeten, die Hauptgründe für Streitigkeiten mit ihren Partnern aufzulisten. Die Unterschiede waren bemerkenswert. Hier die jeweiligen drei Spitzenplätze:

Frauen	Männer
Kinder	Sex
Hausarbeit	Geld
Geld	Freizeit

Da Männer und Frauen immerhin *miteinander* streiten, sollten sie da nicht auch über dieselben Dinge debattieren? Auf gewisse Weise tun sie das.

Sowohl Männer als auch Frauen nennen Geld als eine der drei Hauptkonfliktquellen. Beide Geschlechter bringen außerdem zum Ausdruck, dass Themen, die ihre nicht mit Arbeit verbrachte Zeit betreffen – ob es sich nun um die Aufteilung von Hausarbeit oder die Freizeitgestaltung handelt –, wichtig für sie sind.

Der Hauptgrund für Konflikte waren bei Frauen die Kinder

und bei Männern der Sex. Auch diese beiden Themen haben bei näherer Betrachtung etwas gemeinsam: Kinder erfordern eine Menge Zeit und Aufmerksamkeit von ihren Eltern, Sex erfordert ebenfalls Zeit und Aufmerksamkeit, und zwar vom Partner. Beide Anliegen sind letztlich davon beeinflusst, wie viel Zeit die Partner füreinander haben. Im Endeffekt zeigen die Konfliktdaten aus der Framingham-Studie, dass die Themen Geld und Zeit die Hauptkonfliktquellen für die meisten Paare sind – Themen, mit denen wir uns in den kommenden Kapiteln eingehend befassen werden.

Beziehungstest 7:
Worüber streiten Sie?

Wo verlaufen die Fronten bei Ihnen zu Hause? Bitten Sie Ihren Partner in einem ruhigen Moment, mit Ihnen den folgenden Test zu machen, und weisen Sie den sechs Kategorien ihren Platz nach Wichtigkeit zu, um festzustellen, welche Themen in Ihrer Beziehung am häufigsten zu Konflikten führen. Vergleichen Sie dann Ihre Antworten sowohl miteinander als auch mit den durchschnittlichen Ergebnissen der Framingham-Studie.

	Sie	Er
Kinder		
Sex		
Hausarbeit		
Geld		
Freizeit		
Alkohol		

In der oben genannten Studie sah die Reihenfolge der Hauptgründe für Streitigkeiten folgendermaßen aus:

	Sie	Er
Kinder	1	4
Sex	2	1
Hausarbeit	3	6
Geld	4	2
Freizeit	5	3
Alkohol	6	5

Wenn Paare ihre Konfliktquellen ermitteln, lernen sie zwar, einander besser zu verstehen, allerdings werden dadurch die Meinungsverschiedenheiten nicht unbedingt auch beseitigt. Eheforscher haben herausgefunden, dass 70 Prozent der Streitigkeiten zwischen Partnern nie geklärt werden. In einer Studie zankten sich Paare, die zehn Jahre lang beobachtet wurden, am Ende immer noch über dieselben Themen.[111]

Das mag entmutigend klingen, aber es ist wichtig, zu akzeptieren, dass unterschiedliche Menschen auf unterschiedliche Dinge Wert legen. Die wissenschaftliche Erforschung von Paarkonflikten hatte Einfluss auf die Ratschläge von Ehetherapeuten, weswegen sie ihren Klienten inzwischen häufig empfehlen, ihre Differenzen zu akzeptieren, genau wie die Tatsache, dass die meisten Themen – ob nun Hausarbeit oder Shoppingtouren – niemals abschließend geklärt werden.

Letzten Endes ist das auch gar nicht nötig. Natürlich ist es gut, wenn sich beide darum bemühen, gut miteinander auszukommen und ihre Beziehung zu verbessern, doch in allem einer Meinung zu sein, ist nicht wesentlich für die eheliche Zufriedenheit und wahrscheinlich noch nicht einmal möglich. Wie viele Menschen kennen Sie, mit denen Sie immer in allem übereinstimmen? Zu erwarten, dass der Partner einem in allen Fragen zustimmt, ist unrealistisch und bedeutet eine Belastung für die Ehe.

Während meiner eigenen Ehe hatten mein Mann und ich ungeheuer viel gemeinsam. Wir hatten beide einen journalistischen Beruf und kamen aus ähnlichen Elternhäusern. Unsere Eltern waren beide seit langem verheiratet, wir hatten beide einen geisteswissenschaftlichen Collegeabschluss gemacht und für die Unizeitung geschrieben. Wir liebten gutes Essen, Wein und Kunst, außerdem reisten wir gern und sahen uns zusammen die Welt an. In unserem Freundeskreis gab es einige seit langem verheiratete Paare, und mit einigen davon fuhren wir sogar in Urlaub. Am Ende hatten wir zwei Katzen, besaßen ein Haus und bekamen ein Kind zusammen.

Doch obwohl wir so viel gemeinsam hatten, würde mein Mann heute, auf den Grund für unsere Scheidung angesprochen, antworten: «Wir haben einfach nicht zusammengepasst.»

Was genau bedeutet es also, gut zusammenzupassen? Heißt es, dieselben Dinge zu mögen wie der Partner, meinetwegen Ski- oder Fahrradfahren? Und was ist, wenn sich nun einer von beiden verletzt und nicht mehr mitmachen kann? Passt man dann nicht mehr zueinander?

Oder heißt es vielmehr, mehrere Dinge gemeinsam zu haben? Wenn das der Fall ist, warum lassen sich dann dem Anschein nach gut zusammenpassende Paare trotzdem am Ende scheiden?

Eine Reihe bekannter Eheforscher vertritt die Ansicht, dass der Aspekt des Zusammenpassens zweier Menschen überbewertet wird.[112] Ja, sich zu sehr darauf zu konzentrieren, könne an sich schon ein Zeichen für Probleme sein, meint Ted Huston, Psychologieprofessor an der Universität von Texas, der das Projekt PAIR leitet, eine Längsschnittstudie über verheiratete Paare. Professor Hustons Forschung zeigt, dass glückliche Paare hinsichtlich ihrer Vorlieben und Abneigungen nicht besser zueinanderpassen als unglückliche. Wenn allerdings einer der Partner anfange, mangelnde Übereinstimmung zu beklagen oder deren Bedeutung für eine gute Ehe übertrieben darzustellen, dann sei das ein deutliches Anzeichen für eine unglückliche Beziehung, stellt Professor Huston fest. Sage jemand, er und sein Partner «passen einfach nicht zusammen», dann meine er damit in Wirklichkeit, dass sie sich einfach nicht gut vertragen.

Die Wahrheit ist: Gemeinsamkeiten kommen und gehen, und es gibt kein Paar, das immer gut zusammenpasst. Manchmal verträgt man sich, dann wieder streitet man sich über Geld, Sex, Kinder und Zeit. In einer guten Ehe geht es nicht darum, ständig einer Meinung zu sein und die gleichen Dinge zu tun. Sondern darum, vernünftig mit seinen Unterschieden umzugehen.

Richtig streiten

Zwar wissen wir nun, worüber wir streiten, aber etwas Wichtiges fehlt noch. Eine der bedeutendsten Entdeckungen der Forschung ist, dass es gar keine so große Rolle spielt, worum wir streiten. Entscheidend – und aufschlussreich – für den Zustand einer Ehe ist vielmehr, *wie* wir streiten. Die Unstimmigkeiten im Einzelnen lassen nicht erkennen, wie gut ein Paar tatsächlich miteinander auskommt. Was zählt, ist die individuelle Herangehensweise. Wie fängt ein Streit an? Wie reagieren die Partner, wenn sie schwierige Themen diskutieren? Welche Gesichtsausdrücke und Gesten werden eingesetzt? Wie effektiv werden die Schäden einer Auseinandersetzung hinterher repariert? Eskalieren Streitigkeiten, oder bemüht sich einer der Partner, die Situation wieder zu entspannen?

Wie in allen Beziehungsbereichen kann auch während eines Disputs der äußere Schein stark trügen. Jemand, der ein rotes Gesicht bekommt oder weint, könnte ein gesünderes Streitverhalten haben als jemand, der ruhig bleibt – es hängt ganz davon ab, was gesagt wird und wie es gesagt wird.

Um herauszufinden, was wirklich wichtig ist, haben zahlreiche Wissenschaftler Dutzende von Untersuchungen durchgeführt, in denen sie Paare bei Gesprächen über schwierige Themen beobachteten. Während dieser Testsituationen waren die Probanden außerdem an Blutdruckmessgeräte und Hautsensoren angeschlossen, sodass jeder Körperrhythmus, jede Gesichtszuckung und Regung festgehalten wurden, wobei ein Computerprogramm den Beobachtern half, gleichzeitig Wörter und Mimik zu codieren.

Die Ergebnisse zeigen, dass es unter Paaren eine versteckte Kommunikationsebene gibt, die weit über das Gesagte, über Tränen und Wut, also die offensichtlichsten Anzeichen für Kummer oder Verzweiflung während eines Streits, hinausgeht. Wenn wir mit unserem Partner streiten, senden wir deutliche Signale über unsere Gefühle füreinander aus, ebenso darüber, wie viel uns die Beziehung bedeutet und ob wir mit unserer Ehe zufrieden oder desillusioniert sind. Was sind das für Signale?

Wer fängt an?

Studien zeigen, dass in etwa 80 Prozent der Fälle die Frau den Streit beginnt. Das heißt nicht, dass Frauen schuld an allem Ärger sind, sondern lediglich, dass sie eher bereit sind, das emotionale Risiko einzugehen und einen Versuch zur Lösung eines Problems zu starten. Einer muss die Auseinandersetzung in Gang bringen, und üblicherweise sind Frauen am ehesten willens, das zu übernehmen.

Dafür gibt es durchaus eine biologische Erklärung: In Studien zur Stresserforschung reagieren Männer und Frauen sehr unterschiedlich. So springt das männliche Herz-Kreislauf-System im Vergleich zum weiblichen schneller auf Stress an und erholt sich langsamer davon. Bei Erschrecken – zum Beispiel durch ein lautes Geräusch oder einen Knall – schlägt das Herz eines Mannes rascher, und sein Blutdruck bleibt länger erhöht als bei einer Frau, das haben diverse Experimente gezeigt.

Dolf Zillmann, Psychologe an der University of Alabama, hat sich mit der Frage beschäftigt, inwiefern gewisse aufreibende oder verstörende Situationen Männer und Frauen unterschiedlich beeinflussen. In einer Forschungsreihe schloss man Testpersonen an Körperfunktionsmessgeräte an und erzählte ihnen, sie nähmen an einem Experiment teil. Dabei war das aber nur ein Trick, denn in Wirklichkeit werteten die Wissenschaftler aus, wie die Männer und Frauen mit dem Versuchsleiter umgingen, der unsympathisch und unhöflich war. Nachdem er den Raum wieder verlassen hatte, sollten sich die Probanden 20 Minuten lang entspannen. Bei den Männern zeigte die Pause praktisch keine Wirkung, ihr Blutdruck blieb konstant hoch. Er sank erst wieder, wenn der Proband die Gelegenheit hatte, «Vergeltung zu üben». Im Rahmen des Experiments durften die Testpersonen einen Leistungsbewertungsbogen über den unhöflichen Wissenschaftler ausfüllen – und diese Chance, sich durch eine negative Beurteilung zu revanchieren, besänftigte die Männer offenbar. Im Gegensatz dazu beruhigten sich die Frauen im Allgemeinen schon während der Pause, was darauf schließen lässt, dass sie physiologisch eher in der Lage sind, während eines Konflikts beschwichtigend auf sich selbst einzuwirken.[113]

Der Umstand, dass Konflikte für Männer physiologisch so belastend sind, könnte erklären, warum sie eher selten verbale Auseinandersetzungen anstoßen. Außerdem veranschaulicht es, warum sich die Lage so schnell zuspitzen kann, da ein Mann, der sich angegriffen fühlt, offenbar das Bedürfnis verspürt, sich zu revanchieren, um auf diesem Weg den Stress ehelicher Missstimmung abzubauen.

Die ersten drei Minuten sagen alles

In einer wichtigen Studie beobachteten Dr. Gottman und die Forscherin Sybil Carrère 124 Paare, die seit weniger als neun Monaten verheiratet waren. Zum einen wurden positive Handlungen und Wörter codiert, die Interesse, Bestätigung, Zuneigung, Humor und Freude bezeugten. Zum anderen hielten die Forscher auch nach beunruhigenderen Anzeichen Ausschau, wie beispielsweise Verachtung, Streitlust, Abscheu, Herrschsucht, Wut, Angst, Anspannung, Abwehrhaltung, Jammern, Traurigkeit und ausweichendes Verhalten.

Es zeigte sich, dass die ersten Minuten den Tonfall für den gesamten Streit bestimmen können und darüber entscheiden, ob die Diskussion produktiv oder schädlich für die Beziehung sein wird. In der Untersuchung, die an der Universität von Washington stattfand, demonstrierten die Wissenschaftler sogar, dass sie bereits nach drei Minuten voraussagen konnten, welche Paare zusammenbleiben würden und welche innerhalb der nächsten sechs Jahre auf eine Scheidung zusteuerten.[114]

Man muss sich mal überlegen, was das auf der rein praktischen Ebene bedeutet. Wenn Ihre Ehe bröckelt, müssen Sie nicht unbedingt jedes Wort, jede Geste dramatisch auf Herz und Nieren prüfen, es reicht völlig, den Anfang, also den Startschuss zu betrachten. Für Paare, die gleich harsch oder schroff loslegen, einander scharfe Worte und boshafte Kritik entgegenschleudern, sieht es demnach nicht gerade rosig aus. Wer hingegen Streitgespräche vorsichtig und sanft angeht, hat größere Chancen auf ein produktives Gespräch, das die Beziehung eher festigt als schwächt. Wenn Sie die *ersten drei Minuten* einer Auseinandersetzung richtig hinbekommen, dann haben Sie einen großen Schritt gemacht, um Ihre Beziehung zu verbessern.

Einige Studien zeigen, dass einer der Hauptunterschiede zwischen einem guten und einem schlechten Streit darin besteht, ob er mit einer *Beschwerde* oder einer *Kritik* beginnt. Manchmal ist es nicht so einfach, den Unterschied zu erkennen.

Hier ein Beispiel für eine Beschwerde im Gegensatz zu einer Kritik zum Thema Hausarbeit:

«*Ich hab mich gestern Abend geärgert, als ich nach Hause kam und das Geschirr in der Spüle stand und der Boden nicht gewischt war.*» (Beschwerde)

versus:

«Warum kannst du nicht wenigstens das eine Mal, wenn ich noch einen Termin habe, das Geschirr spülen und die Küche aufräumen? Nie greifst du mir unter die Arme.» (Kritik)

Oder zum Thema Sex:

«Ich wünschte, wir hätten öfter Sex.» (Beschwerde)

versus:

«Nie willst du Sex. Immer bist du zu müde. Was ist denn mit dir los?» (Kritik)

Oder zum Thema Kindererziehung:

«Ich brauche wirklich mehr Hilfe mit den Kindern am Wochenende. Ich hätte auch mal gern ein bisschen Zeit für mich.» (Beschwerde)

versus:

«Du denkst immer nur an dich. Auf die Idee, dass ich mal Hilfe bei den Kindern brauchen oder selbst etwas vorhaben könnte, kommst du natürlich gar nicht.» (Kritik mit einem Anflug von Sarkasmus)

Den Unterschied zwischen einer Beschwerde und einer Kritik zu verstehen, kann die Qualität einer Auseinandersetzung erheblich steigern. Partner in einer Beziehung haben jedes Recht darauf, auch mal unzufrieden miteinander, selbst verärgert über den anderen zu sein. Das ist sogar unvermeidlich. Der Trick besteht darin, sich auf das ärgerliche Verhalten zu konzentrieren, anstatt die Person pauschal zu attackieren. Es ist ein ganz schlechtes Zeichen, wenn der Einstieg in eine Diskussion von Kritik, Verachtung oder Sarkasmus geprägt ist. Nicht nur kann man einen Streit auf diese Art nicht gewinnen, sondern steht am Ende meist unglücklich, unbefriedigt und mit unguten Gefühlen da, die die gesamte Beziehung gefährden können. Der Unterschied zwischen einer Beschwerde und einer Kritik kann sehr fein sein, deshalb ist es wichtig, genau auf die Wortwahl zu achten.

Dr. Gottman erklärt in seinem Buch, dass Beschwerden spezifisch sind, Kritik dagegen pauschal ist und Vorwürfe beinhaltet, und dass Verachtung der Kritik noch eine Kränkung hinzufügt. Die Formulierungen «immer machst du» oder «nie machst du» sind ein sicheres Zeichen dafür, dass Ihre Beschwerde sich in eine allgemeinere Kritik Ihres Partners verwandelt hat. Versuchen Sie, wenn irgend möglich, das Wort «du» zu vermeiden, wenn Sie sich mit Ihrem Partner streiten. Bleiben Sie lieber bei der ersten Person «ich» oder «wir», um die leicht anklagend wirkende direkte Anrede zu umgehen.[115]

Noch schlimmer als Kritik sei Verachtung, sagt Dr. Gottman. Kritik sei zwar schmerzlich, aber Verachtung könne regelrecht grausam sein. Ein Ausdruck von Verachtung ist das bereits erwähnte Augenverdrehen, eine herablassende Geste, die den Anschein erweckt, als wäre es nicht wichtig, was der andere zu sagen hat. Dr. Gottman erklärt, dass Verachtung eine Rangordnung impliziert und verwendet wird, um das Gegenüber herabzusetzen. Ein Beispiel dafür wäre, jemanden zu beschimpfen oder ihm eine persönliche Beleidigung an den Kopf zu werfen, und das ist eines der stärksten Anzeichen dafür, dass es um eine Ehe nicht gut steht.

Beziehungstest 8:
Beschwerde oder Kritik?

Mit Hilfe dieses Tests können Sie den Unterschied zwischen Konflikten und Beschwerden leichter feststellen. Machen Sie jeweils einen Kreis um den Buchstaben vor dem Begriff, der die Aussage Ihrer Meinung nach am besten beschreibt, und vergleichen Sie Ihre Ergebnisse mit der Auflösung am Ende.

	Beschwerde	Kritik	Verachtung
1. Es ärgert mich, dass du nicht angerufen und Bescheid gesagt hast, dass du später kommst.			
2. Man kann dir nicht vertrauen.			
3. Du spielst zu wild mit den Kindern.			
4. Du willst nie Sex.			
5. Ich hab das Gefühl, dass du mich für selbstverständlich hältst.			
6. Du bist genau wie deine Mutter!			
7. Ich wünschte, du würdest häufiger den Anfang beim Sex machen.			
8. Ich bin sauer, weil du mir nach der Party nicht beim Aufräumen geholfen hast.			
9. Du bist so schlampig.			

Antwortschlüssel:

1. Beschwerde, 2. Verachtung, 3. Kritik, 4. Kritik, 5. Beschwerde, 6. Verachtung, 7. Beschwerde, 8. Beschwerde, 9. Verachtung.

Obwohl Frauen häufiger Streitgespräche anstoßen, heißt das natürlich nicht, dass Männer nicht mit für den Tonfall der Auseinandersetzung verantwortlich sind.

In einer Studie baten die Forscher Bob Levenson und John Gottman Paare, sich nach acht getrennt voneinander verbrachten Stunden zusammenzusetzen und ein «Wie war dein Tag»-Gespräch zu führen. Sie stellten fest, dass die negativen Muster, die bei Streitgesprächen zwischen Männern und Frauen so eindeutig sind, auch in dieser scheinbar harmlosen Konversation über die Ereignisse eines Tages sichtbar wurden. Zum Beispiel sagte ein Mann verächtlich zu seiner Frau: «Warum fängst du nicht an? Bei *dir* kann es ja nicht so lange dauern.»[116]

Das war zwar kein Streit, jedoch eine nicht sonderlich subtile Herabsetzung und ein rüder Auftakt für ein Gespräch. Mit nur einem Satz brach der Mann gleich zwei Grundregeln der Paarkommunikation: Er begann die Unterhaltung barsch, und er zeigte Verachtung für seine Partnerin.

In der Studie hatten die Frauen, die Streitigkeiten häufiger mit schroffen Worten einleiteten, zumeist Ehemänner, die sich in dem Gespräch über die Ereignisse des Tages desinteressiert oder negativ verhielten.

Was war zuerst da? Die ablehnende Art der Frau oder das Desinteresse des Mannes? Schwer zu sagen, aber Dr. Gottman meint, dieser Test zeige, dass die negativen emotionalen Strömungen einer Ehe in beide Richtungen fließen. Wenn keiner der Partner das Muster durchbricht, dann sieht es für die Zukunft des Paares in aller Regel nicht gut aus.

Eheforscher haben einige Schlüsselgesten identifiziert, die beim Streit unter Partnern auf Probleme in der Beziehung hindeuten. Grundsätzlich deutet jede Form von unfreundlicher Grimasse während einer Auseinandersetzung auf eine höchst negative Grundeinstellung hin. Natürlich ist ein gewisses Maß an Feindseligkeit während eines Streits unvermeidbar, doch ständig Grimassen zu ziehen, während der Partner spricht, verheißt nichts Gutes, ganz besonders nicht, wenn die Frau es tut.

Bewegungen ganz allgemein, ob einer der Partner nun auf seinem Stuhl herumrutscht oder auf und ab läuft, lassen ebenfalls inneren Aufruhr und Aggression erkennen und sind Anzeichen dafür, dass die Auseinandersetzung möglicherweise eskaliert. Denken Sie an Ihre eigenen Konflikte. Unbedeutende Streitigkeiten können stattfinden, während man beispielsweise beim Essen sitzt. Bei größeren Disputen dagegen steht meistens einer von beiden auf, läuft herum, gestikuliert oder verlässt den Raum.

Die Körpersprache kann außerdem verraten, ob jemand sich abschottet. Besonders Männer ziehen sich in Konfliktsituationen häufig zurück, und dieses Verhalten ist eng verknüpft mit schwindender Zufriedenheit in der Partnerschaft. Gesten und Mimik, die auf einen solchen inneren Rückzug hindeuten, sind zum Beispiel das Vermeiden von Augenkontakt, verschränkte Arme, eine weitgehend unbewegte Miene und ein steifer Nacken. Ein weiteres Signal ist das Ausbleiben von Geräuschen oder jeglichen körperlichen Regungen. Selbst wenn ein Mensch eigentlich keine Lust zu streiten hat, gibt er normalerweise hin und wieder ein Grunzen, ein *Hmmmm* oder *Pöh* von sich, wenn der andere spricht, und ein Nicken oder Massieren der Schläfen lässt zumindest vermuten, dass der andere noch bei der Sache ist. Wenn all das nicht mehr passiert, deutet das auf einen inneren Rückzug hin.

Der Schlüssel zum produktiven Streiten ist, rechtzeitig zu erkennen, wann eine Meinungsverschiedenheit die falsche Richtung einschlägt, und Schritte einzuleiten, um die Lage zu beruhigen und eine eventuell entstandene Kluft zu überbrücken.

Dabei ist eines der wichtigsten Elemente eines gesunden Ehekonflikts die Fähigkeit, eine Auseinandersetzung zu deeskalieren, ein wichtiger Grundbaustein einer glücklichen Ehe. Manchmal ist nur einer der Partner dafür zuständig, aber in vielen stabilen Beziehungen übernehmen beide Partner abwechselnd diese Rolle, je nach Situation.

Deeskalation ist ein gängiges Prinzip, das unter Business-Coaches gelehrt wird, um Konflikte im Beruf zu lösen. Diese Fertigkeit kann auch Paaren dabei helfen, einen Streit einzudämmen, bevor er außer Kontrolle gerät. Hier sind ein paar grundlegende Tipps, wie sich die Wogen wieder glätten lassen.

- Sprechen Sie langsam und ruhig (kein Zähneknirschen, keine unterdrückte Wut).
- Sehen Sie Ihrem Partner in die Augen. Verschränken Sie weder die Arme noch die Beine. Achten Sie darauf, auf gleicher Ebene mit Ihrem Partner zu stehen oder zu sitzen, sodass keiner nach oben oder unten blicken muss.
- Wenn nötig, nehmen Sie sich eine Auszeit, um Ihre Gedanken zu sammeln. Stürmen Sie nicht wutentbrannt aus dem Zimmer, machen Sie einfach nur deutlich, dass Sie aufgebracht sind und sich daher erst mal beruhigen und später weiterreden möchten. Nennen Sie unbedingt einen Zeitpunkt, zu dem Sie zurückkommen werden.

Folgende Formulierungen oder Sätze können helfen, einen Streit zu deeskalieren:

- Klärung: «Es klingt, als wolltest du sagen …» Die Worte des anderen zu wiederholen, macht deutlich, dass man zugehört hat, auch wenn man vielleicht anderer Meinung ist.
- Durch betont unaggressive Wörter kann man leichter eine gegensätzliche Ansicht äußern, indem man sein Gegenüber bittet, eine andere Möglichkeit in Betracht zu ziehen. Beginnen Sie Sätze mit Wörtern oder Wendungen wie «Vielleicht …», «Was, wenn …», «Es kommt mir so vor, als …», «Ich frage mich …» oder «Unter Umständen …».
- Bestätigung: «Ich weiß, dass das für dich auch nicht leicht ist», «Ich verstehe, was du sagst», «Ich bin froh, dass wir versuchen, das zu klären».
- Offene Fragen: «Was denkst du darüber?», «Wie sieht der nächste Schritt für uns aus?».

Die Fähigkeit, einen Streit zu deeskalieren, muss erlernt werden, und möglicherweise will die Verwendung betont unaggressiver Wörter, klärender Formulierungen und offener Fragen erst einmal geübt werden. In der Hitze des Gefechts könnte es schwierig sein, sich genau an die Beschwichtigungstechniken zu erinnern, deshalb ist es hilfreich, sich einfach ein oder zwei Formulierungen auszusuchen, mit denen man sich wohl fühlt, und sie sich zu merken. In erster Linie geht es darum, auf der Hut zu sein und den Streit nicht außer Kontrolle geraten zu lassen. Wenn die Lage sich anspannt, die Stimmen lauter werden und die Gemüter sich erhitzen, dann sollten Sie alles versuchen, um sie wieder zu beruhigen. Manchmal reicht schon ein schlichter Satz im Stil von «Ich hasse es, wenn wir uns streiten», um eine Zäsur zu machen und beiden Seiten die Gelegenheit zu geben, den Konflikt zu entschärfen.

Ein anderer Weg, die Zuspitzung eines Streits zu verhindern, ist Humor. Die Eheforschung zeigt nämlich auch, dass die glücklichsten Paare geschickt darin sind, eventuelle Schäden durch Zuneigung und Humor zu reparieren, sowohl während eines Streits als auch hinterher. Sich Auszeiten zu nehmen, die

Diskussion zu unterbrechen, um beiden Seiten Gelegenheit zu geben, sich zu beruhigen und zu erholen oder auch inmitten des Konflikts seine Zuneigung zu zeigen – das alles sind wichtige Hilfsmittel, um einen schlechten Streit in einen guten zu verwandeln.

Letztendlich streitet niemand gern mit seinem Mann oder seiner Frau, doch nur weil man aber manchmal aneinandergerät, führt man noch keine schlechte Ehe. Im Gegenteil, regelmäßige Auseinandersetzungen können sogar ein Zeichen für eine gesunde Beziehung sein. Entscheidend ist, einen Weg zu finden, wie man den Konflikt zum Vorteil wenden kann, indem man an seinem Argumentationsstil feilt und fair und konstruktiv streitet.

Die wichtigste Lehre, die man aus der wissenschaftlichen Erforschung von Konflikten ziehen kann, lautet daher: Machen Sie sich keine Gedanken, worüber oder wie häufig Sie streiten. Konzentrieren Sie sich stattdessen auf die ersten drei Minuten, denn wenn Sie den Auftakt einer Auseinandersetzung verbessern, wird das letztendlich den Verlauf des gesamten Streitgesprächs verändern und Ihre Chancen erhöhen, den Disput zu lösen. Nähern Sie sich dem Konfliktthema sanft an und versuchen Sie zu deeskalieren, wenn die Emotionen hochkochen. Lernen Sie, zwischen einer Beschwerde und einer Kritik zu unterschieden, und achten Sie auf Ihre Wortwahl und Körpersprache.

Streiten ist niemals leicht oder angenehm, doch indem man übt, sich fair auseinanderzusetzen, können beide Partner ihre Differenzen zum Ausdruck bringen, ohne der Beziehung Schaden zuzufügen. Wenn ein Paar lernt, sich gut zu streiten, dann spielt es letztlich keine Rolle, worum es bei den einzelnen Auseinandersetzungen geht.

Elternschaft:

Wie man sich um Ehe und Kinder gleichzeitig kümmert

> Mein Mann und ich möchten entweder einen Hund kaufen oder ein Kind bekommen. Wir können uns nicht entscheiden, ob wir den Teppich ruinieren sollen oder unser Leben.
>
> *Rita Rudner*

Als eine Mutter aus meinem Bekanntenkreis einen Zeitungsartikel über Elternschaft und Ehe las, schnaubte sie vernehmbar. In dem Artikel stand, dass bei fast 70 Prozent aller Paare die Zufriedenheit in der Ehe nach der Geburt des ersten Kindes deutlich nachlässt.

«70 Prozent?», fragte sie erstaunt. «Mehr nicht?»

Jeder weiß, dass Elternsein harte Arbeit ist. Dennoch überrascht es viele Paare, wie belastend Kinder für eine Ehe sein können.

Es ist anders, als die meisten erwarten. Wenn ein Paar sich entscheidet, Kinder zu bekommen, dann denkt es normalerweise an die Freude, die ein Baby ins Haus bringen wird. Natürlich sind sich beide darüber im Klaren, dass es schlaflose Nächte geben wird und man ein Leben lang Verantwortung tragen muss, aber man hofft, durch ein Kind ein gemeinsames Ziel zu haben und näher zusammengebracht zu werden.

Aber ach! Eine der eher verstörenden Schlussfolgerungen der Eheforschung in den vergangenen Jahrzehnten lautet, dass Kinder offenbar einen erstaunlich hohen Tribut von einer Partnerschaft fordern.

Paare, die noch keine Kinder haben und sich auf eine gemeinsame Familie freuen, sind häufig verblüfft über solchen Zynismus. Wenn man jedoch Ehen vor und nach der Geburt der Kinder einmal genauer unter die Lupe nimmt, zeigt sich, dass der Nachwuchs eine ungeheure Belastung bedeutet. Seit Anfang der 1980er haben mehr als zwei Dutzend Studien ergeben, dass eheliche Zufriedenheit und Qualität der Beziehung deutlich sinken, wenn die Ehepartner Eltern werden.[117]

In einem umfangreichen Bericht des *National Marriage Project (Nationalen Eheprojekts)* an der Rutgers-Universität ist dokumentiert, dass viele Amerikaner der Ansicht sind, die zufriedenste Zeit als Erwachsener habe man, *bevor* die Kinder kommen und *nachdem* sie von zu Hause ausgezogen sind. Viele Eltern erleben die Jahre, in denen ein Kind bei ihnen wohnt, als störend und haben das Gefühl, die Sprösslinge stünden dem ehelichen Glück eher im Weg, als die Beziehung zu verbessern.[118] Die Daten lassen sogar vermuten, dass ein Paar erst dann das ursprüngliche Eheglück zurückgewinnt, wenn die Kinder endlich das Haus verlassen haben und das Nest wieder leer ist.

Falls Sie Kinder geplant haben oder bereits welche haben: Verzweifeln Sie nicht. Kinder bringen jede Menge Freude und Wirbel in eine Ehe, und die Herausforderung besteht darin, die turbulenten Zeiten gekonnt zu meistern. Alle Eltern wissen, dass ein Kind den Stress und die Anstrengungen des Alltags erhöht. Mit dem Ergebnis, dass Paare häufig weniger Zeit und Geld und dafür mehr Hausarbeit haben – was alles zu einer merklichen Minderung der Zufriedenheit führt. Doch selbst wenn die Daten im Großen und Ganzen eher entmutigend klingen, versteckt sich hinter den Zahlen auch die Tatsache, dass eine erkleckliche Minderheit von etwa 20 Prozent gut mit der Elternschaft zurechtkommt. Diese Paare bleiben glücklich zusammen und berichten sogar von gesteigerter Zufriedenheit nach der Geburt von Kindern.

Was ist ihr Geheimnis? Wir alle können von diesen Paaren viel lernen, daher werden wir in diesem Kapitel der Frage auf den Grund gehen, wie man Kinder und Ehe erfolgreich unter einen Hut bringt. Vorab sei allerdings gewarnt: Einfache Antworten gibt es nicht. Elternschaft und Ehe sind beides keine leichten Unternehmungen, und die Kombination aus beidem kann sogar Angst machen. Aber wenn die Qualität einer Ehe zu Beginn gut war, dann stehen auch die Chancen gut, dass man den Stress des Elterndaseins überlebt. Wissenschaftler haben außerdem herausgefunden, dass die Art und Weise, wie ein Paar das Projekt Kinder anpackt, voraussagen kann, wie gut die Ehe das Unterfangen verkraften wird.

Kinder fügen der Ehe ganz eindeutig eine neue und manchmal schwierige Dimension hinzu, aber die Forschungslage zeigt, dass gestresste Eltern die Hoffnung auf bessere Zeiten nicht aufgeben sollten. Allein das Wissen, dass die Ankunft eines Säuglings neue Herausforderungen an eine Ehe stellt, kann helfen, sowohl die Pflege des Kindes als auch die der Beziehung besser zu organisieren. Wie viel Zeit man auf den Nachwuchs verwendet – im Vergleich zum Partner und zu Dingen wie Sex oder Hausarbeit –, beeinflusst die Auswirkungen der Elternschaft auf die Ehe. Paaren, die sich viel Mühe geben, um Glück und Gesundheit ihrer Kinder sicherzustellen, liefert die Wissenschaft von der Elternschaft wichtige Erkenntnisse darüber, wie sie gleichzeitig Glück und Gesundheit ihrer Ehe schützen können.

Elternschaft im Wandel

Die Behauptung, dass Kinder und Ehe sich nicht vertragen, klingt sicherlich zunächst einmal widersinnig.

Vom evolutionären Standpunkt aus ist es durchaus sinnvoll, Kinder in einer festen Partnerschaft zu bekommen. Denn dadurch wird eine sozial stabile Beziehung gewährleistet, um sich fortzupflanzen, den Nachwuchs aufzuziehen und das Überleben des eigenen Genmaterials zu sichern.

In vielen Kulturen werden Ehen einzig aus dem Grund geschlossen, um Kinder hervorzubringen. So stark ist die Verbindung von Ehe und Fortpflanzung, dass es in manchen Gesellschaften sogar ausreicht, keine Kinder zu haben, um automatisch eine Scheidung herbeizuführen. In anderen Kulturen wird die Reihenfolge gern umgedreht: Erst wird man schwanger, dann heiratet man. So wird eine reproduktiv erfolgreiche Partnerschaft garantiert.

Während unsere Großeltern und Eltern noch fest damit rechneten, dass die Kindererziehung ihr Leben dominieren würde, definieren moderne Paare ihre Beziehung oft anders. Barbara Dafoe Whitehead von der Rutgers-Universität ist der Ansicht, dass die Ehe heute nicht mehr «kindzentriert» sei. Noch im Jahr 1990 gaben 65 Prozent der Amerikaner an, dass Kinder sehr wichtig für eine gelungene Ehe seien. Im Jahr 2007 war die Anzahl der Erwachsenen, die dieser Aussage zustimmten, laut einer Studie des Pew Research Center in Washington auf 40 Prozent gesunken.[119]

Der Rückgang kindzentrierter Beziehungen kann auf vielerlei Arten gemessen werden. 1970 bekamen noch 71 Prozent der Frauen ihr erstes Kind innerhalb von drei Jahren nach der Hochzeit. 1990 waren es nur noch 37 Prozent. Die Frauen warten heute eindeutig länger, bevor sie eine Familie gründen: In den 1970ern waren fast 75 Prozent der Mitte bis Ende 20-Jährigen bereits Mütter. Im Jahr 2000 hatten nur noch halb so viele Frauen dieser Altersgruppe bereits ein Kind.[120]

Die sich verändernde Geburtenrate ist ein weltweites Phänomen. Phillip Longman, Forscher am Think-Tank New America Foundation, sagt, «59 Länder, die zusammen ungefähr 44 Prozent der Weltbevölkerung stellen, bekommen derzeit nicht ausreichend Kinder, um einen Bevölkerungsrückgang zu vermeiden, und das Phänomen breitet sich weiter aus. Laut der jüngsten UN-Prognose wird die weltweite Geburtenrate bis zum Jahr 2045 unter die Sterberate gefallen sein.»[121]

Weil Frauen heute weniger Kinder bekommen, sind Paare

auch schneller mit der Kindererziehung fertig. Eine einfache Rechnung: Wenn Ihre Eltern im Laufe von zehn Jahren vier Kinder bekommen haben, waren sie 28 Jahre ihrer Ehe mit deren Erziehung beschäftigt, vorausgesetzt, das letzte Kind zog mit 18 Jahren von zu Hause aus. Nehmen wir an, Sie und Ihr Partner haben sich entschieden, es bei zwei Kindern bewenden zu lassen, die im Abstand von zwei Jahren auf die Welt kommen. Dann wird Ihr Nest bereits nach 20 Jahren wieder leer sein – und Sie gewinnen im Vergleich zu Ihren Eltern fast ein Jahrzehnt kinderfreie Zeit für Ihre Ehe hinzu. Zudem steigt die Lebenserwartung, sodass heutige Paare ein längeres Leben und eine kürzere Elternphase haben. Was wiederum bedeutet, dass der Anteil an Lebenszeit, die wir unseren Kindern widmen, immer mehr schrumpft. Als Erwachsene haben wir demnach viel mehr Zeit «für uns», als unsere Eltern jemals hatten.

Die Ursachen für all diese Entwicklungen sind komplex. Tatsache ist, dass eine Ehe heute weit entfernt von den kindzentrierten Beziehungen ist, die viele unserer Eltern und Großeltern erlebten. Noch komplizierter wird die Angelegenheit dadurch, dass moderne Paare außerdem höhere – manche würden sagen, unrealistische – Erwartungen an ihre Ehe haben. In Umfragen wollten Wissenschaftler wissen, welche Merkmale den Menschen in ihrer Beziehung am wichtigsten sind. Durchweg schnitten dabei Punkte wie «emotionale Unterstützung» oder «Freundschaft» höher ab als «Kinder bekommen».

Weil die heutigen aufwendigen Ehen, in denen eine Seelenverwandtschaft angestrebt wird, so viel Anstrengung und Aufmerksamkeit erfordern, sind sie entsprechend fragil. Und zwar ganz besonders in den Jahren der Kinderbetreuung.

«Wie Säuglinge müssen Seelenverwandtschaftsehen gehegt und gepflegt werden, um zu gedeihen», sagt Dr. Whitehead. «Wenn dann ein richtiges Baby daherkommt, muss viel von dieser gegenseitigen Fürsorge dem Kind gewidmet werden. Das kann vor allem für solche Eltern bedrohlich sein, die den Anspruch haben, nach der Geburt des Babys denselben Aufwand an Zeit und Aufmerksamkeit für ihre Beziehung zu betreiben. Das soll jetzt nicht heißen, dass Paare einander während der Kindererziehungsphase vernachlässigen sollten, aber immerhin vorwarnen, dass die Erwartungen an eine unverminderte Intimität enttäuscht werden könnten – weshalb manche frischgebackenen Eltern sich einsam, gekränkt und nicht genug beachtet fühlen.»[122]

Wenn drei einer zu viel sind

Ein Dauerthema der Eheforschung ist die Tatsache, dass Paare heute in ihren Beziehungen anscheinend mehr zu kämpfen haben als ihre Eltern und Großeltern. Die Anforderungen von Partnerschaft und Kindererziehung zu vereinbaren, ist für die Menschen schwieriger geworden als früher, weil die Erwartungen der Beteiligten gestiegen sind.

Um die Unterschiede zwischen modernen Partnerschaften und denen früherer Generationen herauszuarbeiten, werteten Wissenschaftler unter der Leitung der Psychologin Jean Twenge von der San Diego State University 148 Studien über Ehe und Kinder neu aus, die zum Teil bis in die 1950er zurückreichten. Dabei entdeckten sie, dass Paare, die in den 1990ern und Anfang des neuen Jahrtausends Eltern wurden, die Beeinträchtigung ihres Eheglücks als doppelt so stark empfanden wie ihre Vorgänger in den 60er und 70er Jahren.[123]

Dafür gibt es eine Vielzahl von Erklärungsansätzen. Heutzutage leben Paare häufig räumlich weit vom größeren Familienkreis entfernt und können deshalb nicht auf die Hilfe von Eltern und Geschwistern zurückgreifen, was das Stressniveau und die Unzufriedenheit potenziell erhöht. Zum anderen wirkt sich, wenn Kinder kommen, der Verlust von Qualitätszeit mit dem Partner stärker aus, weil sie vorher einen höheren Stellenwert einnahm.

Eine frischgebackene Mutter wird es kaum überraschen, dass sich in der Studie das Säuglingsalter als die anspruchsvollste Zeit für Frauen herausstellte. Mütter von Neugeborenen erlebten von allen analysierten Gruppen die stärksten Einbußen hinsichtlich ehelicher Zufriedenheit. Im Gegensatz zu 62 Prozent der Frauen ohne Kinder waren nur 38 Prozent der jungen Mütter sehr glücklich in ihrer Ehe.

Es zeigt sich sogar, dass die Geburt des ersten Kindes eine ganz besonders schwierige Zeit für Paare ist. Der Beziehungsforscher John Gottman begleitete 130 junge Familien 13 Jahre lang. Dabei fand er heraus, dass während der ersten drei Jahre im Leben eines Kindes 67 Prozent der Eltern über eine weniger erfüllende Ehe klagten als vor der Geburt des Babys. Zudem stritten sie sich achtmal so häufig wie Kinderlose.[124]

Forscher der Universitäten Vanderbilt und Florida State nahmen sich einen anderen Indikator unglücklicher Elternschaft vor: Depression. Die Befragung von 13 000 amerikanischen Erwachsenen ergab, dass Eltern häufiger depressiv sind als kinderlose Menschen. Diese Studie, die auf 1987 und 1988 erhobenen Daten der ersten Runde einer großangelegten Umfrage mit dem Titel «National Survey of Families and Households» («Nationale Erhebung in Familien und Haushalten») beruht, ist deshalb so bedeutsam, weil ein Viertel der Befragten keine Kinder hatte, wodurch die Forscher Gelegenheit hatten, Stichproben von Menschen mit und ohne Nachwuchs zu vergleichen.

Die Gruppe der Eltern litt deutlich häufiger an Depressionen, selbst unter Berücksichtigung von Variablen wie Einkommen oder sozialem Status. Keinen Unterschied gab es dagegen hinsichtlich des Geschlechts: Väter waren genauso betroffen wie Mütter. Bemerkenswert war das Ergebnis der Analyse vor allem, weil die meisten großen Wendepunkte des Erwachsenenlebens – beispielsweise Hochzeit und Berufseinstieg – dem Anschein nach vor Depression schützen. Nicht aber die Elternschaft.[125]

All diese Daten bestätigen, was Eltern längst wissen: Kinder großzuziehen, ist eine unglaublich anspruchsvolle Aufgabe. Wie die Komikerin Roseanne Barr einmal so schön sagte: «Wenn mein Mann nach Hause kommt und die Kinder noch am Leben sind, dann habe ich meine Arbeit gut gemacht.»

Mehr Arbeit, weniger Zeit, weniger Sex

Kinder verändern definitiv das Liebesleben eines Paars, aber sie verlangen ihren Eltern auch auf ganz alltägliche Art einiges ab. Finanzielle Engpässe, mehr Hausarbeit und weniger gemeinsam verbrachte Zeit für ihre Erzeuger – lauter Stressfaktoren, die sich auf das Glück einer Ehe auswirken.

Wissen Sie noch, Sex? Falls Sie seit der Geburt Ihrer Kinder nicht mehr so oft miteinander schlafen, wie Sie gern würden, dann sind Sie damit nicht allein. Immerhin stellen sich für Eltern eine ganze Reihe praktischer und logistischer Probleme. Dass Häufigkeit und Lust auf Sex nachlassen, wenn Menschen Kinder bekommen, ist in der Forschung gut dokumentiert. Eine Studie aus dem Jahr 1984 ergab etwa, dass knapp die Hälfte der befragten Frauen in der siebten Woche nach der Entbindung schon wieder Geschlechtsverkehr gehabt hatten.[126]

Eine andere Untersuchung unter 570 Frauen und ihren Partnern kam zu dem Ergebnis, dass einen Monat nach der Geburt des Babys der Großteil der Paare noch nicht wieder ins gemeinsame Schlafzimmer zurückgekehrt war. Laut dieser Studie lag der Durchschnitt für die Wiederaufnahme sexueller Aktivität bei sieben Wochen und zwei Tagen, doch die Schwankungen waren hoch: 19 Prozent der Paare hatten innerhalb des ersten Monats nach der Entbindung wieder miteinander geschlafen, weitere 19 Prozent erst vier Monate danach oder noch später. Immerhin zehn Prozent hatten ein Jahr nach der Geburt des Kindes immer noch keinen Sex gehabt.

Eine weitere wichtige Erkenntnis dieser Untersuchung war

der negative Effekt, den das Stillen auf das Liebesleben eines Paars haben kann. Was die sexuelle Zufriedenheit betrifft, gab es deutliche Unterschiede zwischen stillenden Eltern und solchen, die ihrem Baby die Flasche gaben.

Dafür gibt es wichtige biologische Gründe. Die Östrogenproduktion ist während der Stillzeit eingeschränkt, was unter anderem zu weniger Feuchtigkeit und damit zu Schmerzen beim Geschlechtsverkehr führt. Der Prolaktinspiegel wiederum ist in dieser Zeit erhöht, die Testosteronkonzentration dagegen gesenkt – beides dämpft den Sexualtrieb der Frau. Forscher weisen darauf hin, dass Paare sich dieser nachgewiesenen hormonellen Auswirkungen des Stillens bewusst sein müssen, um den Mangel an Erotik nicht als größeres Problem in ihrer Beziehung zu begreifen. Es ist völlig normal, in dieser Phase weniger oder keine Lust auf Sex zu haben, und auch wenn es im Einzelfall etwas länger dauern kann, so kehrt sie doch in jedem Fall zurück.

Es gibt noch einige weitere Faktoren, die während der Stillzeit Auswirkungen auf die Libido haben. Dass die Frau in jener Zeit ganz allein für das Füttern zuständig ist und als Einzige nachts aufstehen muss, spielt dabei keine geringe Rolle. Wenn eine stillende Mutter sagt, sie sei zu müde für Sex, dann stimmt das wirklich.

Ebenfalls kompliziert ist die Tatsache, dass stillende Frauen mit dem Wohlfühlhormon Oxytocin vollgepumpt sind. Das Kuschelhormon hat übrigens denselben Botenstoff, der bei Frauen nach einem Orgasmus ausgeschüttet wird. Jedenfalls erlebt eine stillende Mutter sehr viel Glück, Wärme und Intimität durch die Nähe zu ihrem Säugling und verspürt daher weniger Drang, all das bei ihrem Partner zu suchen.

Bei manchen Müttern wird «zumindest das Bedürfnis nach intimer Berührung durch das Stillen befriedigt, weshalb sie weniger Interesse an sexuellem Ausdruck mit ihrem Partner empfinden», schreiben Janis E. Byrd und ihre Kollegen in einer Studie. «Männer hingegen bekommen diese Befriedigung von einem Baby nicht und bemühen sich weiterhin um sexuelle

Intimität mit ihren weniger interessierten Frauen, weshalb die Partner stillender Mütter von geringerer sexueller Befriedigung berichten als jene von nicht stillenden Frauen.»[127]

Der Beweis dafür findet sich in den Zahlen. Einen Monat nach der Entbindung hatten fast ein Drittel der nicht stillenden Frauen die sexuelle Beziehung zu ihrem Partner wieder aufgenommen. Von den Frauen, die ihren Kindern die Brust gaben, waren es hingegen nur 15 Prozent, zudem gab diese Gruppe häufiger einen Mangel an sexueller Lust zu Protokoll.

Es wird kaum überraschen, dass es ausgeprägte Unterschiede zwischen den Geschlechtern gibt, die das Liebesleben eines Paars nach der Geburt von Kindern beeinflussen. Eine Untersuchung des Gottman-Instituts erforschte die Einstellungen von Männern und Frauen zum Thema Sex, die seit höchstens drei Jahren Eltern waren. Im Durchschnitt gaben die Frauen an, etwa einmal die Woche sexuelle Lust zu verspüren, wohingegen der Wert bei den Männern bei etwa einmal täglich lag. Frauen sagten, es reiche ihnen, alle paar Wochen mit ihrem Mann zu schlafen, der wiederum hätte statistisch gesehen drei- bis viermal pro Woche ganz nett gefunden. Mütter fühlen sich in der Regel auch weniger erotisch aufgeladen als Väter. Auf einer Skala von eins bis fünf platzten die Männer beinahe vor sexueller Energie, sie erreichten einen Durchschnitt von 4,25. Frauen landeten weit abgeschlagen bei durchschnittlich 2,95.[128]

Warum ist dieser Unterschied derart groß? Dahinter steckt mehr als nur Biologie. Paare, die über ihr Liebesleben nach der Geburt eines Kindes frustriert sind, können sich damit trösten, dass es nicht notwendigerweise persönlich gemeint ist, wenn der Partner keinen Sex möchte. Vielmehr stehen mehrere Millionen Jahre an Evolution zwischen ihnen.

Die Anthropologin Helen Fisher, die sich mit dem Funktionieren der Gehirnschaltkreise in der Liebe befasst, macht die evolutionäre Anpassung dafür verantwortlich, dass Paare nach der Geburt eines Kindes abweichende sexuelle Interessen haben. Laut ihr gibt es eine entwicklungsgeschichtliche Erklärung dafür, warum die Leidenschaft in dieser Situation offenbar nachlässt: Eine Frau, die mehr Interesse an Sex mit ihrem Mann als an der Fürsorge für ihr Kind hat, hätte vermutlich nicht lange einen Säugling zu versorgen gehabt.

«Die Liebe hat sich aus einem ganz bestimmten Grund entwickelt – um eine Paarbindung mit jemandem herzustellen, ein Kind zu zeugen und eine Familie zu gründen», meinte Dr. Fisher. «Wenn man diese sehr intensiven romantischen Gefühle für seinen Partner beibehielte, würde man sehr wahrscheinlich sein Baby übersehen. Vom Darwin'schen, evolutionären Standpunkt aus gesehen ist ganz klar: Wenn Mami sich nicht um ihr Kind kümmert, dann wird es von einem Löwen gefressen.»

Dr. Fisher erklärt, dass die chemischen Vorgänge in unserem Gehirn sich so entwickelt haben, damit Frauen ihre Kinder unter keinen Umständen vernachlässigen. Wie oben beschrieben steigt die Konzentration des Hormons Oxytocin sprunghaft an, wenn eine Frau stillt oder ihr Baby im Arm hält, was extrem starke Bindungsgefühle an den Säugling auslöst. Gleichzeitig sacken Testosteron- und Prolaktinspiegel, die den Geschlechtstrieb anfachen, ab.

«Mami ist nicht nur übermüdet und erfindet Ausreden – sie steht unter Drogen», stellt Dr. Fisher fest. Beide Elternteile kämpfen gegen einen grundlegenden evolutionären Mechanismus an, der sich einst entwickelte, um die Mutter-Kind-Beziehung und das elterliche Band zu stärken – nicht das sexuelle.»[129]

Doch auch wenn die Chemie im Gehirn dagegenarbeitet, können Paare bewusst andere Substanzen in ihren Köpfen entfesseln und dadurch ihr Liebesleben wieder ankurbeln, meint Dr. Fisher. Ihr Rat: Miteinander schlafen, und zwar möglichst häufig – selbst wenn man sich nicht danach fühlt. Jegliche Form sexueller Stimulation fährt den Dopaminspiegel hoch und regt die Produktion anderer Wohlfühlsubstanzen im Körper an, die dabei helfen, die Bindung zum Partner nach der Geburt eines Kindes wiederherzustellen.

Wenn man so tue, als hätte man Lust auf Sex, dann stelle sie sich auf die Dauer auch tatsächlich ein, sagt Dr. Fisher. «Falls Sie ein sehr aktives Sexleben mit Ihrem Partner möchten, dann warten Sie nicht, bis Ihre Libido Sie ins Schlafzimmer treibt. Gehen Sie einfach ins Schlafzimmer», empfiehlt die Expertin.[130]

Überraschenderweise spricht sich eine beträchtliche Anzahl von Eheforschern für kurzen, schnellen Sex aus – einfach nur, um das Liebesleben in Gang zu halten. Die Kombination aus Elternpflichten, Beruf und den eigenen, leicht gedämpften erotischen Empfindungen nehmen der Vorstellung von «Gourmet-Sex», wie Dr. Gottman ihn bezeichnet, etwas von seinem Reiz.

Das Wort *Quickie* ist natürlich kein wissenschaftlicher Terminus, doch das Konzept basiert auf einem wissenschaftlichen Verständnis des menschlichen Körpers. Laut Dr. Fisher werden sämtliche Wohlfühlsubstanzen ausgeschüttet, egal, ob der Liebesakt mehrere Stunden oder nur wenige Minuten dauert. Man müsse es sich als eine Art Sport vorstellen, sagt sie. Man gehe auch zum Training, wenn man mal keine Lust habe, einfach weil es gesund sei.

Der finanzielle Schock

Kinder kosten so viel mehr, als man denkt. Das US-Landwirtschaftsministerium hat ausgerechnet, dass eine Familie mit einem Durchschnittseinkommen von 57 400 US-Dollar insgesamt 237 000 US-Dollar braucht, um ein Kind von der Geburt bis zur Vollendung des 17. Lebensjahrs zu füttern, zu kleiden, zu beherbergen und auszubilden.[131] Dr. Whitehead nennt das den «finanziellen Schock».

«Die Aufgabe, Kinder zu versorgen, zu erziehen und auf ein erfolgreiches Erwachsenenleben vorzubereiten, fordert den Eltern größere Investitionen an Geld, Zeit und Aufmerksamkeit ab als jemals zuvor», sagt sie.[132]

Außerdem weist sie darauf hin, dass die Schätzung des Landwirtschaftsministeriums weder die Kosten für Sport und Musikunterricht noch jene für Klassenfahrten oder Sonderausgaben für medizinische Versorgung oder spezielle Förderung enthält. Für die Frauen gehen die Aufwendungen für Kinder zusätzlich mit dem Verlust von Einkommen und beruflichen Chancen einher, falls sie aus dem Arbeitsleben ausscheiden, um die Kinder zu versorgen. Laut Phillip Longman, dem Autor des Buches *Empty Cradle (Leere Wiege)*, bedeutet die Mutterschaft Einbußen im Lebenseinkommen einer Frau von fünf bis neun Prozent pro Kind.[133]

«Für viele Eltern führen die Kosten der Kindererziehung heutzutage deshalb zu mehr Schulden, geringeren Rücklagen für die Altersvorsorge, einem höheren wirtschaftlichen Risiko und größeren finanziellen Unsicherheiten», schreibt Dr. Whitehead. «Wenn es Erwachsenen nur um ihre materielle Bequemlichkeit ginge, dann wären sie tatsächlich verrückt, Kinder in die Welt zu setzen, da sie ohne Nachwuchs ein deutlich komfortableres Leben haben könnten.»[134]

Dr. Twenge, die Psychologin, die an der San Diego State University 148 Partnerschaftsstudien ausgewertet hat, fand dabei auch heraus, dass das Einkommensniveau eines Paars die Qualität der Beziehung nach der Geburt eines Kindes beeinflusst. Erstaunlicherweise hatten wohlhabendere Menschen dem Anschein nach stärker mit Problemen zu kämpfen, wenn Kinder kamen, als Angehörige der Mittelschicht. Unter den vermögendsten Paaren sank das Eheglück nach der Geburt eines Kindes um 22 Prozent, bei der Mittelschicht nur um sieben Prozent.[135]

Die Psychologin stellte fest, dass für wohlhabende Eltern, obwohl sie insgesamt mehr Geld für die Versorgung des Kindes ausgeben können, die Veränderungen in der Lebensweise drastischer sind als für Angehörige der Mittelschicht. Ausreichend finanzielle Mittel zur Verfügung zu haben, ermöglicht Reisen, gesellschaftliche Aktivitäten, Essen in teuren Restaurants und Hobbys wie Segeln, Tennis oder anderen Luxus. Doch jede

Mutter und jeder Vater weiß, dass der Freizeitspaß schlagartig vorbei ist, wenn man ein Baby bekommt.

Insofern könne es sein, meint Dr. Twenge, dass reichere Paare einen abrupteren Wandel in ihrem Leben und ihrer Beziehung zueinander erfahren. Die Aufgabe ihres bisherigen Lebensstils «kann sehr stressig für eine Ehe sein», sagt sie. Menschen mit weniger Geld konnten sich diese ganzen Vergnügungen ohnehin nicht leisten, deshalb haben sie weniger das Gefühl, etwas zu verpassen, wenn sie Kinder bekommen.

Der Stress zusätzlicher Hausarbeit

Kinder bedeuten für alle Beteiligten mehr Arbeit, doch Studien zeigen, dass die Haushaltslast sich unverhältnismäßig stark auf die Mütter verschiebt, wodurch eine neue Stressquelle in der Beziehung entsteht. Durch Kinder wächst die Hausarbeit für Frauen dreimal so stark an wie für Männer, wenn man Untersuchungen des Center on Population, Gender and Social Equality an der Universität von Maryland glauben darf.

In Minnesota befragte eine Gruppe von Forschern 261 Väter und Mütter zunächst während der Schwangerschaft und dann erneut, als das Baby sechs Monate alt war, über ihre häusliche Aufgabenverteilung. Die Väter berichteten von einem Arbeitszuwachs von 37 Prozent nach der Geburt des Kindes. Das ist ein ganz schöner Sprung, nur war es für die Frauen noch schlimmer. Die Mütter gaben an, nach sechs Monaten Elternzeit 64 Prozent mehr zu tun zu haben, sie verbrachten 49 Stunden mit Kinderbetreuung, im Gegensatz zu lediglich 26 Stunden bei den Männern. Bemerkenswert war auch, dass bei berufstätigen Eltern die Frauen ihre Arbeitsleistung im Job um elf Stunden pro Woche zurückschraubten, die Väter ihre dagegen im Durchschnitt um nur zwölf *Minuten* wöchentlich.

Diese ungleich verteilte Belastung durch Haushaltspflichten ist eine häufige Konfliktquelle für Eltern und kann eine Erklärung für die stark verringerte Zufriedenheit in der Ehe nach der Geburt von Kindern sein. Um dieses Problem zu lösen, müssten Paare sich um mehr Gleichberechtigung in der Verteilung häuslicher Aufgaben bemühen. Doch wie jeder weiß, ist das leichter gesagt als getan.

Moderne Eltern verbringen mehr Zeit mit ihren Kindern

Jeder weiß, dass Kindererziehung aufwendig ist, aber Studien zeigen, dass die Eltern von heute weit mehr Zeit in ihren Nachwuchs investieren als frühere Generationen.

Die Soziologen Suzanne Bianchi, John Robinson und Melissa Milkie von der Universität of Maryland verglichen die auf Kinderbetreuung verwendete Zeitmenge von Müttern und Vätern aus den Jahren 1965 und 2000. Die gute Neuigkeit: Verheiratete Väter kümmern sich heute doppelt so viel um ihre Sprösslinge wie 1965. Überraschend war, dass verheiratete Mütter, die heute zu einem höheren Anteil berufstätig sind als in den 1960ern, ebenfalls mehr Zeit mit ihren Kindern verbrachten als früher, und zwar im Jahr 2000 immerhin 20 Prozent mehr als 1965.

Alles in allem bedeutet das, dass viele Extrastunden in unsere Kinder investiert werden. John Sandberg und Sandra Hofferth von der University of Michigan verglichen Zahlen aus den Jahren 1981 und 1997. Dabei zeigte sich, dass die Kinder, die 1997 in Familien mit zwei Elternteilen aufwuchsen, sechs Stunden pro Woche mehr mit ihrer Mutter und vier Stunden mehr mit ihrem Vater verbrachten als die Kinder der Erhebung von 1981.

Wo nehmen die Eltern heutzutage nur die ganze zusätzliche Zeit für ihre Kleinen her? Vor allem Mütter haben einige ihrer

Haushaltspflichten abgegeben – zum Teil sind die Väter eingesprungen, zum Teil haben moderne Gerätschaften das Leben vereinfacht. Außerdem beschäftigen manche Familien Haushaltshilfen, und nicht zuletzt sind einige Wohnungen heute einfach ein bisschen staubiger, als sie es früher gewesen wären. Multitasking ist obendrein viel weiter verbreitet und ebenfalls eine Methode, mit der Eltern ihren Tag um ein paar Stunden verlängern können.

Doch leider knapsen sich viele Eltern die Extrazeit für die Kinder auch von erwachsenenorientierten Beschäftigungen ab. Die zusätzlich mit dem Nachwuchs verbrachten Stunden gehen also auf Kosten von Ehepartnern, Freunden, Verwandten und persönlichen Hobbys. Laut einer Forschungsgruppe aus Ohio bleibt einem Paar nach der Geburt eines Kindes nur etwa ein Drittel der Zeit, die es vorher miteinander hatte.

So wunderbar es auch ist, sich mit seinen Kindern zu beschäftigen, die Eltern müssen sich irgendwann entscheiden, was letztendlich am besten fürs Familienleben ist. Die mit den Kindern verbrachte Zeit darf nicht zu Lasten der elterlichen Beziehung gehen. Eine stabilere, zufriedenere Ehe ist immer gut für Kinder, selbst wenn es bedeutet, dass sie selbst weniger mit Mama und Papa unternehmen. Außerdem zeigen einige Studien auch, dass glücklich verheiratete Menschen *effektivere* Eltern sind als gestresste Partner in unzufriedenen Beziehungen.

Um Ihr schlechtes Gewissen zu besänftigen, wenn Sie nach einer langen, hektischen Arbeitswoche einen Babysitter engagieren, hier noch ein interessantes Forschungsergebnis: In ihrer bahnbrechenden Studie «Ask the Children» («Frag die Kinder») sammelte Ellen Galinsky Antworten von über 1000 Kindern im Alter von acht bis 18 Jahren. Dabei stellte sie fest, dass die meisten gar nicht so viel Zeit mit ihren Eltern verbringen wollen, wie diese gemeinhin annehmen. Unter anderem fragte Dr. Galinsky, was die Kinder sich wünschen würden, wenn sie könnten:

«Stell dir vor, du hast einen Wunsch frei, aber nur einen Wunsch, der die Arbeit deines Vaters oder deiner Mutter betrifft: Was würdest du dir dann wünschen?»

Fast 60 Prozent der Erwachsenen glauben, ihre Kinder würden sich mehr gemeinsame Freizeit wünschen. Doch so gern die lieben Kleinen grundsätzlich mit ihren Erzeugern zusammen sind, baten sie dennoch um etwas anderes. «Sie wünschten sich, dass ihre Eltern weniger gestresst und weniger müde seien», sagt Dr. Galinsky.[136]

Sind Kinder an allem schuld?

Die meisten Studien über Kinder und eheliche Zufriedenheit lassen denselben Trend erkennen: Mit der Geburt des ersten Kindes lässt das Beziehungsglück rapide nach. Die Talfahrt hält an, bis der Nachwuchs in die Pubertät kommt, und die Kurve neigt sich erst wieder allmählich nach oben, wenn die Kinder von zu Hause ausziehen.

Richard B. Miller von der Brigham Young University erwähnt einen Studenten, der ihm einmal eine naheliegende Frage stellte: «Warum sollte ein Paar überhaupt Kinder wollen, wenn sie die Ehe so durcheinanderbringen?»

Dr. Miller ist davon überzeugt, dass die Daten über Ehe und Elternschaft den Kindern zu viel Verantwortung zuschieben. Er verweist darauf, dass die statistische Achterbahnschleife ehelichen Glücks eine bunte Mischung aus sehr glücklichen, einigermaßen glücklichen, etwas und sehr unglücklichen Paaren darstellt. Die endgültige Zahl ist letztlich der Durchschnitt aus all diesen Gruppen. Nur weil die U-förmige Kurve anzeigt, dass die Zufriedenheit in der Partnerschaft steil absinkt, wenn Kinder kommen, heißt das noch lange nicht, dass jedes Elternpaar deprimiert ist.

Gleichzeitig stehen natürlich auch einige Menschen über dem Durchschnitt und erhalten ihr Eheglück aufrecht oder steigern es sogar noch, wenn sie Kinder bekommen.

«Selbst wenn die U-förmige Kurve den ‹Mittelwert› vieler Ehepaare abbildet, sind nicht alle Menschen dazu verdammt, dasselbe Auf und Ab in ihrer Partnerschaft zu erleben», schreibt Dr. Miller. «Die Forschung zeigt, dass die Zufriedenheit in einer Ehe im Laufe eines Lebens generell relativ stabil ist und nur leichten Schwankungen unterliegt. Die Verantwortlichkeiten von Eltern, ganz besonders während der Anfangsjahre einer Ehe, sind nicht die Hauptursache für negative Veränderungen im Wohlbefinden der Partner.»

Ohne Zweifel sind Kinder ein Grund für Stress – doch das heißt noch lange nicht, dass sie der einzige oder der wichtigste sind. Dr. Miller zufolge sind es Themen wie Beruf, finanzielle Probleme, Hilfe von Verwandten oder von der Elternschaft unabhängige körperliche und emotionale Veränderungen, die ebenfalls den Zustand einer Ehe prägen, die jedoch in vielen Studien über Kinder und Partnerschaft nicht voll berücksichtigt werden. Die Ehe, so Dr. Miller, durchlaufe «mit der Zeit gemäßigte, keine dramatischen Veränderungen». Die gesunkene Zufriedenheit nach der Geburt von Kindern sei «mehr eine Senke als ein Schlagloch».[137]

Doch wie tief ist diese Senke in der Straße der Ehe? Vergleichen wir einmal die Zufriedenheit von Paaren mit und Paaren ohne Kinder. Ein gewisses Nachlassen der Glücksgefühle ist in jeder Ehe unvermeidlich. Wissenschaftliche Untersuchungen beweisen, dass bei allen verheirateten Paaren in den Anfangsjahren der Beziehung die Zufriedenheit abnimmt, dann nämlich, wenn die Schwärmerei der ersten Verliebtheit der Realität eines gemeinsamen Alltags weicht. Die Frage lautet daher: Wie viel zusätzlichen Effekt haben Kinder?

In ihrer Analyse der 148 teilweise bereits älteren Studien stellte Dr. Twenge fest, dass kinderlose Paare zwar von größerer Zufriedenheit in der Partnerschaft berichteten, der durchschnittliche Unterschied zwischen Eltern und kinderlosen Paaren aber nicht weltbewegend war. Zwar klagten Eltern über eine verschlechterte Beziehungsqualität nach der Geburt ihrer Kinder, doch die anderen Paare erlebten ebenfalls Rückschläge, wenn auch aus anderen Gründen. In jeder Beziehung gibt es Ebbe und Flut, ob nun mit oder ohne Nachwuchs. Die Daten zeigten, dass das Eheglück alles in allem bei Kinderlosen nur um zehn Prozent höher lag als bei Eltern.

Überlegen Sie sich mal, was das bedeutet. Auf einer Skala von 0 bis 100: Wie hätten Sie Ihre Ehe vor den Kindern bewertet? Sagen wir mal, Sie hätten sich ursprünglich eine 90 gegeben, dann hätten die kleinen Racker Sie auf 81 gedrückt. Wenn Ihre Ehe etwas schwieriger war, wäre es vielleicht eine 70 geworden, was nach dem Kinderpunktabzug eine 63 ergibt. Ob diese Herausforderung einen messbaren Effekt auf Ihre Beziehung hat, hängt also von der Stabilität Ihrer Partnerschaft ab – und nicht von den Kindern allein.

Alle Forscher, die sich mit Kindern und Eheforschung befassen, sind sich in einem entscheidenden Punkt einig: Im Laufe eines Lebens wird die Zufriedenheit von einer Kombination von Faktoren beeinflusst – Familie, Kinder, Beruf, Gesundheit, finanzieller Erfolg, Stress und noch zahlreiche andere Variablen. Auch wenn die wissenschaftlichen Studien über Elternschaft zeigen, dass die Qualität einer Beziehung nachlässt, wenn ein Baby auf die Welt kommt, ändert sich dadurch nicht das Gesamtglück des Lebens. Letztlich stibitzen Kinder vielleicht ein wenig Zufriedenheit aus der Ehe, bringen aber auf andere Weise zusätzliches Glück, sodass die Gesamtbilanz gleich bleibt oder sich sogar verbessert und sich nur der Schwerpunkt von Gut und Schlecht ein bisschen verschiebt.

Alles in allem sind verheiratete Eltern genauso glücklich mit ihrem Leben wie kinderlose Paare. Wenn man Menschen fragt, was die Hauptquelle persönlicher Erfüllung für sie ist – Ehe, Familie, Arbeit etc. –, dann landen Kinder stets ganz oben auf der Liste.

«Es ist wichtig, darauf hinzuweisen, dass wir die *eheliche* Zufriedenheit gemessen haben, nicht die allgemeine Zufriedenheit», sagte Dr. Twenge. «Die Botschaft lautet daher nicht ‹Bekommt keine Kinder›, sondern ‹Bekommt nicht deshalb Kinder, um eure Ehe zu verbessern›. Den Menschen sollte bewusst sein, dass die Zeit mit Kindern schwierig wird, damit sie sich darauf vorbereiten können.»[138]

Nur wie bereitet man sich darauf vor? Forscher haben mehrere Methoden entdeckt, mit deren Hilfe Paare den Stress der Elternschaft bewältigen und trotzdem eine erfüllende Ehe führen können.

Wie man sich um die Kinder und die Ehe kümmert

Philip und Carolyn Cowan haben ihre akademische Karriere der Erforschung von Ehe und Familie gewidmet, insbesondere der Frage, was mit einer Beziehung passiert, wenn Kinder da sind. Ihr berufliches Interesse an diesem Thema entspringt ihren eigenen Erfahrungen und Herausforderungen als frischgebackene Eltern Jahre zuvor. Phil und Carolyn lernten sich in den 1950ern als Teenager kennen. Wie viele Angehörige ihrer Generation heirateten sie jung – Carolyn war erst 19, Philip 21. Nach einigen Jahren Ehe bekamen sie das erste ihrer drei Kinder. Als Carolyn zum zweiten Mal schwanger war, zog die Familie fort von Familie und Freunden in Kanada, weil Philip eine Stelle an der Universität von Kalifornien in Berkeley annahm.

Die Kinder, der neue Job und der Umzug forderten dem jungen Paar viel ab. Als die Kinder in die Grundschule kamen, war die Beziehung schon ernsthaft strapaziert. Gleichzeitig stellten die beiden erstaunt fest, dass die Freunde und Nachbarn um sie herum, von denen viele bereits zehn oder 15 Jahre verheiratet waren, sich zu trennen begannen. Durch Gespräche miteinander und mit anderen Paaren stellten sie fest, dass in praktisch jedem Fall die Probleme um den Zeitpunkt der Geburt des ersten Babys herum begonnen hatten. «Wir merkten, dass wir nicht die Einzigen waren, die zu kämpfen hatten», sagt Carolyn.

Die Cowans aber bauten ihre eigene Beziehung systematisch wieder auf, indem sie besonders auf ihre Problembereiche achteten und langsam die Intimität zurückgewannen, die verlorengegangen war. Da sie beide ausgebildete Psychologen waren, entwickelten sie außerdem ein berufliches Interesse an dem Thema und stellten sich die Frage, ob sie anderen Paaren nicht irgendwie helfen konnten, die drastischen Veränderungen im Leben durch die Elternschaft zu überstehen.

Damals kamen gerade Geburtsvorbereitungskurse in Mode, in denen werdende Eltern sechs oder acht Wochen lang gemeinsam lernen, was sie während Schwangerschaft und Geburt zu erwarten haben. Den Cowans erschien es merkwürdig, dass ein Paar sich wochenlang auf einen einzigen Tag im Leben des Kindes vorbereitete, aber so gut wie auf sich allein gestellt war, wenn es um die nächsten 18 Jahre ging. Wäre es nicht sinnvoll, überlegten sie, Paare auch in der Zeit nach der Geburt mit Rat und Tat zur Seite zu stehen?

Das Ergebnis war eine richtungweisende zehnjährige Studie, die als das «Becoming a Family Project» («Projekt ‹Wie wird man eine Familie›») bekannt wurde. Die Cowans erhoben die Daten von 96 Ehepaaren und begleiteten sie von der Schwangerschaft bis zum Vorschulalter der Kinder. Die Resultate gelten allgemein als grundlegend für die Eheforschung und Scheidungsprävention. Vor allem aber machen sie Eltern Hoffnung, die versuchen, sich die Beziehung wieder zu erarbeiten, die sie vor den Kindern hatten.

Der Weg zur Elternschaft ist entscheidend

Manche Paare planen ihre Kinder genau. Sie diskutieren sogar vorab ihre künftigen Rollen als Eltern und besprechen, wie sie die Kinderbetreuung, Hausarbeit und die beruflichen Alternativen aufteilen möchten. Andere lassen die Dinge einfach «passieren». Der Grund könnte sein, dass ein Paar sich nicht einig ist, ob dies der richtige Zeitpunkt zur Familiengründung ist. Häufig gibt ein Partner – üblicherweise der Mann – irgendwann nach, entweder um den Frieden zu wahren, oder weil er wirklich zwiegespalten ist, was die Vaterschaft betrifft.

In der Familienstudie der Cowans waren die Paare, die sich in der Kinderfrage unsicher oder uneinig waren oder es einfach «passieren» ließen, viel häufiger unglücklich und hatten daher auch ein deutlich höheres Scheidungsrisiko. Paare hingegen, die ihren Nachwuchs genau planten oder bei denen sich beide Partner in gleichem Maße freuten, Eltern zu werden, schafften es viel öfter, ihr Eheglück zu erhalten oder sogar noch zu steigern, nachdem das Baby da war.

Wenn Sie bereits Kinder haben, kann Ihnen die Frage, wie die Entscheidung für den Nachwuchs damals bei Ihnen zustande kam und ob Sie beide überzeugt davon waren, wichtige Einsichten in Ihre heutige Beziehung liefern. Falls Sie noch keine Kinder haben, sollten Sie darauf achten, dass Sie beide sich in gleichem Maße auf Ihr neues Leben als Eltern einlassen möchten. Wenn einer von Ihnen vorprescht, ohne die volle Unterstützung des Partners zu besitzen, könnte es gut sein, dass Sie harte Zeiten vor sich haben und Ihre Beziehung das Elterndasein nicht überlebt.

Versuchen Sie, die Geschlechterrollen zu durchbrechen

Nach der Geburt eines Kindes haben Mütter häufig mehr im Haushalt zu tun und müssen ihre bezahlte Arbeit einschränken. Bei den Männern steigt die Beteiligung an der Hausarbeit leicht an, obwohl sie im Beruf oft genauso viel oder sogar mehr arbeiten als vorher. Die Frau ärgert sich über die mangelnde Unterstützung des Mannes, der wiederum hat das Gefühl, festzustecken – er arbeitet viel und versäumt zugleich wertvolle Zeit mit der Familie.

Mit Sicherheit ist es nicht einfach, sich innerhalb einer Beziehung von den Geschlechterrollen zu befreien, aber nie ist es wichtiger als in dem Moment, wenn man Kinder bekommt. Die Väter müssen ihre sichere «Ernährer»-Zone verlassen und erkennen, dass Vaterschaft mehr bedeutet als nur finanzielle Unterstützung. Noch wichtiger aber ist, dass die Frauen einen Teil ihrer mütterlichen Macht abtreten und ihren Männern eine Chance geben, sich an der alltäglichen Betreuung zu beteiligen.

Das war eine wichtige Erkenntnis einer vom California Department of Social Services Office of Child Abuse Prevention (einer auf Schutz von Kindern spezialisierten Unterabteilung des kalifornischen Sozialamts) finanzierten, großangelegten Studie über Vaterschaft, die nach Wegen suchte, Väter stärker in staatliche Familienprogramme einzubeziehen. Ziel der Untersuchung war, herauszufinden, welchen Einfluss die Frau auf die Rolle des Vaters in der Familie hat.

In der Studie wurden Paare mit geringem Einkommen willkürlich auf drei Gruppen verteilt. Zwei Gruppen – in der einen nur die Väter, in der anderen beide Elternteile – erhielten 16 Wochen lang eine Elternberatung. Die Paare einer Kontrollgruppe nahmen lediglich an einer einzigen Informationssitzung teil.

Am Ende verbrachten in den beiden betreuten Gruppen die Väter mehr Zeit mit ihren Kindern und halfen auch im Alltagsleben mehr mit. Diese Väter hatten eine emotional stärkere Bindung zu ihren Kindern, und die Sprösslinge zeigten weniger Verhaltensprobleme im Vergleich zu jenen der Kontrollgruppe.

Allerdings schnitten am allerbesten diejenigen Väter ab, die gemeinsam mit ihren Frauen an der Beratung teilnahmen. Sie berichteten von weniger Elternstress und mehr Zufriedenheit in der Partnerschaft als alle anderen Testpersonen. Das lässt vermuten, dass es nicht ausreicht, die Väter einfach nur zu bitten, sich stärker um ihre Kinder zu kümmern und einen größeren Anteil der Arbeitsbelastung zu übernehmen. Noch besser erfüllen sie ihre Vaterrolle, wenn sie von ihren Frauen dabei unterstützt werden.

Jetzt denken Sie vermutlich: Selbstverständlich begrüßen die Frauen die Bemühungen ihrer Männer, sich im Haushalt nützlich zu machen. Doch die Forschung zeigt, dass das nicht immer der Fall ist. Eine schwierige Lektion, die viele Mütter lernen müssen, ist die, dass sie sich einen Teil des Elternstresses selbst aufladen, da sie nicht wenigstens hin und wieder ein wenig Kontrolle abgeben. Frauen beklagen sich häufig, dass ihre Männer nicht genug helfen, aber wenn sie es dann doch tun, werden sie von ihren Partnerinnen oft unbewusst an den Rand gedrängt und unabsichtlich demotiviert, indem diese ihnen bis ins kleinste Detail vorschreiben, wie sie das Baby zu baden oder die Windeln zu wechseln haben.

In den USA gab es eine Fernsehserie namens *John and Kate Plus Eight* über den Alltag einer Familie mit acht Kindern. Die Zuschauer konnten Woche für Woche verfolgen, wie Kate ihren Gatten schalt, weil er die Kinder in den Sonntagskleidern im Matsch spielen ließ oder ihnen die falschen Schuhe anzog. Jede Mutter kann diese Art von Frustration nachvollziehen, doch es auf dem Fernsehbildschirm zu sehen, machte sehr deutlich, wie demotivierend und herabwürdigend diese Form von Kritik für einen Vater sein kann. Wie viele Frauen haben ihre Ehemänner schon geschimpft, wenn sie nach Hause kamen und ihn beim Videospielen mit den Kindern erwischten? Nicht weil Videospielen generell verboten war – immerhin gab es eine Spielkonsole im Haus. Aber vielleicht hätte die Mutter es lieber gesehen, wenn ihre Kinder ein Buch gelesen oder draußen gespielt hätten. Ist es wirklich fair, den Erziehungsstil des Mannes zu kritisieren, nur weil er anders ist als der eigene?

Einige Studien zeigen, dass die Vaterqualitäten eines Mannes nicht hauptsächlich von den Gefühlen für seine Kinder abhängen, sondern vielmehr von der Beziehung zu seiner Frau. Wenn die Mutter etwas von ihrer Macht abgibt und den Vater auf seine eigene Art mit den Kindern umgehen lässt (einschließlich Videospielen), ist er tendenziell glücklicher mit seiner Frau und kümmert sich auch mehr um die Kinder.

Das mag jetzt vielleicht banal klingen, doch regelmäßige Gespräche mit anderen Eltern (genau wie Dampfablassen, Jammern und Weinen) können es leichter machen, die Anforderungen der Kindererziehung zu bewältigen und etwas von der Anspannung aus der Ehe zu nehmen. In der Cowan'schen Studie hatten Gruppenberatungssitzungen bereits in den ersten Lebensmonaten der Säuglinge einen positiven Effekt auf die Stabilität der Beziehung.

Eltern, die während der letzten drei Monate der Schwangerschaft und der ersten drei Monate nach der Geburt an Paartherapie-Gruppensitzungen teilnahmen, waren viel häufiger noch verheiratet, wenn das Kind in die Vorschule kam, als andere. Spätere Untersuchungen erwiesen, dass die Betreuung von Eltern, solange ihre Kinder noch im Säuglingsalter waren, sogar dann noch positiv nachwirkte, wenn das Kind im Highschool-Alter war. Selbst wenn Elternpaare sich keinen professionellen Rat einholen wollen oder können – die Studie ließ erkennen, dass viele Probanden allein von dem Gruppeneffekt profitierten, also davon, dass sie nicht die Einzigen waren, die mit ihrer Doppelrolle als Ehepartner und Eltern zu kämpfen hatten.

Junge Väter und Mütter sollten sich daher nicht abkapseln, sondern die Gesellschaft anderer junger Eltern suchen. Dann wird ihnen schnell bewusst, dass ihre Schwierigkeiten universell sind und keineswegs die Folge eines spezifischen Problems in ihrer Beziehung. Außerdem sollte man generell nicht unterschätzen, wie wichtig es ist, seinem Ärger auch außerhalb der Beziehung mal Luft zu machen. Der eigene Partner weiß ja schon, wie anstrengend es ist, und sich zu Hause zu beschweren, vergrößert den Stress nur noch. Unterhaltungen mit Außenstehenden hingegen können helfen, die Spannungen und Frustrationen zu verarbeiten, ohne gleich neue Probleme in der Ehe loszutreten.

Sehr wahrscheinlich haben Sie diesen Ratschlag schon mal gehört. Obwohl ich wusste, dass dies wichtig ist, war ich, als mein Baby auf die Welt kam, schlicht und ergreifend völlig verzückt von ihm und wollte mir gar keine Zeit für andere Dinge nehmen. Ich fand es toll, mit meiner Tochter zusammen zu sein, und verspürte keinen Drang danach, weniger Zeit mit ihr zu verbringen.

Leider konzentrieren sich junge Eltern fast ausnahmslos so stark auf ihr Kind, dass sie völlig vergessen, sich auch umeinander zu bemühen. Eines der deutlichsten Ergebnisse der Familienforschung ist, dass die glücklichsten Paare auch ihrer Beziehung reichlich Zeit einräumen und nicht ihre gesamte Kraft der Kinderbetreuung widmen. «Niemand nimmt das ernst genug», sagt Philip Cowan. «Meistens sind beide Elternteile berufstätig und haben ein schlechtes Gewissen, wenn sie noch mehr Zeit von den Kindern für sich abzweigen.»

Wobei Dr. Cowan betont, dass man nicht unbedingt einen riesigen Aufwand betreiben muss, sondern viele Paare schon davon profitieren, wenn sie sich nach einander erkundigen. Fragen Sie Ihren Partner einfach mal: «Wie geht es dir?» – oder noch besser: «Wie geht es uns?» Allerdings sollten Sie diese Fragen nicht im Vorbeigehen stellen oder wenn Sie gerade die Kinder ins Bett schicken. Nehmen Sie sich vielmehr zehn Minuten Zeit und hören sich die Antwort an. Das mag vielleicht nach einer Kleinigkeit klingen, doch inmitten des Trubels und Rummels einer Familie, besonders wenn ein Säugling im Haus ist, bauen diese kleinen Momente aufeinander auf und sorgen dafür, dass Sie und Ihr Partner nicht die Verbindung verlieren oder sie zumindest allmählich wieder knüpfen.

Die Cowans betonen, dass Eltern, die ihre Kinder wirklich von Herzen lieben, etwas von ihrer Zeit mit den Sprösslingen opfern sollten, um sich einander zu widmen. Die Forschung hat bewiesen, dass diese Entscheidung sich bezahlt machen wird. Im Rahmen des erwähnten Projekts «Becoming a Family» wurden 80 Lehrer unterschiedlicher Schulen gebeten, die Kinder der teilnehmenden Familien zu bewerten. Aus dieser Erhebung ergab sich eine wichtige Tendenz: Jene Kinder, die in schulischen Leistungen und sozialer Anpassung am besten abschnitten, kamen aus Familien, deren Eltern glückliche Beziehungen führten. Sich Zeit für den Partner zu nehmen, ist nicht selbstsüchtig, es ist vielmehr das Beste, was Sie für alle Beteiligten tun können.

Der Kindergarteneffekt

Generell zeigt die Datenlage zwar, dass es mit dem Eheglück der Eltern erst wieder aufwärts geht, wenn die Kinder von zu Hause ausziehen, doch einige Ergebnisse lassen auch vermuten, dass Partnerschaft und Familienleben sich schon drei bis fünf Jahre nach der Geburt eines Kindes wieder leicht entspannen können.

Eine großangelegte schwedische Untersuchung begleitete 500 000 Frauen, von denen 80 000 geschieden waren. Es ging darum, zu erforschen, wie sich unterschiedliche Kombinationen von biologischen und Stiefkindern auf das Scheidungsrisiko eines Paares auswirken. Generell sank das Trennungsrisiko, wenn das letzte Kind drei Jahre alt wurde, wobei es bei manchen Paaren auch bis zum sechsten Lebensjahr des letzten Kindes dauerte.

Andere Daten, die bei Erhebungen über Elternschaft und Sex gewonnen wurden, sprechen dafür, dass die «Unterbrechung» der Intimität, die junge Eltern so häufig erleben, etwa drei Jahre anhält. Eine weitere, unter afroamerikanischen Paaren durchgeführte Studie stützt die Vorstellung von einem «Kindergarteneffekt»: Im Rahmen dieser Untersuchung berichteten Eltern von einer verbesserten Ehequalität, wenn der Nachwuchs ins Kindergartenalter kam. Auch die Scheidungsmuster in Amerika und anderen Ländern legen nahe, dass die Schwierigkeiten in einer Ehe allmählich nachlassen, sobald das Kind das dritte oder vierte Lebensjahr erreicht.

Natürlich gibt es auch Studien, die diesen Ergebnissen widersprechen und zu dem Schluss kommen, dass sich die Beziehung der Eltern im Großen und Ganzen trotzdem erst wieder erholt, wenn die erwachsenen Söhne und Töchter das Haus verlassen haben. Dennoch hat es den Anschein, als würde die Situation für viele Paare leichter, wenn das Kind drei bis fünf Jahre alt ist.

Das leuchtet jedem ein, der selbst Vater oder Mutter ist. Selbstverständlich sind Kinder in jedem Alter anstrengend, aber wenn sie endlich den Windeln entwachsen sind, alleine essen können und vor allem in die Schule gehen, wird vieles unkomplizierter. Was jetzt nicht heißen soll, dass alles wie von alleine läuft, sobald die Kleinen im Kindergarten sind. Auch Teenager sorgen nachweislich für eine ganz neue Art von Stress und Belastung in der Familie, und jeder, der ein pubertierendes Kind zu Hause hat, kennt den logistischen Albtraum, den eigenen Beruf mit außerschulischen Aktivitäten wie Sporttraining, Lerngruppen und Chorproben unter einen Hut zu bringen, ganz zu schweigen von ersten Verabredungen, zu spätem Nachhausekommen und nicht gemachten Hausaufgaben.

Einsichten aus dem leeren Nest

Wie bereits dargestellt, lässt die Zufriedenheit in einer Partnerschaft nach, sobald das erste Kind auf die Welt kommt, und steigt wieder an, wenn das letzte auszieht. Was also geht in dem leeren Nest vor sich, dass es plötzlich wieder zu einem fröhlicheren Ort wird? Und können wir einige der obigen Erkenntnisse praktisch anwenden, um den Stress der Elternschaft zu lindern, solange das Nest noch voll ist?

Selbstverständlich vermissen Eltern ihre Kinder, wenn sie ausziehen, um aufs College zu gehen, zu heiraten oder ihre erste Stelle anzutreten. Doch obwohl ein leeres Haus auch ein wenig einsam sein kann, genießen Männer wie Frauen auch die größere Freiheit und gelockerte Verantwortung.

«Es ist nicht so, als wäre ihr Leben vorher schrecklich gewesen», erklärt Sara Melissa Gorchoff, die sich an der Universität von Kalifornien in Berkeley auf Erwachsenenbeziehungen spezialisiert hat. «Die Eltern waren glücklich mit ihren Kindern. Aber die Ehen wurden einfach besser, nachdem der Nachwuchs von zu Hause ausgezogen war.»

Ein großer Teil der Forschung über Kinder und Eheglück konzentriert sich auf die Anfangsjahre. Um die längerfristigen Auswirkungen zu begreifen, beobachteten daher Wissenschaftler aus Berkeley 72 Frauen in einer Längsschnittstudie, der *Mills Longitudinal Study*, die eine Gruppe ehemaliger Studentinnen des Mills College 50 Jahre lang begleitete.

Diese Studie ist deshalb so wichtig, weil sie die erste Generation von Frauen zum Gegenstand hat, die traditionelle Familienaufgaben mit Berufstätigkeit zu vereinen versuchte. Um der eingangs gestellten Frage auf die Spur zu kommen, befragten die Forscher die Frauen einmal mit etwa Mitte 40, als viele noch Kinder im Haus hatten, dann wieder mit Anfang 50, als einige der älteren Kinder schon ausgezogen waren, und schließlich mit über 60, als praktisch alle Jungen flügge geworden waren. Im Anschluss verglichen sie sämtliche Daten miteinander.

Es stellte sich heraus, dass sich in jeder Befragungsphase jene Probandinnen mit den bereits leeren Nestern glücklicher in ihrer Ehe zeigten als die Frauen, die noch Kinder im Haus hatten. Das Ergebnis deckt sich mit dem eines anderen Berichts, der vor der American Psychological Association, dem amerikanischen Fachverband für Psychologie, präsentiert wurde. Darin wurden ein Dutzend Elternpaare zunächst befragt, als ihr Kind den Schulabschluss machte, und daran anknüpfend zehn Jahre später noch einmal. Diese kleine Untersuchung zeigte ebenfalls, dass der Großteil der Eltern die eigene Ehe als befriedigender empfand, nachdem die Kinder ausgezogen waren.

Die Hypothese der Wissenschaftler aus Berkeley für die Mills-College-Studie lautete, der Zuwachs an Zufriedenheit rühre daher, dass die Paare mehr Zeit füreinander hätten. Doch zum Erstaunen der Forscher blieb die Menge der mit dem Partner verbrachten Zeit bei den Befragten gleich, ob nun die Kinder noch im Haus lebten oder nicht. Und das trotz der ganzen zusätzlichen Stunden, die ein Paar eigentlich dazugewinnen müsste, wenn es wieder allein lebt. Dafür veränderte sich jedoch die *Qualität* des Miteinanders.

«Es gibt weniger Unterbrechungen und weniger Stress, wenn keine Kinder mehr im Haus leben», sagt Dr. Gorchoff. «Die Partner verbrachten nicht mehr Zeit miteinander, nachdem die Kinder ausgezogen waren, aber die Qualität der gemeinsamen Stunden verbesserte sich.»

Das sind gute Neuigkeiten für Eltern, deren Kinder noch zu Hause wohnen, denn es bedeutet, dass Sie nicht unbedingt mehr Zeit füreinander herausschlagen müssen. *Sie müssen nur die Stunden, die Ihnen gemeinsam zur Verfügung stehen, besser nutzen*. Laut Dr. Gorchoff könnte die Lektion daraus lauten, dass Eltern mehr *stressfreie* Zeit miteinander verbringen müssen. «Kinder ruinieren nicht das Leben ihrer Eltern», sagte sie. «Sie erschweren es nur ein wenig, erfreuliche Momente zusammen zu erleben.»

Das Fazit aus der wissenschaftlichen Erforschung von Elternschaft und Beziehung lautet daher: Der beste Weg, sich um seine Kinder zu kümmern, ist der, sich um seine Ehe zu kümmern.

Das ist ein trügerisch simpler Ratschlag, nur leider ist er schwer umzusetzen, wenn man ein weinendes Baby auf dem Arm hat oder zwei Kinder, die am selben Tag ein Fußballturnier und eine Ballettvorstellung absolvieren sollen. Paaren, die keine Kinder haben, kann man das Chaos und den Organisationsaufwand, die zu einer Familie gehören, nur schwer erklären. Und für Eltern, die sich an den Leistungen und dem Glück ihrer

Kinder erfreuen, ist es oft schwer zu akzeptieren oder auch nur zu glauben, dass diese niedlichen Wonneproppen die Ehe ihrer Erzeuger derart zu strapazieren in der Lage sind.

Es lässt sich nicht leugnen, dass Kinder erhebliche Herausforderungen an die Stabilität und Qualität der elterlichen Partnerschaft stellen. Es wird einfach immer wieder Tage geben, an denen die Partner ihre Beziehung vernachlässigen müssen. Es wird Zeiten geben, in denen die Frau findet, der Mann helfe ihr nicht genug mit den Kindern. Und es wird Momente geben, in denen der Vater sich ins Abseits gedrängt fühlt, weil seine Frau ihm ständig vorschreibt, wie er Haushalts- und Elternpflichten zu erledigen hat.

Doch schon das Wissen, dass man mit seinen Problemen nicht allein ist, dass andere Paare die gleichen Schwierigkeiten haben, Ehe und Kinder zu vereinbaren, kann eine Erleichterung sein. Ein frischgebackener Vater aus meinem Bekanntenkreis vertraute mir an, dass die Geburt seines ersten Kindes mit einer enorm stressigen Phase in seiner Ehe zusammengefallen sei. Wir unterhielten uns ausführlich über die Forschungsdaten im Hinblick auf Kinder und Eheglück, die sich mit seinen eigenen Erfahrungen deckten.

Anstatt über die schlechten Nachrichten bestürzt zu sein, atmete er auf. «Du machst dir keine Vorstellung, wie sehr es mir hilft, zu hören», sagte er, «dass das anderen auch passiert.» Allerdings bedeutet das nicht, dass wir in Zukunft weniger von unserer Ehe erwarten oder uns dem Stress beugen sollten, wenn wir Kinder bekommen. Kluge Eltern werden sich alle Mühe geben, hier und da ein paar Minuten für ein kurzes Gespräch, für ein Lachen oder sogar ein Weinen abzuzweigen. Das Ziel ist, inmitten des Chaos die Verbindung nicht zu verlieren, gemeinsame Momente zu nutzen, wann immer es geht, und sich so oft wie möglich Zeit füreinander zu nehmen.

Und wenn alle Stricke reißen, nicht vergessen: Es geht wirklich wieder aufwärts – eines Tages.

Der Haushaltskrieg:

Die Wissenschaft von der Hausarbeit

> Ehe ist nicht nur eine spirituelle Gemeinschaft; man muss auch daran denken, den Müll rauszubringen.
>
> *Dr. Joyce Brothers*

Ein Vater aus meinem Bekanntenkreis hatte unlängst Streit mit seiner Frau, wusste aber nicht so ganz genau, warum. An einem verlängerten Wochenende hatte er sich extra Mühe gegeben und sich im Haushalt nützlich gemacht.

«Hast du gemerkt, dass ich dir mit dem Geschirr geholfen habe?», prahlte er am Sonntagabend vor seiner Frau.

Sie, eine schwerbeschäftigte dreifache Mutter und ehrenamtliche Gemeindehelferin, die ihren Mann unter der Woche nur selten zu Gesicht bekam, war fassungslos. Am nächsten Tag war er immer noch verwirrt. Warum war sie so wütend auf ihn?

Nach jahrelangen Gesprächen mit Paaren, Beziehungsforschern und meinen eigenen Freundinnen hatte ich eine ziemlich deutliche Ahnung. «Wie kommt es, dass du ihr ‹hilfst›, obwohl du nur dein eigenes Haus saubermachst?», fragte ich.

Er sah mich kleinlaut an und nahm sich fest vor, seiner Frau am selben Abend noch zu sagen, wie sehr er sie schätze.

Es war lediglich ein belangloser Streit, dennoch spielen sich solche Szenen in dieser oder jener Form jeden Tag in Haushalten auf der ganzen Welt ab. Hausarbeit, ob nun Geschirr spülen, Waschen, Klo putzen oder die Kleider vom Schlafzimmerboden aufheben, ist eine der häufigsten Konfliktquellen bei Ehepaaren. So stumpfsinnig und alltäglich dieses Thema auch ist, es kann dramatische Auswirkungen auf eine Beziehung haben.

Allgemein sind Paare der Ansicht, eine gerechte Aufteilung

der Hausarbeit sei wesentlich für eine glückliche Ehe. Die meisten finden das laut einer Studie des Pew Research Center aus dem Jahr 2007 sogar wichtiger für die Qualität der Beziehung, als Kinder zu haben. Von den 2020 nach dem Zufallsprinzip befragten amerikanischen Erwachsenen gaben 62 Prozent an, sich das Putzen und Aufräumen zu teilen, sei «sehr wichtig» für eine Ehe, 1990 waren es noch 47 Prozent.[139]

Im Jahr 1989 prägte die Soziologin Arlie Hochschild den Begriff, der das Leben einer ganzen Generation berufstätiger Frauen definieren sollte. In ihrem Buch *Der 48-Stunden-Tag* beschrieb sie, was viele Betroffene längst wussten: Eine Revolution, die Frauen aus dem Heim und in bezahlte Arbeit drängte, hatte, wenn überhaupt, nur unerhebliche Auswirkungen auf ihre häuslichen Pflichten. Im Grunde genommen hängten die Frauen noch eine «zweite Schicht» an (so der englische Titel des Buches), indem sie im Anschluss an ihren Arbeitstag im Beruf den Haushalt in Angriff nahmen. Die zusätzlichen Stunden dieser zweiten Schicht, errechnete Dr. Hochschild, beliefen sich auf mindestens einen Monat zusätzliche Arbeit pro Jahr.

Natürlich sind in manchen Haushalten die Rollen vertauscht, und die Männer erledigen den Großteil der Hausarbeit. Der Forschung zufolge haben etwa zehn Prozent der Männer das Gefühl, die Arbeitsteilung in ihrer Ehe benachteilige sie. Im Vergleich dazu beklagen sich allerdings 60 Prozent der Frauen über eine ungerecht verteilte Haushaltsbelastung. Diverse Studien zeigen, dass sowohl in den USA als auch im Rest der Welt die Frauen im Durchschnitt weit mehr an Hausarbeit und Kinderbetreuung schultern als die Männer.

Doch die Herren der Schöpfung sind nicht allein schuld an der ungleichen Verteilung der ungeliebten Tätigkeiten, denn für viele Frauen entspringt ihre Macht innerhalb der Beziehung der Kontrolle über Heim und Kinder. In der Fachsprache nennt man dieses Phänomen «Gatekeeping». Der «Gatekeeper», zu Deutsch «Torwächter», bewacht oder verschließt den Zugang zu seinem Kompetenzbereich. An der Heimatfront kann ein solches Verhalten eine tiefe Kluft zwischen den Ehepartnern schaffen.

Sowohl Männer als auch Frauen können im Hinblick auf die Verteilung der Hausarbeit einiges von der Forschung lernen. Paare, die ihre Streitigkeiten über dieses Thema klären können, sind in der Regel glücklicher. Doch die Lösung des Problems liegt nicht unbedingt darin, den Gatten um mehr Unterstützung beim Spülen und Waschen zu bitten. Die Frau muss ihrem Mann auch *gestatten*, ihr zu helfen, und sollte weder versuchen, ihn zu kontrollieren, noch ihn kritisieren, wenn er gewisse Dinge anders macht als sie selbst.

Und an die Männer gerichtet: Eheliche Konflikte über die Hausarbeit beizulegen, wird nicht nur Ihre Ehe verbessern, sondern wahrscheinlich auch insgesamt zu weniger Stress, gesteigerter Gesundheit und sogar mehr Sex führen.

Also, holen Sie den Staubwedel aus dem Schrank und nehmen Sie den Staubsauger in die Hand. Es wird Zeit, den «Haushaltskrieg» beizulegen.

Wer macht was und warum?

Einige Forscher der Universität von Wisconsin verfolgen das Thema Hausarbeit schon seit Jahrzehnten über den bereits erwähnten *National Survey of Families and Households*. Natürlich ist nicht überraschend, dass Hausfrauen mehr häusliche Arbeit erledigen als ihre berufstätigen Ehemänner. Den Umfragedaten zufolge sind Frauen, die nicht außer Haus arbeiten, etwa 38 Stunden pro Woche mit Putzen und Waschen beschäftigt. Im Vergleich dazu sind es bei ihren Männern den aktuellsten Erhebungen nach etwa zwölf Stunden pro Woche.

Doch was passiert, wenn beide Vollzeit arbeiten? Im Regelfall verrichtet die berufstätige Frau weiterhin den Großteil des

Haushalts und verbringt insgesamt etwa 28 Stunden wöchentlich damit. Die Männer berufstätiger Frauen tragen ungefähr 16 Stunden pro Woche bei. Das bedeutet, dass Paare mit zwei Verdienern eine Gesamtmenge von 44 Stunden pro Woche für den Haushalt aufwenden und die Frau 64 Prozent davon übernimmt. Die Kombination berufstätiger Mann und Hausfrau kommt auf 50 Stunden Hausarbeit wöchentlich, wovon die Frau 76 Prozent leistet.

Aus weltweit erhobenen Daten geht hervor, dass Frauen tatsächlich im Normalfall mindestens doppelt so viel im Haushalt arbeiten wie ihre Gatten. Da sie heutzutage häufiger einem Beruf außer Haus nachgehen, sinkt ihr Anteil an den häuslichen Pflichten allmählich, und die Männer wiederum fangen etwas – aber längst nicht alles – davon auf. [140]

Laut Daten der Vereinten Nationen sind kanadische, australische und schwedische Männer ein klein wenig fleißiger im Haushalt als amerikanische. Am wenigsten helfen Koreaner und Japaner mit, am meisten die Letten.

Wissenschaftler der University of Michigan in Ann Arbor studieren seit 1968 die familiäre Einkommensdynamik, und zwar unter Verwendung einer repräsentativen Stichprobe, die immer wieder unter denselben 8000 amerikanischen Familien Daten über Wirtschaft, Gesundheit und Sozialverhalten erhebt. In dieser Untersuchung wird Hausarbeit definiert als die alltäglichen Erledigungen, die ein Heim instandhalten – Geschirr spülen, Wäsche waschen, staubsaugen, abstauben, kochen und Betten machen. Durch den Langzeitcharakter der Studie können die Wissenschaftler verfolgen, wie sich das Leben eines Menschen verändert, wenn er heiratet.

Sie fanden heraus, dass für Frauen die Ehe einen Anstieg der für die Hausarbeit aufgewendeten Zeit von 70 Prozent bedeutet. Im Gegensatz dazu leisten Männer nach der Hochzeit etwa zwölf Prozent weniger im Haushalt.[141]

Die Aufteilung der Aufgaben hängt durchaus davon ab, wie viele Stunden pro Woche die Frau einem Beruf nachgeht. Je mehr sie arbeitet, desto mehr trägt üblicherweise auch der Mann zum Haushalt bei.

Doch was passiert, wenn die Frau erwerbstätig ist und der Mann zu Hause bleibt? Überraschenderweise gibt es keinen echten Rollentausch in dem Sinne, dass der Mann dann den Großteil der häuslichen Pflichten übernimmt. Vielmehr bleibt selbst dann, wenn sie einen Job hat und er nicht, der Großteil der Hausarbeit an ihr hängen, sagt Sampson Lee Blair, Soziologiedozent an der Universität von Buffalo, der familiäre Arbeitsteilung erforscht.[142]

Über das Haushaltsgefälle

Die Forschung bietet diverse Erklärungsansätze dafür, warum Männer im Durchschnitt so viel weniger zum Haushalt beitragen als Frauen.

Unterschiedliche Gehirne

Manche Wissenschaftler glauben, der Grund dafür liege in den biologischen Unterschieden zwischen den Geschlechtern. Männergehirne nehmen Details wie Farben und Beschaffenheiten normalerweise nicht so gut wahr wie die Gehirne von Frauen, schreibt Michael Gurian, Autor des Buches *What Could He Be Thinking? (Was denkt er wohl?)*. Das führt dazu, dass Hausarbeit für Männer häufig nicht die gleiche Dringlichkeit besitzt, weil sie schlicht und ergreifend die auf dem Fußboden verstreuten Kleider oder die sich auf dem Tisch stapelnden Zeitschriften nicht bemerken.

Die Erklärung dafür könnte in den Anfangstagen menschlicher Paarbeziehungen wurzeln. Untersuchungen des Ethnologen George Peter Murdock, der unter anderem die Arbeitsprozesse bei Dutzenden Stammesgesellschaften erforscht hat, vermitteln eine Ahnung davon, wie unsere frühesten Vorfahren häusliche Zuständigkeiten aufgeteilt haben. Gewisse Aufgaben waren demnach überwiegend männlich besetzt – Jagen, Fischen, Landrodung oder Waffenherstellung. Kochen, Wasserholen, Weben und Töpfern hingegen waren typisch weibliche Domänen.[143] Die Männer waren darauf trainiert, den Horizont abzusuchen, die Frauen lernten, sich auf die Details vor ihrer Nase zu konzentrieren. Es könnte sein, dass die Arbeitszuteilung für Frauen davon bestimmt war, ob sie dabei gefahrlos ein Kind beaufsichtigen konnten. Wenn man sich beispielsweise in einem Kajak auf der Jagd befindet, «kann man keine Horde Kinder am Rockzipfel gebrauchen», wie es der Ethnologe Roy G. D'Andrade von der Universität of Connecticut so schön formuliert.[144]

Die Folge war möglicherweise, dass der natürliche Selektionsdruck neurobiologische Unterschiede in Bezug auf häusliche Fertigkeiten förderte. Frauen, die geschickt darin waren, auf Kinder aufzupassen, Wohnbereiche sauber zu halten, Nahrung zuzubereiten und zu verteilen, gelang es besser, ihr Genmaterial an gesunde, stärkere Kinder weiterzugeben, die bis ins Erwachsenenalter überlebten. Männer, die sich zu lange in der Nähe von Heim und Herd herumgedrückt hätten, wären verhungert, genau wie ihre Nachkommenschaft. Daher standen die Chancen, ihre Gene weiterzugeben, deutlich besser für Männer, die eher Fähigkeiten wie Jagen, Rennen, Hand-Augen-Koordination und Fingerfertigkeit zu vererben hatten.

Heute zeigen IQ-Tests, dass Frauen besser Einzelheiten aus Bildern herausfiltern können als Männer. Diese Unterschiede in der Gehirntätigkeit könnten auch die Unterschiede im Haushalt erklären, sagt Sandra Witelson, Neurowissenschaftlerin an der McMaster University. «Meiner Ansicht nach könnte man durchaus behaupten, dass dies als Faktor eine Rolle spielt, wenn ein Mann den Kühlschrank öffnet und die Weinflasche ganz hinten einfach nicht sieht. So etwas können wir aus irgendeinem Grund besser», meint Dr. Witelson.[145]

Natürlich gibt es auch Ausnahmen von der Regel, und nicht wenige männliche Ordnungsfanatiker sind mit schlampigen Frauen verheiratet. Außerdem sind die Unterschiede zwischen Mann und Frau im Gehirn nicht Grund genug, um sich davor zu drücken, die eigene Höhle sauber zu halten. Es bedeutet einfach nur, dass es unter Umständen eine neurobiologische Erklärung dafür gibt, warum Männer nicht immer die gleiche Notwendigkeit verspüren aufzuräumen wie Frauen.

Kulturelle Normen

Selbstverständlich verfestigen Eltern die geschlechtsspezifische Arbeitsteilung bei ihrem Nachwuchs. Diverse Studien beweisen, dass es bei kleinen Kindern im Prinzip keine Unterschiede in der Zuteilung von Aufgaben gibt. Ein Mädchen kann genauso gebeten werden, den Hund zu füttern, wie ein Junge. Und ein Junge kann ebenso in der Küche helfen wie ein Mädchen.

Doch mit der Pubertät ändern sich die Dinge. Heranwachsende Mädchen helfen doppelt so viel im Haushalt wie Jungen im gleichen Alter, wobei die Mädchen verstärkt Alltagstätigkeiten wie Kochen oder Putzen übernehmen, während Jungs sich eher unregelmäßig und draußen beteiligen, wie zum Beispiel an der Gartenarbeit. Wissenschaftler sagen, dass Frauen im Endeffekt womöglich genau die Geschlechterrollen festigen, über die sie sich beklagen, indem sie den jungen Menschen beibringen, sich auf geschlechtsstereotype Rollen zu spezialisieren. Das erklärt auch, warum Männer sich oft bestimmten Arbeiten wie Putzen oder Kochen nicht gewachsen fühlen – ihre Mütter und Väter haben ihnen diese Dinge im Kindesalter einfach nicht beigebracht.

«Frauen sind stärker darauf trainiert, beim Kochen oder Waschen zu helfen», sagt Esther D. Rothblum, Dozentin für Frauenforschung an der San Diego State University. «Wenn Frauen von ihren Ehemännern erwarten, dass sie sich an der Hausarbeit beteiligen, ist das ein mühsamer Prozess. Höchstwahrscheinlich haben sie sich mit jemandem zusammengetan, der sich als Kind oder Jugendlicher weniger intensiv um häusliche Pflichten gekümmert hat. Vielleicht wurde er sogar früher selbst für Kleinigkeiten besonders gelobt, etwa wenn er den Müll rausgetragen hatte.»

Hausarbeit neu definieren

Wenngleich unstrittig ist, dass Frauen einen größeren Anteil an gewissen häuslichen Aufgaben übernehmen, so krankt die Forschung dennoch häufig daran, dass sie sich auf Tätigkeiten konzentriert, die Frauen wertschätzen, zum Beispiel Kochen, Putzen, Kinder füttern oder baden. Das kann schnell ein verzerrtes Bild davon entwerfen, wie viel Zeit ein Mann tatsächlich dem eigenen Zuhause widmet. Möglicherweise kümmert er sich nach seinem Arbeitstag darum, Rechnungen zu bezahlen, statt Wäsche zu falten. Oder er macht während der Mittagspause Besorgungen, kauft Bastelkarton für das Biologieprojekt seines Kindes oder kümmert sich um den Ölwechsel beim Auto. Selbst wenn er nicht die Pausenbrote schmiert, verbringt er dennoch die meisten Abende mit den Kindern, liest ihnen vor oder spielt mit ihnen. In den meisten Studien über häusliche Arbeitsteilung wird eine solche Freizeitgestaltung mit den Sprösslingen allerdings nicht im engeren Sinn als Beitrag zur Kindererziehung und -pflege gezählt.

Die Soziologin Judy Beglaubter von der Universität Toronto befragte Männer, die sich selbst als «engagierte Väter» bezeichneten. Unter anderem wollte sie von den Probanden wissen, was das in ihren Augen bedeute.

«Keiner sagte, er sei ein engagierter Vater, weil er die Kinder fütterte, die Windeln wechselte oder die Wäsche wusch», erklärt sie. «Es ging vielmehr um die Anwesenheit, es ging darum, da zu sein und sich an den Kindern zu freuen. Viele der Befragten sagten: ‹Wie ich als Vater bin, hat viel mit meiner eigenen Kindheit zu tun. Mein Vater war nämlich *nicht* engagiert, sondern sehr autorität, und ich wollte nicht, dass meine Kinder so aufwachsen.› Für andere war es noch nicht einmal eine bewusste Sache – es war mehr ein Drang, mitzumachen, sich einzubringen, sich mit den Kindern zu beschäftigen.»[146]

Im Verständnis eines Vaters zählt also allein die Anwesenheit zu Hause, ein bisschen Fußball spielen oder sich beim Abendessen nach der Schule erkundigen, schon als elterlicher Einsatz. Eine Mutter hingegen würde darunter eher begreifen, die Kinder zur Schule zu fahren, das Kinderzimmer aufzuräumen und Arzttermine zu vereinbaren.

Jenseits des Rahmens wissenschaftlicher Forschung müssen Männer und Frauen sich diese Ergebnisse zu Herzen nehmen. Ehe man sich wegen mangelndem Engagement des Partners ärgert, sollte man sich lieber die Frage stellen, ob er wirklich nichts tut oder lediglich nicht die Dinge tut, die einem selbst wichtig sind. Achten Sie ruhig mal auf all die kleinen Aufgaben, die Ihr Partner erledigt – wie zum Beispiel den Müll rausbringen, die Katzenstreu wechseln, die Glühbirnen wechseln, das Auto zur Inspektion bringen, die Sachen aus der Reinigung abholen oder die Einkommensunterlagen beim Steuerberater abgeben.

Das sind alles Dinge, die Sie selbst machen müssten, wenn Ihr Partner sie nicht übernähme. Vielleicht stehen sie nicht ganz oben auf Ihrer Prioritätenliste, und vielleicht machen sie auch nur einen kleinen Anteil der gesamten Hausarbeit aus, aber sie zählen trotzdem.

Wenn Kinder mehr Arbeit machen

Unmittelbar nach der Geburt meiner Tochter äußerte sich mein Mann erstaunt, wie leicht ich in die Elternrolle schlüpfte. Er verbuchte es als Mutterinstinkt.

Aber natürlich stimmte das nicht. Mich um das Baby zu kümmern, geschah nicht instinktiv, war mir allerdings auch nicht gänzlich fremd. Wie viele andere Frauen hatte ich als Kind schon bei meinen jüngeren Geschwistern mitgeholfen und mich später oft als Babysitterin verdingt. Als junge Erwachsene bestaunte ich verzückt die Säuglinge von Freunden und Verwandten, hielt sie auf dem Arm, fütterte und wickelte sie, während mein Mann nur zusah. Obwohl ich einige praktische Erfahrung mit den Kindern anderer Leute hatte, gab es trotzdem noch sehr viel, was ich nicht wusste, als meine Tochter auf die Welt kam. Aber ich las Bücher, unterhielt mich mit meiner Mutter, sprach mit Freundinnen und stellte den Krankenschwestern und meinem Kinderarzt Fragen. Mutterinstinkt, genau.

Trotz allem blieb mein Mann hartnäckig bei der Ansicht, dass ich irgendwie eher zum Elterndasein geschaffen war. Bereitwillig akzeptierte ich, dass ich es einfach besser konnte, und genauso bereitwillig trat er mir den Großteil der alltäglichen Verantwortung ab. Um ehrlich zu sein, gefiel es mir, die Macht über alles zu haben, was mein Kind betraf, dennoch nahm ich ihm seine mangelnde Beteiligung zunehmend übel.

Das alles kam für uns beide überraschend. Vor der Geburt unserer Tochter waren wir beide davon ausgegangen, uns die Elternpflichten zu teilen. Als Philip und Carolyn Cowan sich mit Ehepaaren über die Aufteilung von Hausarbeit und Kinderbetreuung nach der Geburt unterhielten, stellten sie fest, dass die meisten Partner – genau wie mein Mann und ich damals – hohe Erwartungen aneinander hatten. Sowohl Ehemann als auch Ehefrau waren sicher, dass sie die häuslichen Aufgaben gemeinsam erledigen würden, und beide rechneten damit, das Kind abwechselnd zu versorgen. Sobald das Kleine dann da war, entwickelten sich die Dinge jedoch selten so wie geplant. Im Endeffekt erledigte die Frau einen weit höheren Anteil an Hausarbeit als vor der Mutterschaft, und die Väter beteiligten sich weniger an der Betreuung des Babys, als ihre Frauen vorausgesagt hatten.

Um zu ermitteln, wie Paare sich häusliche Arbeiten untereinander aufteilen, erarbeiteten die Cowans einen Fragebogen zu dem Thema «Wer macht was?». Bevor sie Kinder bekommen, sind Männer und Frauen im Prinzip Allrounder: Manchmal macht er die Wäsche, und sie bringt schon mal den Müll weg. Sind erst einmal Kinder im Spiel, neigen Paare dazu, sich stärker zu «spezialisieren». Statt Aufgaben gemeinsam zu erledigen, wird die Hausarbeit in «seine» und «ihre» Bereiche unterteilt. *Sie* kümmert sich um Kinder, Wäsche und Küche, während *er* für Reparaturen, Müll und Auto zuständig ist. Selbst wenn das Pensum im Hinblick auf den zeitlichen Aufwand ungefähr gleich groß ist, empfinden es die Beteiligten oft als traditionell, weil sie die Arbeit entlang althergebrachter Geschlechtergrenzen verteilt haben.

«Dadurch fühlen sich manche Ehemänner und -frauen stärker voneinander getrennt», schreiben die Cowans. «In Anbetracht ihrer sich verschiebenden inneren Identität und mit dem festen Vorsatz, anders als ihre Eltern zu sein, kann diese Trennung enttäuschend, beängstigend und auch einsam sein.»[147]

Auf der ganzen Welt tragen Frauen die Hauptlast der Kinderbetreuung. Auch wenn die Väter meistens fest vorhaben, sich daran zu beteiligen, gibt es bereits während der Schwangerschaft erste Anzeichen, dass die Mütter in gewissen Bereichen einen größeren Anteil übernehmen werden. Beispielsweise rechneten in der Cowan'schen Studie schon vorab beide Elternteile damit, dass die Mütter öfter auf das Schreien des Babys reagieren, mitten in der Nacht aufstehen, die Kindersachen waschen und das Spielzeug aussuchen würden.

In anderen wichtigen Bereichen waren Männer und Frauen sicher, dass sie gemeinsam die Verantwortung übernehmen würden: beim Füttern des Babys, beim Wickeln, Baden, Spazierengehen, Spielen, Babysitter-Engagieren und bei Kinderarztbesuchen. Dennoch, als der Nachwuchs sechs Monate alt war, hatten die Mütter auch von diesen Pflichten einen überproportional großen Anteil übernommen.

Die Cowans erfuhren durch ihre Forschungen zudem, dass

die meisten Paare nicht glücklich über die Auflösung ihrer ursprünglich geplanten Arbeitsteilung waren. Zwar waren die Mütter noch weit unzufriedener mit der Organisation der Kinderbetreuung als die Väter, aber auch Letztere waren nicht begeistert, denn sie wollten sich ihrer eigenen Aussage nach gern mehr um ihre Kinder kümmern, wussten allerdings nicht so recht, wie sie das anstellen sollten.

Zwischen dem sechsten und dem 18. Monat im Leben eines Babys beginnen die Väter, mehr Verantwortung zu übernehmen. Dann erledigen sie häufiger das Baden, gehen mit dem Kind spazieren oder stehen nachts auf. Allerdings handelt es sich um eine relativ schwache Steigerung, und sie geht normalerweise auch nicht mit einer größeren Zufriedenheit beider Partner einher, was dieses Thema angeht. Tatsächlich reduzieren Männer gleichzeitig im zweiten Lebensjahr eines Kindes andere Haushaltstätigkeiten. 18 Monate nach der Geburt bereiten Männer weniger Mahlzeiten zu und tragen den Müll seltener nach draußen, wobei sie dafür häufiger einkaufen und im Garten arbeiten, vermeintlich weil sie diese Aufgaben auf dem Weg von der oder zur Arbeit oder am Wochenende erledigen können.

Die Macht der Frauen

Vor Jahren beschrieb ich in einer Kolumne über den Balanceakt zwischen Arbeit und Familie die Waschgewohnheiten meines Freundes David. Der Kernpunkt: Er gehörte nicht zu den Sortierern, sondern er warf einfach Weiß- und Buntwäsche zusammen in die Maschine und stellte ein Kaltwaschprogramm ein. Hartnäckig behauptete er, dass durch die niedrige Wassertemperatur nichts ausfärben und alles strahlend sauber wieder herauskommen werde.

Davids Frau hingegen sortierte eifrig (genau wie ich, deshalb konnte ich ihre Pein auch so gut nachvollziehen) die Wäsche, und dass David alles zusammen wusch, machte sie halb wahnsinnig. Sie bat ihn, die Wäsche zu trennen, um ihre Sachen und die der drei Kinder nicht zu ruinieren, aber er weigerte sich. Irgendwann hielt sie es nicht mehr aus. Sie strich die Wäsche von Davids Aufgabenliste und erledigte sie in Zukunft selbst.

Als Reaktion auf diesen Artikel wurde ich mit Leserbriefen nur so überschüttet. Von zahllosen Frauen hörte ich, dass sie Davids Taktik ganz klar durchschauten. Es gehe hier gar nicht um unterschiedliche Ansichten zum Sortieren von Wäsche, sagten sie. Nein, das sei vorsätzliche Unfähigkeit. Indem er die Wäsche sabotiere, sorge er dafür, dass er versage und diese Arbeit künftig nicht mehr erledigen müsse.

Parallel meldeten sich aber genauso viele verärgerte Männer zu Wort. Es gehe hier doch gar nicht um Weiß- und Buntwäsche, behaupteten sie, sondern um Kontrolle. Es sei unmöglich von den Frauen, von ihren Männern eine Beteiligung an der Hausarbeit zu verlangen und dann auch noch die Durchführung zu überwachen und Kritik zu üben, wenn sie ihren willkürlichen Standards nicht genüge. David habe recht daran getan, so schrieben sie, für die Rechte eines Mannes einzustehen und so zu waschen, wie er es für richtig halte.

Wie bereits angesprochen, nennen Wissenschaftler dieses Phänomen «maternal gatekeeping», in etwa «mütterliche Zugangsüberwachung», wobei sich auch im Deutschen der Begriff «Gatekeeping» durchgesetzt hat. Diese Theorie besagt, dass Männer sich nicht deshalb vor Hausarbeit drücken, weil sie anders konstruierte Gehirne haben. Auch übernehmen sie die Auto- und Glühbirnenpflichten nicht deshalb, weil sie als Kinder nicht kochen und putzen gelernt haben. Sondern sie meiden häusliche Aufgaben deshalb, weil die Frauen es sich nicht nehmen lassen, sie zu kontrollieren.

Während die Frauen angeben, sich mehr Hilfe im Haushalt zu wünschen, behaupten die Männer, ihre Frauen wollten ihnen doch nur vorschreiben, wie die Arbeit zu erledigen sei. Wenn der Mann es nicht «richtig» mache, beschwere sich die Frau, kritisiere ihn oder übernehme die Arbeit lieber selbst. In der Folge würden die Männer wütend, hörten sofort auf oder machten es beim nächsten Mal absichtlich falsch, um nicht noch einmal darum gebeten zu werden.

«Hausarbeit taucht in Therapiegesprächen unglaublich oft auf», sagt Dr. Rothblum. «Die Frau möchte, dass ihr Mann mehr mithilft, aber in gewisser Weise hat er die Tendenz, das zu sabotieren. Entweder macht er es nicht gut, oder er vergisst es und muss erst daran erinnert werden. Sie dagegen sagt Dinge wie: ‹Du machst das falsch› oder ‹Du hältst das Baby falsch›. Aus unerfindlichen Gründen übernehmen Frauen immer noch die Verantwortung. Sie wollen diese Rolle nicht abgeben.»

Laut Kerry Daly, Soziologe und Professor an der University of Guelph, besitzen die Väter eine «enorme Kompetenz» in der Kinderbetreuung, bekommen aber nur selten Gelegenheit, das auch unter Beweis zu stellen. Er hat erforscht, wie Eltern sich die häuslichen Aufgaben aufteilen, und dabei ebenfalls herausgefunden, dass Männer sich zwar beteiligen, die Frauen ihnen aber häufig sagen, was sie zu tun haben. Das reicht von der Kleidung, die das Kind angezogen bekommen soll, bis hin zum Vereinbaren von Verabredungen mit anderen Kindern während der Zeit, in der es vom Vater betreut wird. «Wer übernimmt das Denken, Planen, Organisieren und Koordinieren innerhalb der Familie?», fragt Dr. Daly. «Es ist ziemlich eindeutig, dass das zum Großteil weiterhin die Frauen tun.»

Wir alle haben zahllose solcher Situationen erlebt und es vielleicht sogar auch selbst getan. Eine Bekannte von mir überreichte ihrem Mann, als sie verreisen musste, eine dreiseitige, einzeilig beschriebene Liste mit Instruktionen für die Versorgung ihrer kleinen Söhne. Darauf stand nicht nur exakt, wie viele Windeln für die Kinderkrippe eingepackt werden mussten, sondern sogar detaillierte Anweisungen, wie er ein Butterbrot in kleine Quadrate zu schneiden oder den Kleinen abends im Bett den Rücken zu streicheln hatte, um sie einzuschläfern.

Ihr Mann sagt, ihn habe diese ausführliche Liste nicht gestört und er habe einige der Anleitungen sogar gut gebrauchen können. Doch seine Frau gibt heute zu, dass es «zu viel des Guten» war. «Er wäre schon allein dahintergekommen», räumt sie ein.

Beziehungsforscher Joshua Coleman, Autor des Buches *The Lazy Husband (Der faule Ehemann)*, vertritt die Meinung, dass die Kontrollwut der Frauen die Männer letzten Endes faul mache und sie dadurch eher weniger helfen würden statt mehr.

Linda Duxbury von der Eric Sprott School of Business an der Carleton University stellt fest, dass Männer sich normalerweise nicht einmischen, wenn eine Frau eine ihrer Aufgaben übernimmt. Dr. Duxbury, die sich mit zahlreichen Arbeits- und Familienthemen befasst, sagt, sie habe sich sogar schon selbst beim Gatekeeping zu Hause ertappt. Einmal habe sie ihrem Mann, der gerade Abendessen kochte, genau erklärt, wie man Zwiebeln hacke.

«Er sagte: ‹Linda, entweder *ich* mache das, oder ich lasse es bleiben›», erinnert sich Dr. Duxbury. «Wir Frauen müssen erkennen, dass wir in gewisser Hinsicht selbst an unserem Elend schuld sind», meint sie außerdem. «Wir sind gerne Märtyrerinnen. Und wir jammern gern.»[148]

Hausarbeit und Gesundheit

Wenn man bedenkt, wie häufig die Hausarbeit zu Ehekonflikten führen kann, dann erstaunt es einen nicht, dass sie auch einen unmittelbaren Effekt auf das Stressniveau und die allgemeine Zufriedenheit haben kann.

Frauen, die überproportional viel häusliche Verantwortung tragen, sind weniger glücklich in ihrer Ehe und anfälliger für Depression.[149] Männer dagegen, die sich an der Hausarbeit beteiligen, bleiben ruhiger, wenn ihre Frauen emotional werden, und haben sogar in Konfliktsituationen einen langsameren Herzschlag. Das könnte daran liegen, dass ein Mann, der freiwillig putzt und aufräumt, generell gelassener ist, doch die Ergebnisse könnten auch darauf hinweisen, dass es grundsätzlich weniger Stress und Streit gibt, wenn Männer sich im Haushalt nützlich machen.

Außerdem kann Hausarbeit auch der Gesundheit sowohl von Männern als auch von Frauen förderlich sein. Ob nun körperlich fittere Männer mehr helfen, oder ob Männer, die sich mehr beteiligen, weniger Beziehungsprobleme haben – in jedem Fall ist es gesünder. «Wenn ein Mann im Haushalt hilft, dann vermittelt er damit den Eindruck, dass ihn interessiert, was seiner Frau wichtig ist», sagt Joshua Coleman. «Das ist partnerschaftlich.»

Pro und contra Haushaltshilfe

Um die Anforderungen von Haushalt und Kindern zu bewältigen, entscheiden sich Paare häufig, sich Unterstützung in Form einer Putzhilfe oder eines Kindermädchens zu holen. Doch diverse Studien zeigen, dass es nicht immer die beste Lösung ist, häusliche Pflichten abzutreten.

Forscher der University of Tennessee befragten 85 Männer und Frauen über ihre berufliche und eheliche Zufriedenheit. Die Probanden hatten alle einen Hochschulabschluss in Betriebswirtschaft und verdienten im Durchschnitt über 75 000 US-Dollar im Jahr, waren größtenteils zwischen 30 und 40 und durchschnittlich seit neun Jahren verheiratet. Sie beantworteten Fragen über Beruf und Familie, bezahlte und unbezahlte Hilfe im Haushalt, und sie absolvierten Tests zur Einschätzung ihrer Ehequalität, beruflichen Zufriedenheit und ihres Verhandlungsgeschicks.

Zwei überraschende Trends zeichneten sich ab. Zum einen

ging die Einstellung einer bezahlten Haushaltshilfe tatsächlich mit verringertem Eheglück einher, statt mit erhöhtem. Die Gründe dafür sind zwar noch nicht ganz klar, aber die Forscher spekulierten, dass das Ausgliedern von häuslichen Aufgaben, ganz besonders der Kinderbetreuung, eine weitere finanzielle und emotionale Belastung darstellt. Eine andere Theorie besagt, dass Hausarbeit einem Paar ein Gefühl von gemeinsamer Leistung und Zusammengehörigkeit gibt. Vielleicht, so überlegten die Wissenschaftler, geht etwas für die Ehe Wesentliches verloren, wenn man häusliche Tätigkeiten abgibt.[150]

Ein Beispiel dafür, dass bezahlte Hilfe unter Umständen zu Konflikten in der Ehe führt, könnte folgendermaßen aussehen: Eine Frau muss ein paar Tage hintereinander länger im Büro arbeiten und möchte, dass auf jeden Fall ihr Mann zu Hause bei den kleinen Kindern bleibt. Er aber will seine Pläne nicht umwerfen und beschließt, einen Babysitter zu engagieren. Er glaubt, er hätte den perfekten Kompromiss gefunden, sie dagegen ist fuchsteufelswild. Sie hat ohnehin schon ein schlechtes Gewissen, weil sie so wenig Zeit für ihre Kinder hat, und möchte daher nicht, dass sie so viele Stunden von Fremden betreut werden. Jetzt muss sie sich entscheiden, ob sie im Job Abstriche macht oder die Kinder wieder einmal auf einen Babysitter abwälzt. Egal, was sie tut, sie wird unglücklich darüber sein und sich über ihren Mann ärgern.

Oder nehmen wir folgendes Szenario: Ein Paar versucht, sich ein Wochenende Zeit für den Garten zu nehmen, die beiden möchten ein paar Sträucher pflanzen und Beete anlegen. Doch immer wieder kommen berufliche Pflichten und Geschäftsreisen dazwischen, und schon bald wird das Wetter das Projekt unmöglich machen. Also beauftragen sie einen Gärtner damit, die Beete zu gestalten. Das ist eine vernünftige Entscheidung und dennoch gleichzeitig frustrierend – und obendrein eine verpasste Gelegenheit für die beiden, etwas zusammen zu unternehmen.

Das zweite Ergebnis der Befragung in Tennessee besagte, dass eine Hauptquelle für häuslichen Stress die Unfähigkeit ist, die eigenen Bedürfnisse auszudrücken und die Unterstützung des Partners zu gewinnen. Paare, die lernen, Kompromisse im Haushalt und bei der Kinderversorgung auszuhandeln, sind sowohl in der Ehe als auch im Beruf glücklicher. In der genannten Studie zeigten diejenigen Männer und Frauen, die besonders gut in den Tests über Verhandlungsgeschick abschnitten, auch den höchsten Grad an Zufriedenheit mit ihrer Beziehung. Daraus lässt sich ableiten, dass Ehepartner – vor allem Frauen – überprüfen sollten, ob sie ihre Bedürfnisse wirklich hinreichend zum Ausdruck gebracht und ihrem Ehegatten einen praktischen Kompromiss angeboten haben, um die familiären Anforderungen besser zu meistern.

Eine der wichtigsten Ursachen für Konflikte in der Ehe ist sogar die *gefühlte* Ungerechtigkeit – die subjektive Wahrnehmung, dass Arbeit, Geld oder emotionale Ressourcen nicht gleichmäßig verteilt sind. Allgemein beklagen sich Frauen häufiger über eine ungleiche Verteilung der Hausarbeit als Männer.

Doch liegt das ausschließlich daran, dass die Männer nicht helfen wollen? Oder könnte es auch sein, dass die Frauen einfach keine besseren Deals für sich aushandeln?

Wissenschaftliche Studien zeigen, dass selbst am Arbeitsplatz Verhandlungsgeschick eine Fähigkeit ist, an der es Frauen oft mangelt. Laut der Ökonomin Linda Babcock äußern Männer in beruflichen Besprechungen doppelt so häufig ihre Forderungen und bitten viermal so häufig um eine Gehaltserhöhung.[151]

Im Laufe der Jahre habe ich viele Frauen klagen hören, dass ihr Mann ihnen nicht genug helfe, aber wenn ich nachhakte, dann gaben sie fast alle zu, dass sie ihn nicht direkt darum gebeten hatten. «Das sollte doch eigentlich nicht nötig sein», ist die gängige Antwort. Diese Antwort stammt von toughen berufstätigen Frauen, die von einem Kollegen niemals erwarten würden, dass er ihre Gedanken liest. Im Büro würden sie ihre Bedürfnisse klar äußern und bessere Arbeitsbedingungen aushandeln. Zu Hause jedoch treten sie nicht für sich selbst ein.

Nach einem größeren Abendessen, zu dem ich eingeladen war, fing der Mann der Gastgeberin irgendwann an, den Tisch abzuräumen. Ich bot meine Hilfe an, doch seine Frau winkte ab.

«Das kann er machen», meinte sie. «Für ihn ist das das Vorspiel.»

Das war mehr als nur ein witziger Spruch, denn die Forschung beweist, dass für viele Paare die Aufteilung der Hausarbeit das Liebesleben beeinflussen kann.[152]

«Wie die häusliche Arbeit verteilt wird, ist ein wichtiger Hinweis auf den wahren Zustand einer Ehe», sagt Neil Chethik, Autor des Buches *VoiceMale – What Husbands Really Think About Their Marriages, Their Wives, Sex, Housework and Commitment (Die männliche Stimme – was Ehemänner wirklich über ihre Ehe, ihre Frau, Sex, Hausarbeit und feste Beziehungen denken)*.

Mr. Chethik hat 300 amerikanische Ehemänner befragt und eine durchgängige Parallele zwischen Hausarbeit und Sex entdeckt. Wenn beide Partner mit der Organisation des Haushalts zufrieden waren, schlief das Paar einmal häufiger pro Monat miteinander, als wenn einer von beiden die Verteilung als ungerecht empfand. Männer, deren Frauen nicht glücklich mit dem bestehenden Arrangement waren, hatten häufiger schon einmal über Scheidung nachgedacht. Und sie gaben doppelt so oft an, betrogen worden zu sein.

«Männer sagten, dass ihre Frauen zufriedener mit ihnen waren, wenn sie im Haushalt halfen», sagt Mr. Chethik. «Es ist ein Zeichen, dass er sie zu schätzen weiß, sich Gedanken über sie macht und sie ihm etwas bedeutet. Solche Dinge machen sie ihm gewogener, wenn es um Sex geht.»

Je glücklicher eine Frau über die Aufteilung der Hausarbeit war, stellte Mr. Chethik fest, desto glücklicher war ihr Ehemann mit dem gemeinsamen Liebesleben. Wobei die Hausarbeit nicht unbedingt 50 zu 50 geteilt sein musste. Entscheidend sei, sagte

Chethik, dass die Frau das Arrangement für gerecht halte. Obwohl Männer natürlich auch gern in einem sauberen Heim wohnen, legen Frauen möglicherweise noch größeren Wert auf Ordentlichkeit, weil sie das Gefühl haben, dass man es im Zweifelsfall ihr – und nicht ihrem Mann – anlasten wird, wenn die Wohnung unordentlich ist.

Ein weiterer Hinderungsgrund für Männer, sich stärker an häuslichen Arbeiten zu beteiligen, ist, dass sie mehr zu verlieren haben. Die Freizeitgleichung fiele für die Männer viel schlechter aus als für die Frauen: Würde der Haushalt gerechter verteilt, so würden die Frauen Mußestunden dazugewinnen, die Männer jedoch welche verlieren. Das bedeutet, sie müssten unter Umständen irgendeine andere spaßige Beschäftigung aufgeben, um sich zu Hause öfter nützlich zu machen.

Was man an der Heimatfront besser machen kann

Die generelle Lehre, die man aus dem umfangreichen Forschungsmaterial ziehen kann, lautet daher, dass es bei der Hausarbeit um mehr geht als lediglich darum, wer kocht, putzt und wäscht. Die Arbeitsteilung in einem Haushalt verrät viel über die Dynamik der Beziehung insgesamt und darüber, ob eine Ehe wirklich und wahrhaftig auf Partnerschaft beruht. Die meisten Studien zu diesem Thema zeigen, dass die Männer sich mehr in häusliche Pflichten und Kindererziehung einbringen müssen. Die Frauen tragen weiterhin einen überproportional großen Anteil der familiären Verantwortung. Doch manchmal wollen sie es nicht anders, denn die Wissenschaft hat auch herausgefunden, dass Frauen gern alles überwachen und die Kontrolle über den Haushalt nicht abgeben wollen.

Damit ihre Männer einen größeren Beitrag leisten, müssen die Frauen sich zurücknehmen und ihren Partnern die Möglichkeit geben, das auf ihre eigene Art zu tun, ohne Beaufsichtigung oder Kritik. Das klingt ziemlich einfach, ist aber ein großer Schritt. Für eine Frau ist es nicht einfach, das Regiment über ihr Heim abzutreten, unter anderem weil sie befürchtet, dass Verwandte und Freunde im Zweifelsfall nicht seine, sondern ihre Hausfrauenqualitäten beanstanden werden. Und oft hat sie damit auch noch recht.

Da die Hausarbeit eine der Hauptkonfliktquellen in Partnerschaften ist, kann es die gesamte Beziehung erheblich verändern, wenn man sich Mühe gibt, eine gerechtere Arbeitsverteilung zu finden. Im Gegensatz zu anderen Ursachen für Ehestreitigkeiten – wie zum Beispiel die Schwiegereltern, berufliche Sorgen oder finanzielle Probleme – ist der Haushalt etwas, worüber man immerhin ein beträchtliches Maß an Kontrolle besitzt. Oft reichen schon kleine Anstrengungen, um eine große Wirkung zu erzielen.

Eine Bekannte von mir erzählte, dass sie eigentlich bei den meisten häuslichen Arbeiten keine zusätzliche Unterstützung brauche. Hauptsächlich nerve sie, dass ihr Mann ihr nicht helfe, die Kinder morgens fertig für die Schule zu machen. Das sei eine Investition von einer Viertelstunde am Tag, die sich massiv auszahlen und ihre gesamte Beziehung verbessern werde. Merken muss man sich beim Thema Hausarbeit und Ehe vor allem eines: Wenn Sie den Haushaltskrieg beenden, dann ist hinterher nicht nur Ihr Heim sauberer. Ihre Ehe ist auch besser.

In Reichtum und in Armut:

Wenn Geldprobleme zu Eheproblemen werden

> Der menschliche Zustand ist so hoch in Leiden und Freuden gesetzt, dass gar nicht berechnet werden kann, was ein Paar einander schuldig wird. Es ist eine unendliche Schuld …
>
> *Johann Wolfgang von Goethe*

Wir heiraten aus Liebe (meistens). Doch zu einem großen Teil geht es in einer Ehe auch um Geld.

Das mag jetzt hart klingen, aber die Ehe ist im Grunde genommen eine finanzielle Verbindung. Das soll nicht heißen, dass Liebe und Leidenschaft nicht auch wichtig sind, natürlich sind sie das. Doch Geld stellt in jeder Partnerschaft einen wichtigen Faktor dar. Wo wir wohnen, wie wir unsere Zeit verbringen, welchen Beruf wir wählen, wie viel oder wenig wir arbeiten, ob und wann wir Kinder bekommen und wie wir sie erziehen, und sogar ob wir verheiratet bleiben oder uns scheiden lassen – all diese Aspekte einer Ehe sind letztendlich nicht nur emotionale, sondern auch finanzielle Entscheidungen.

Vor Jahrhunderten war die Ehe unbestreitbar ein Finanzbündnis, eine gängige Methode zum Aufbau von Wohlstand, zur Aneignung von Ländereien, zur Schaffung oder Wahrung von sozialem Status. Die Mitgift einer Frau war häufig für einen Mann der schnellste Weg, Reichtum anzuhäufen, ehe seine Eltern starben, und für eine Frau die Lebensversicherung, falls ihrem Mann etwas zustieß. Manchmal war auch Liebe im Spiel – oft aber war die Romantik nur ein Nebeneffekt einer strategischen Wirtschaftsverbindung.

In den vergangenen 100 Jahren hat sich diesbezüglich viel verändert. Inzwischen heiraten die meisten Paare in der westlichen Welt aus Liebe, und selbst in Ländern, in denen arrangierte Ehen noch die Norm sind, breitet sich die Liebesheirat immer weiter aus.

Doch Geld spielt weiterhin eine Rolle. Auch wenn keine Kuppler mehr beteiligt sind, tun sich Menschen weiterhin tendenziell nach dem Prinzip der sogenannten «positiven assortativen Paarung» zusammen, was bedeutet, dass wir dazu neigen, jemanden zu heiraten, der uns ähnlich ist.

Mit dem Ergebnis, dass gutausgebildete, besserverdienende Männer sich in der Regel mit gutausgebildeten, besserverdienenden Frauen verbinden und weniger gut ausgebildete Männer mit geringerem Einkommen mit weniger gut ausgebildeten Frauen mit geringerem Einkommen.

Der ähnliche ökonomische Hintergrund von Ehepaaren heißt allerdings nicht, dass sie nicht über Geld streiten. Immer wieder zeigen Studien, dass die Finanzen eine der wichtigsten Konfliktquellen zwischen Partnern sind. Schulden stehen dabei ganz oben auf der Liste. Welche Verbindlichkeiten der Einzelne in eine Ehe einbringt, ist zum Beispiel der Hauptgrund für Streit zwischen Frischverheirateten. Manche Untersuchungen kommen sogar zu dem Ergebnis, dass die Amerikaner bis zu 80 Prozent ihrer wachen Zeit damit verbringen, sich in welcher Form auch immer mit Geld zu befassen, sei es nun mit dem eigenen Verdienst oder mit Sorgen über nicht bezahlte Rechnungen.[153] Generell sind finanzielle Probleme und Schulden für Paare mit einem höheren Stressniveau und geringerer Zufriedenheit verbunden.[154]

Die Quintessenz daraus ist, dass es in der Ehe zwar um Liebe und Familie geht, aber eben auch um Geld – also wie man es verwaltet, ausgibt und anhäuft. Paare, die mit den alltäglichen Entscheidungen einer Partnerschaft ringen, fassen in Wirklichkeit Beschlüsse, die sowohl ihre Beziehung als auch ihre Finanzen stärken oder schwächen können. Anders formuliert: Wenn Sie

Ihre wirtschaftlichen Probleme lösen, dann haben Sie einen großen Schritt getan, um auch Ihre Eheprobleme zu lösen – oder gar zu verhindern.

Die Ökonomie der Ehe

Ehe schafft Wohlstand.

Zwei Menschen können nicht nur billiger leben als einer allein, sie können auch mehr verdienen, und das geht über den offensichtlichen Vorteil doppelten Gehalts hinaus. Indem sie sich häusliche Arbeiten teilen, können Verheiratete eine höhere Produktivität in bezahlten Tätigkeiten erreichen. Wenn ein Partner zu Hause bleibt, ermöglicht die zusätzliche Unterstützung im Haushalt dem anderen, mehr Zeit, Energie und Ressourcen in das Geldverdienen zu investieren.

Jay Zagorsky vom Center for Human Resource Research an der Ohio State University verglich den Finanzstatus von 9055 verheirateten und unverheirateten Menschen. Die Teilnehmer der landesweit repräsentativen Testgruppe waren zu Beginn der Studie zwischen 20 und 30 Jahre alt und wurden 15 Jahre lang, von 1985 bis 2000, von den Wissenschaftlern begleitet.

Diejenigen Probanden, die ledig blieben, wiesen einen langsamen, aber stetigen Vermögenszuwachs auf und konnten eine durchschnittliche Vermehrung um 11 000 US-Dollar nach 15 Jahren verbuchen. Wer heiratete und auch verheiratet blieb, konnte sich über noch höhere Zugewinne freuen, denn nach dem zehnten Ehejahr beliefen sie sich im Schnitt auf etwa 43 000 US-Dollar. Verheiratete Menschen schufen sich also schneller Wohlstand als ledige.

Nach Dr. Zagorskys Berechnungen führte allein das Heiraten an sich, bei gleichbleibenden anderen Variablen, zu einem statistischen Vermögenszuwachs von etwa vier Prozent pro Jahr.

Der wirtschaftliche Nutzen der Ehe übersteigt also die bloße Zusammenfügung der Besitztümer zweier Einzelmenschen. Deshalb wird durch eine Scheidung das Vermögen eines Paares auch mehr als nur halbiert, erklärt Dr. Zagorsky. Denn dem mehr als verdoppelten Eigentum durch eine Eheschließung, wie oben beschrieben, stand in der Studie eine Verringerung um etwa 77 Prozent im Falle einer Scheidung gegenüber.

«Wenn Sie Ihren Wohlstand wirklich steigern wollen», rät Dr. Zagorsky, «dann heiraten Sie und bleiben Sie verheiratet.»[155]

Zwar verdankt sich ein Teil des Kapitals verheirateter Paare der Möglichkeit, ihre Zeit und ihre Mittel einem gemeinsamen Nutzen (Geld verdienen, sparen und investieren) zuzuführen, doch das ist noch nicht alles. Auch in sozialer und legaler Hinsicht werden Ehepaare bevorzugt.

Aus wissenschaftlichen Untersuchungen geht hervor, dass Verheiratete mehr Geld von Verwandten erhalten als Singles. Ein Ehepaar wird allgemein als stabiler eingeschätzt als ein Alleinstehender oder sogar als Paare, die «nur» zusammenwohnen.

Staat und Arbeitgeber belohnen ebenfalls den Trauschein, sei es durch Hinterbliebenenleistungen, Ehegattensplitting, kostenlose oder günstigere Versicherungen, Steuerbegünstigungen und dergleichen mehr.

Trotz aller finanziellen Vorteile einer Ehe spielt auch das Timing der Hochzeit eine Rolle, ganz besonders für Frauen.

Die Möglichkeit, sich auf die eigene Ausbildung und ein hohes Engagement am Arbeitsplatz zu konzentrieren, besteht außerdem. Deshalb haben Frauen, die in der Anfangszeit ihrer beruflichen Karriere nicht durch Kindererziehung oder Haushaltspflichten gehemmt werden, in dieser Frühphase oft Erträge, von denen sie noch Jahre später profitieren. Diverse Studien zeigen, dass sich das Lebenseinkommen einer Frau mit jedem Jahr, das sie die Geburt ihres ersten Kindes hinausschiebt, um zehn Prozent steigert.

Doch bei den ehelichen Finanzen geht es um mehr als nur um das Anhäufen von Besitz. Es geht auch darum, konkurrierende

Bedürfnisse und Wünsche zu vereinbaren, die Versorgung der Familienmitglieder sicherzustellen und Entscheidungen darüber zu treffen, wofür und wann wie viel Geld ausgegeben wird.

Der Balanceakt zwischen Arbeit und Familie

Das Bestreben, den widerstreitenden Anforderungen von Arbeit und Familienleben gerecht zu werden, sorgt bei Ehepaaren regelmäßig für Stress. Er hat eine Besprechung, sie muss auf eine Geschäftsreise, und der Babysitter hat sich krank gemeldet. Wer holt die Kinder von der Schule ab und bringt sie zum Fußballtraining oder zum Ballett? In einer landesweiten Befragung gaben 83 Prozent der erwerbstätigen Mütter und 72 Prozent der erwerbstätigen Väter an, immer wieder Konfliktsituationen zwischen beruflichen Verpflichtungen und ihrem Wunsch, Zeit mit der Familie zu verbringen, zu erleben.[156]

Dieser Balanceakt hat unterschiedliche Auswirkungen auf die einzelnen Geschlechter. Frauen in Doppelverdienerhaushalten sind in der Regel weniger zufrieden mit ihrer «persönlichen Verwirklichung» und ihrer Karriere als Männer. Untersuchungen zufolge stehen ihre beruflichen Ambitionen häufig erst an zweiter Stelle hinter denen ihres Mannes, weshalb Chancen und Möglichkeiten für eine Weiterentwicklung tendenziell eingeschränkt sind, da sie mit ihrer Rolle als Ehefrau und Kinderbetreuerin kollidieren.[157]

Allerdings weisen einige Forschungsergebnisse darauf hin, dass sich die Fronten inzwischen verschieben und Konflikte zwischen Arbeit und Privatleben allmählich für Männer anstrengender sind als für Frauen. In einer Studie wurden Männer und Frauen, die verheiratet waren oder Kinder hatten, gefragt: «Wie stark beeinträchtigen sich bei Ihnen Job und Familie gegenseitig?»

1977 hatten die Frauen ganz eindeutig mehr mit diesem Thema zu kämpfen – 41 Prozent von ihnen berichteten von spürbaren oder starken Beeinträchtigungen, bei den Männern waren es damals nur 34 Prozent. Doch 2002 beklagten sich auf dieselbe Frage hin überraschende 46 Prozent der Männer über Stress aufgrund der Doppelbelastung, während es bei den Frauen weiterhin 41 Prozent waren.[158]

Das heißt nicht, dass Ehemänner einen größeren Anteil der familiären Belastung bewältigen als Frauen, eher spiegelt dieses Ergebnis den Umstand wider, dass das häusliche Leben für die jüngere Männergeneration im Vergleich zu ihren Vorgängern in den 1970ern eine höhere Priorität hat. Frauen haben über die Jahre hinweg Unterstützungssysteme und Strategien zur Bewältigung des Balanceakts entwickelt, von Männern wird dagegen erst seit jüngerer Zeit erwartet, sich zu Hause stärker einzubringen. Deshalb sind sie oft noch nicht so routiniert darin, familiäre und berufliche Verpflichtungen miteinander zu vereinbaren.

Wenn sie die Brötchen verdient

Als ich in den 1970ern aufwuchs, hatten meine Eltern die Rollen ziemlich traditionell aufgeteilt. Mein Vater war Militärpilot und häufig nicht zu Hause, weshalb die Kindererziehung überwiegend meiner Mutter zufiel. Doch Anfang der 1980er hörte mein Vater auf zu fliegen, und wir ließen uns in Dayton, Ohio, nieder. Da wir vier Kinder inzwischen in der Schule waren, hatte meine Mutter mehr Freiraum und beschloss, eine Laufbahn im Immobilienwesen einzuschlagen. Das geschah mit voller Unterstützung meines Vaters – er war begeistert über das zusätzliche Einkommen.

Doch weder er noch meine Mutter hatten erwartet, dass sie so irrsinnig erfolgreich in ihrem neuen Beruf sein würde. Sie erarbeitete sich einen treuen Kundenstamm, der sie mit Empfehlungen überschüttete, und binnen kurzem war sie die umsatzstärkste Immobilienmaklerin in ihrer Firma und bald darauf in der ganzen Stadt. Meine früher so unsichere Mutter gewann Selbstvertrauen. Die Kunden riefen am Abend, am Wochenende und an Feiertagen an, und meine Mutter widmete sich ihrer Arbeit mit all ihrer Kraft. Als Frau eines Soldaten, die Dutzende Male umgezogen war, konnte sie den mit dem Suchen einer neuen Bleibe und dem Wohnungswechsel verbundenen Stress der Menschen extrem gut nachvollziehen, und ihr Einfühlungsvermögen, dessen bin ich mir sicher, war das Geheimnis ihres Erfolgs.

Das Geld, das sie nach Hause brachte, schuf neue Möglichkeiten für unsere Familie: Meine Schwestern konnten bessere Colleges besuchen, meine Eltern einen gebrauchten Chrysler Cordoba für die Teenager der Familie erwerben, und wir fuhren sogar einige Male gemeinsam in den Urlaub, was vom Armeegehalt meines Vaters nie möglich war. Zum ersten Mal, seit sie verheiratet waren, hatten meine Eltern keine Geldsorgen. Gleichzeitig stellte dieser Umstand eine enorme Belastung für ihre Beziehung dar. Meine Mutter war finanziell nicht abhängig von meinem Vater, im Gegenteil, sie verdiente sogar mehr als er.

Als mein Vater schließlich in Pension ging, fasste er den Entschluss, eine Stelle in Texas anzunehmen. Die Bezahlung war besser als in seiner Position bei der Air Force, doch der Umzug würde meine Mutter dazu zwingen, ihren Beruf aufzugeben. Obwohl das Familieneinkommen dadurch beträchtlich sinken würde, bestand mein Vater auf dem Wechsel.

Als vor ein paar Jahren meine Mutter starb, unterhielten mein Vater und ich uns über ihr Leben. Das Gespräch kam auf ihre erfolgreiche Karriere als Immobilienmaklerin, und ich fragte ihn, warum er sie damals entwurzelt habe, anstatt sich ebenfalls eine Stelle in Ohio zu suchen. Er zuckte die Achseln und gab zu, dass es ihm nach all den Jahren als Haupternährer der Familie schwergefallen sei, ihr diese Rolle zuzugestehen. Selbst im Nachhinein konnte er nicht erklären, warum diese Erfahrung ihre Beziehung so sehr belastet hatte.

Heute verdient etwa jede dritte verheiratete Frau mehr Geld als ihr Ehemann.[159] Allgemein herrscht der Glaube vor, dass die finanzielle Unabhängigkeit einer Frau das Scheidungsrisiko erhöhe. Tatsächlich sind jedoch in dem Zeitraum, in dem Frauen in ökonomischer Hinsicht immer mehr erreicht haben, die Scheidungsraten gesunken. Allgemein gilt: Je größer die finanzielle Unabhängigkeit einer Frau, desto höher die Wahrscheinlichkeit, dass sie verheiratet bleibt. In Staaten, in denen nicht so viele Frauen bezahlten Tätigkeiten nachgehen, ist die Scheidungsquote tendenziell höher.[160]

Warum sollte die finanzielle Unabhängigkeit des weiblichen Partners ein Paar zusammenhalten? Wenn Frauen nicht aus Gründen ökonomischer Absicherung heiraten müssen, können sie wählerischer sein und verfügen über mehr Verhandlungsmacht in der Ehe. Dadurch kann eine gerechtere Partnerschaft für beide entstehen.

Allerdings ist das nicht immer leicht zu erreichen. Manche Männer fühlen sich davon, dass ihre Frauen mehr verdienen und dafür von ihnen mehr Mithilfe bei der Hausarbeit erwarten, ihrer Männlichkeit beraubt. Vielen berufstätigen Frauen fällt es schwer, die häuslichen Aufgaben an jemanden abzutreten, der nicht genauso putzt oder wäscht, wie sie es tun würden.

Älteren Männern scheinen die ökonomischen Verschiebungen innerhalb der Ehe am meisten abzuverlangen. Die Soziologin Kristen Springer von der Rutgers-Universität fand heraus, dass Männer zwischen 50 und 60, deren Ehefrauen mehr Geld verdienen als sie, durchschnittlich einen schlechteren Gesundheitszustand aufweisen. Bei den am besten verdienenden Paaren haben die Ehemänner weiblicher Ernährer eine um 60 Prozent höhere Wahrscheinlichkeit, nicht bei guter Gesundheit zu sein, als männliche Hauptverdiener.[161]

Für viele Doppelverdienerpaare ergeben sich die größten

Schwierigkeiten jedoch aus der Frage, wer die unbezahlte Arbeit erledigt – das Kochen, Putzen und Betreuen der Kinder, das traditionell die Frauen übernommen haben. Lynn Prince Cooke, Professorin für Soziologie an der Universität von Kent, England, hat Paare studiert, die in den 1980ern und 1990ern geheiratet haben. Das niedrigste Scheidungsrisiko hatten jene Eheleute, bei denen die Frau etwa 40 Prozent des Einkommens erwirtschaftete, während der Mann etwa 40 Prozent der Hausarbeit übernahm. Das Trennungsrisiko steigt, je mehr die Frau verdient und je mehr der Mann im Haushalt arbeitet, bleibt aber immer noch niedriger als in einer traditionellen Ehe mit männlichem Ernährer und weiblicher Hausfrau. Das höchste Risiko aber besteht in Partnerschaften, in denen sie mehr als 80 Prozent des Einkommens nach Hause bringt und er den Hauptteil der Hausarbeit erledigt. Die Ergebnisse lassen vermuten, dass eine ungerechte Verteilung der häuslichen Tätigkeiten, egal, ob zu Lasten der Frau oder des Mannes, eine Gefahr für eine Ehe darstellt.[162]

Seit den 1960ern hat sich der männliche Beitrag zum Haushalt verdoppelt, und die für die Kindererziehung aufgewendete Zeit hat sich sogar verdreifacht. Aber selbst wenn beide berufstätig sind, erledigen Frauen im Schnitt immer noch zwei Drittel der Hausarbeit, dabei arbeiten sie häufig genauso viel oder sogar mehr außer Haus als ihre Männer. Warum ist das so?

Sozialwissenschaftler behaupten, das könne daran liegen, dass Männer und Frauen durch dieses Verhalten etwas «kompensieren»: Indem er weniger Hausarbeit erledigt, behauptet er seine Männlichkeit und macht dadurch wett, dass er nicht der Hauptternährer der Familie ist. Die Frau wiederum spürt die Empfindlichkeit ihres Gatten bei diesem Thema und betätigt sich stärker im Haushalt, um ihn ihrer jeweiligen familiären Rollen zu versichern.

Allerdings deuten einige jüngere Studien darauf hin, dass diese Tendenz sich mit der Höhe des Verdienstes einer Frau verschiebt. Sanjiv Gupta, Dozent an der University of Massachusetts in Amherst, hat ermittelt, dass die Menge an Hausarbeit, die eine Frau leistet, nicht vom Einkommen ihres Mannes beeinflusst ist, sondern von ihrem eigenen. Bei verheirateten Frauen, die Vollzeit arbeiten, entsprächen jeweils zusätzliche 7500 US-Dollar Jahreseinkommen einer Stunde weniger Putzen und Kochen pro Woche, sagt Dr. Gupta. Frauen, die dem am besten verdienenden Zehntel angehören, arbeiteten neun Stunden weniger pro Woche im Haushalt als ihre Kolleginnen am entgegengesetzten Ende des Spektrums, also jene, die zu den zehn Prozent mit dem geringsten Einkommen zählen.

Laut Dr. Gupta verdeutlichen diese Ergebnisse die Bedeutung von sozialen Klassenunterschieden für häusliche Pflichten. Geringverdienende Frauen erledigen 16 Stunden mehr von der wöchentlichen Hausarbeit als ihre Partner. Auch Besserverdienende leisten zu Hause mehr als ihre Männer, allerdings hat sich die Geschlechterdifferenz hier auf etwa fünf Wochenstunden reduziert.

Eine interessante Fußnote in Dr. Guptas Forschung ist der Umstand, dass das Gesamteinkommen eines Paares den häuslichen Zeitaufwand der Frau nicht beeinflusst, und zwar auch dann nicht, wenn es sehr hoch ist. Erst wenn sie selbst viel verdient, reduziert sich ihr Anteil an der Hausarbeit – was vermuten lässt, dass nur die Einkünfte der Frau verwendet werden, um Hilfe von außen zu engagieren.

«Das ist umso erstaunlicher, wenn man bedenkt, dass die tägliche Versorgung mit Nahrung, sauberer Kleidung und hygienischem Umfeld für jedes Mitglied eines Haushalts von Nutzen ist», schreibt Dr. Gupta. «Es deutet darauf hin, dass sowohl Männer als auch Frauen immer noch der Ansicht sind, dass die Frau für die Organisation dieser Tätigkeiten verantwortlich ist, weshalb sie ihr Geld dafür ausgeben darf, diese Aufgaben zu delegieren.»[163]

Schon früh wurde in meiner eigenen Beziehung klar, dass mein Mann und ich sehr unterschiedliche Ansichten über Geld hatten. Ich war ein Sparfuchs und ging sehr vorsichtig mit meinen Mitteln um. Vor dem College hatte ich fast ein Jahr lang zwei Jobs parallel gehabt, um für meine Ausbildung zu sparen und unabhängig von meinen Eltern zu werden, und auch während des Studiums arbeitete ich stundenweise. Mein Mann hingegen war in einer Familie aufgewachsen, die regelmäßig große Urlaubsreisen machte. Er ging gern gut essen und war der Meinung, dass man nur so hart arbeitete, damit man genug Geld hatte, um sich den Spaß zu finanzieren. Ich wünschte mir nichts mehr als mein eigenes Heim, er wollte reisen, ins Museum und ins Theater gehen.

Auch wenn das jetzt nach programmierter Katastrophe klingt, kam es uns damals nicht so vor. Ich wusste, dass ich mich ein bisschen lockerer machen und das Leben mehr genießen musste. Bei unserer zweiten Verabredung lud er mich in eines der edelsten Restaurants von ganz Austin ein. Ich weiß heute noch, was ich gegessen habe – Lachs mit Champagnersoße –, weil es überhaupt nicht mit den typischen Familienlokalen zu vergleichen war, die ich aus meiner Kindheit kannte. Mein Mann wiederum wusste durchaus zu schätzen, dass ich gut im Sparen und im Bezahlen von Rechnungen war, und ihm war auch bewusst, dass er stärker für die Zukunft planen musste. Er prasste. Ich sparte. Wir schienen ein gutes Team zu sein.

Keiner von uns beiden erkannte damals, wie fundamental wichtig ähnliche Ansichten über Finanzen für eine gute Ehe sind, und als die Flitterwochen erst einmal vorbei waren, forderten unsere Meinungsverschiedenheiten über das liebe Geld allmählich ihren Tribut. Eine der Eigenschaften, die uns ursprünglich zueinander hingezogen hatte, stellte sich im Endeffekt als einer der größten Stressfaktoren heraus.

Neue Forschungsergebnisse zeigen, dass wir damit nicht allein waren. Obwohl Menschen im Allgemeinen zu Partnern streben, die ihnen selbst ähnlich sind, scheinen sich, wenn es ums Geld geht, Gegensätze anzuziehen. Verschwender, so stellte sich heraus, haben ein Faible für Pfennigfuchser und umgekehrt.

Aber wie kommt das? Die Autoren der Studie mutmaßen, dass Menschen, die extrem unkontrolliert Geld ausgeben oder extrem sparsam sind, häufig ihren eigenen Umgang mit Geld nicht mögen. Folglich findet ein Geizkragen im Zweifelsfall einen anderen Geizkragen eher unsexy. In der ersten Verliebtheit genießt ein Sparfuchs wahrscheinlich die Großzügigkeit eines Prassers, während der wiederum womöglich nichts dagegen hat, von jemandem ein bisschen im Zaum gehalten zu werden, der in finanziellen Dingen etwas praktischer veranlagt ist.[164]

Das Problem dabei ist, dass unsere Instinkte uns damit keinen Gefallen tun. Verschwender und Sparer sind zu einem Leben voller Konflikte verurteilt, wenn sie heiraten. Natürlich besteht theoretisch die Möglichkeit, sich in der Mitte zu treffen, aber sehr oft wurzeln die Ansichten eines Menschen über Geld in der eigenen familiären Erfahrung und sind zu tief verankert, um geändert zu werden. In meiner Beziehung war das ganz sicher der Fall, und die Finanzen wurden sehr schnell zu einem der Hauptprobleme in unserer Ehe.

Investieren Sie in Ihre Ehe

Die Forschungsdaten sprechen überwiegend dafür, dass ein Paar, das seine wirtschaftlichen Probleme löst, auch in der Klärung seiner Beziehungsprobleme einen guten Schritt weiterkommt.

Wenn Sie feststellen, dass Sie mit Ihrem Partner regelmäßig über Geld streiten – wie es ausgegeben werden und wer die Verfügungsgewalt darüber haben soll –, dann wird es höchste Zeit, dass Sie sich ganz ernsthaft mit diesen Schwierigkeiten auseinandersetzen. Sollten Sie sich nicht ganz sicher sein, überprüfen Sie anhand der beiden Tests in diesem Kapitel, wie dominant finanzielle Streitpunkte bei Ihnen sind und in welchem Ausmaß sie Ihre Beziehung gefährden. Es gibt keine Formel oder Universalstrategie, alles hängt davon ab, wie viel Geld Sie verdienen, wie viel Sie ausgeben und wie viel Stress diese Themen bei Ihnen und Ihrem Partner auslösen können.

Paare, die das Gefühl haben, dass Geld zu einem schwerwiegenden Problem in ihrer Ehe geworden ist, sollten einen Finanzplaner zu Rate ziehen, der ihnen hilft, zur Wurzel der ökonomischen Misere vorzustoßen, und einen Plan mit ihnen entwickelt, um sich daraus zu befreien.

Was mein ist, soll auch dein sein

Was Paare häufig umtreibt, sind Fragen über die Logistik ihrer Konten und Finanzen. Manche finden es am besten, getrennte Bankkonten zu behalten und zusätzlich ein gemeinsames einzurichten, auf das jeder Partner seinem Einkommen entsprechend monatlich etwas einzahlt. Andere ziehen es vor, alle zur Verfügung stehenden Mittel in einen Topf zu werfen, während wieder andere am liebsten völlig getrennt haushalten. Leider ist die wissenschaftliche Datenlage über die beste Strategie in dieser Hinsicht dünn.

In seiner 1993 durchgeführten Studie kam Dr. Lawrence Kurdek von der Wright State University zu dem Ergebnis, dass getrennte Finanzen einen Risikofaktor darstellen[165], und 1995 fanden Wissenschaftler in England heraus, dass die Gleichberechtigung zwischen Mann und Frau in einer Ehe dann am höchsten war, wenn das Geld zusammengelegt und gemeinsam verwaltet wurde.[166] Insofern scheinen die wenigen verfügbaren

Zahlen für eine Verschmelzung der ökonomischen Ressourcen zu sprechen.

Aus dem Bericht von 1993 geht jedoch nicht klar hervor, ob die Entscheidung für getrennte Konten erst zu einer problematischen Beziehung führte oder ob die Beziehung bereits vorher bröckelte, weswegen die Partner es vorzogen, ihre finanzielle Autonomie zu behalten. In der erwähnten englischen Untersuchung führten jene Paare mit gemeinsamem Konto zwar die gleichberechtigteren Beziehungen, aber das könnte auch schlicht daran liegen, dass Menschen, die eine Ehe als Partnerschaft unter Gleichrangigen betrachten, weniger Probleme damit haben, gemeinsam über ihr Geld zu verfügen. Welches System auch immer ein Paar wählt, Finanzplaner mahnen, dass sowohl Ehemänner als auch Ehefrauen ihre wirtschaftliche Gesamtsituation nie aus den Augen verlieren sollten.

Im Rahmen einer Studie über Geldmanagement in den Anfangstagen einer Ehe entdeckten einige Forscher, dass viele Paare ihre Strategie im Laufe der Zeit ändern.[167] Vor der Hochzeit verfügen die meisten Menschen über ihr eigenes Geld, und viele bleiben auch in den ersten Jahren dabei. Doch größere Lebensentscheidungen wie ein Hauskauf oder ein Kind führen oft zu einem Sinneswandel, und die Partner beginnen, ihr Kapital zusammenzulegen. Wer dennoch weiterhin getrennte Konten behielt, hatte häufig den Wunsch, seine Autonomie zu bewahren. Vor allem für Frauen, die den Kindern zuliebe ihre Arbeitszeit reduzieren oder ihre Berufstätigkeit ganz aufgeben, ist das den Forschungsergebnissen zufolge allerdings nicht von Vorteil.[168]

Wenngleich die Situation eines jeden Paares unterschiedlich ist, gibt es zwei finanzielle Ratschläge, die jeder Eheberater und jeder Finanzplaner Eheleuten erteilen wird.

Der erste: Bewahren Sie sich ein Stückchen Unabhängigkeit. Zwar ist es wichtig, Ihre Ressourcen zu bündeln und finanzielle Probleme gemeinsam zu lösen, trotzdem sollten beide Partner die Möglichkeit haben, Geld für Dinge auszugeben, die sie glücklich machen, selbst wenn der andere darüber die Stirn runzelt. Wenn jeder sich auf seine eigenen speziellen Vorlieben konzentrieren darf – Shoppen, ein wöchentlicher Pokerabend oder Eintrittskarten zu einem Sportereignis –, dann wird es auch leichter, sich das Opfer gerecht zu teilen, wenn man mal finanziell kürzertreten muss. Statt sechs Fußballspiele in der Saison besucht man dann vielleicht nur drei, statt fünf neue Hosen zu kaufen, kann man sich möglicherweise auf ein paar besondere Teile beschränken.

Der zweite Expertentipp ist ebenfalls wichtig, wird aber häufig vergessen, wenn Paare ihre materiellen Probleme klären: Eine der sinnvollsten Geldanlagen ist die eigene Ehe. Das bedeutet, in gemeinsame Zeit zu investieren, Urlaube, schöne Unternehmungen und Ausgehabende zu planen. Je nach Budget und finanziellen Engpässen muss man sich unter Umständen bescheiden – statt einer Fernreise gibt man sich vielleicht mit einer nahegelegenen Pension zufrieden. In jedem Fall aber beweist die Forschung, dass gemeinsam mit dem Partner verbrachte Zeit, dass zu zweit unterwegs zu sein und Neues auszuprobieren eine hervorragende Methode ist, einer Ehe neues Leben einzuhauchen.

Allerdings darf man nicht vergessen, dass Streitigkeiten über Geld häufig symbolisch sind: für einen Machtkampf oder einen Mangel an gemeinsamen Werten. Sich Konfliktthemen zu stellen, ist immer besser, als es nicht zu tun, und es kann die Beziehung festigen – oder auch ein Warnsignal sein, sich nicht auf den Falschen einzulassen.

Die Liebe und das liebe Geld

Als eine Gruppe von Herzforschern sich daran machte, die Aspekte der Lebensweise zu untersuchen, die sich auf Stress und allgemeinen Gesundheitszustand auswirken könnten, entdeckten die Mediziner, was viele Ehepaare längst wussten: Geld ist eine der Hauptkonfliktquellen in einer Beziehung. Die Forscher befragten 4000 Männer und Frauen nach den Hauptgründen für Streitigkeiten in der Partnerschaft. Für beide Geschlechter rangierte Geld unter den obersten drei Auslösern für eheliche Auseinandersetzungen. Auch bei Scheidungen zählen finanzielle Probleme zu den am häufigsten angegebenen Ursachen.

Warum fällt Geld als Konfliktquelle so schwer ins Gewicht? Wenn sich Menschen über Finanzen streiten, dann geht es eigentlich gar nicht um Dollars oder Euros, sondern um Werte, Wünsche und Prioritäten. Wenn man in materiellen Fragen uneins ist, bedeutet das letztlich, dass man mit seinem Partner in einigen Grundprinzipien der Beziehung nicht im Gleichklang ist.

Sich ein gemeinsames Leben aufzubauen heißt, Pläne zu schmieden, sich Ziele zu setzen und auf etwas hinzuarbeiten, das mindestens gleich gut, wenn nicht sogar besser ist als das, was man vorher hatte. Geld dient dabei häufig als Gradmesser, wie weit man von diesen Bestrebungen noch entfernt ist. Wünscht man sich eine größere Wohnung oder eine neue Küche? Fährt man gern ein- oder zweimal pro Jahr in den Urlaub? Geht man gern essen, oder kocht man lieber zu Hause? Schickt man die Kinder auf eine öffentliche oder eine Privatschule? Möchte man ihnen beim Studium unter die Arme greifen? Hat man ausreichend vorgesorgt, um früh in Rente gehen und gemeinsam die Welt bereisen zu können?

Mit einer landesweiten Umfrage unter mehr als 21 000 Paaren versuchte David H. Olson, ein altgedienter Beziehungsforscher und ehemaliger Professor für Familiensoziologie an der University of Minnesota, die Merkmale einer stabilen Ehe zu ermitteln. Er fand heraus, dass sogar glückliche Paare öfter über Geld als über jedes andere Thema streiten, doch in problematischen Beziehungen führen monetäre Dispute häufiger zu erhitzten Meinungsverschiedenheiten.[169]

Dr. Olson kam zu dem Schluss, dass fünf simple Fragen Aufschluss geben, ob Geld in einer Partnerschaft ein schwerwiegender Konfliktpunkt ist. Machen Sie bitte den folgenden Test, und vergleichen Sie dann Ihre Ergebnisse mit denen der befragten Probanden.

Beziehungstest 9:
Finanzielle Stärken glücklicher Paare

Lesen Sie sich die folgenden Sätze gut durch und notieren Sie sich, ob Sie jeweils zustimmen oder nicht. Nehmen Sie sich ruhig Zeit und denken Sie über jede Aussage ausführlich nach. Dieser Test wird Ihnen Aufschluss darüber geben, ob Geld und Schulden positive oder negative Faktoren in Ihrer Beziehung sind.

1. Wir sind uns einig, wie wir unser Geld ausgeben.
2. Ich mache mir keine Sorgen darüber, wie mein Partner mit Geld umgeht.
3. Wir sind zufrieden mit unseren Sparplänen.
4. Hohe Schulden sind kein Problem.
5. Finanzielle Entscheidungen zu treffen, ist nicht schwer.

Zu welchem Ergebnis sind Sie gekommen? Diese Aussagen sind tatsächlich eine Art Nagelprobe für die Zufriedenheit der Partner in einer Ehe. Glückliche Paare stimmen vier oder gar fünf der aufgezählten Aussagen zu. Wenn die Partner sich hingegen nicht auf diese Sätze einigen können, dann besteht eine hohe Wahrscheinlichkeit, dass sie auch allgemein bei der Beziehungsqualität schlecht abschneiden. Hier die Ergebnisse glücklicher und unglücklicher Paare in David Olsons Umfrage. Von den Probanden, die im ehelichen Zufriedenheitstest gut abschnitten, sagten:

89 Prozent, sie seien sich einig, wie sie ihr Geld ausgeben,
80 Prozent, dass sie sich keine Sorgen darüber machten, wie ihr Partner mit Geld umgehe,
73 Prozent, sie seien zufrieden mit ihren Sparplänen,
76 Prozent, hohe Schulden seien kein Problem, und
80 Prozent, finanzielle Entscheidungen zu treffen, sei nicht schwer.

Bei den Paaren wiederum, die dem Test zufolge nicht sonderlich zufrieden in ihren Partnerschaften waren, kam klar zum Ausdruck, dass finanzielle Probleme Schwierigkeiten in ihrer Ehe auslösten. Von diesen Paaren sagten:

59 Prozent, sie seien sich uneinig, wie das Geld ausgegeben werden solle,
68 Prozent, sie machten sich Sorgen darüber, wie ihr Partner mit Geld umgehe,
71 Prozent, sie seien unzufrieden mit ihren Sparplänen,
65 Prozent, hohe Schulden seien ein Problem, und
68 Prozent, finanzielle Entscheidungen zu treffen, sei schwierig.

Quelle: National Survey of Marital Strengths 2003.

Mein eigenes Ergebnis bei dieser Befragung hätte starke Hinweise auf eine problematische Beziehung gegeben. Wie vielen der Aussagen hätten mein Mann und ich beide zustimmen können? Vermutlich keiner einzigen. Aber wenn man uns damals gefragt hätte, dann hätte keiner von uns beiden finanzielle Meinungsverschiedenheiten als unser größtes Problem angegeben.

Ganz besonders Schulden können tiefgreifende Auswirkungen auf eine Ehe haben. Zum einen sind finanzielle Verpflichtungen ein Hauptgrund, warum Paare ihre Hochzeit hinauszögern. Zum anderen bringen fast drei Viertel aller Menschen Schulden in ihre Ehe ein, in erster Linie in Form von Kreditkartenrechnungen, Studienkrediten, Arztrechnungen und Raten fürs Auto.

Gleichzeitig zeigen wissenschaftliche Untersuchungen, dass Schulden die häufigste Ursache für ehelichen Unfrieden bei Frischverheirateten und ein weitverbreiteter Grund sind, erst spät Kinder zu bekommen.

Ein charakteristisches Merkmal von Paaren, die hohe Werte in Ehezufriedenheitstests erzielen, ist, dass sie meist keine nennenswerten Schulden haben. Glücklich Verheiratete sind weniger von Geldsorgen geplagt und sich darüber einig, wie viel gespart werden soll. Denken Sie einmal kurz darüber nach, was diese Ergebnisse für Ihr eigenes Beziehungsglück bedeuten. *Wenn Sie Ihre Schuldenprobleme lösen, dann haben Sie einen großen Schritt getan, um Ihre Eheprobleme zu lösen.*

Die meisten Finanzstreitigkeiten, auch das förderte die Befragung zutage, rühren daher, dass ein Partner der Meinung ist, der andere sollte etwas umsichtiger mit Geld umgehen. Am ausgeprägtesten ist dieses Problem, wenn Paare erst in etwas höherem Alter geheiratet haben und nicht daran gewöhnt sind, ihre wirtschaftlichen Entscheidungen mit einem anderen Menschen absprechen zu müssen.

Doch manchmal gibt auch ein Ehegatte ohne das Wissen des Partners Geld aus. Das nennt man «finanzielle Untreue», und Eheberater sagen, es sei ein Vertrauensbruch und zerstöre Beziehungen. Heimliches Geldausgeben kommt überraschend häufig vor. Im Rahmen einer von dem Finanzunternehmen GMAC durchgeführten Umfrage gaben Männer und Frauen aus einem Drittel der 2800 teilnehmenden Haushalte zu, mindestens einen Kauf vor ihrem Partner verheimlicht zu haben. Am gängigsten waren das Ausgaben für Kleidung, Hobbyzubehör und Glücksspiel.

Selbst wenn das Geld kontrolliert ausgegeben wird, fällt es manchen Paaren schwer, wie Dr. Olsons Studie zeigte, sich zu einigen, wie viel man sparen sollte, wo die Prioritäten liegen und wer die Verfügungsgewalt über die Finanzen bekommt. Es folgt ein weiterer Test, den Dr. Olson einsetzte, um zu ermessen, wie sich finanzielle Konflikte auf Beziehungen auswirken:

Beziehungstest 10:
Wie Geld Ihrer Ehe schaden kann

Lesen Sie sich die folgenden Sätze gut durch und notieren Sie sich, ob Sie jeweils zustimmen oder nicht. Nehmen Sie sich ruhig Zeit und denken Sie über jede Aussage ausführlich nach. Dieser Test wird Ihnen Aufschluss darüber geben, in welchem Ausmaß das Thema Geld zu Ihren ehelichen Konflikten beiträgt.

1. Ich wünschte, mein Partner würde vorsichtiger mit Geld umgehen.
2. Wir haben Schwierigkeiten, Geld zu sparen.
3. Es fällt uns schwer, zu entscheiden, welche Anschaffungen wichtig sind und welche nicht.
4. Hohe Schulden sind ein Problem für uns.
5. Mein Partner versucht, die Finanzen zu kontrollieren.

Wie vielen dieser Aussagen konnten Sie zustimmen? Falls es auch nur eine einzige war, dann besteht die Wahrscheinlichkeit, dass finanzielle Sorgen einen Tribut von Ihrer Ehe fordern. In Dr. Olsons Befragung stolperten die Paare, die laut Testergebnis nicht sonderlich zufrieden in ihrer Beziehung waren, sehr häufig auch über diese finanziellen Hürden:

72 Prozent wünschten sich einen Partner, der vorsichtiger mit Geld umgeht,
72 Prozent gaben an, Schwierigkeiten beim Sparen zu haben,
66 Prozent fiel es schwer, sich zu einigen, welche Anschaffungen wichtig waren und welche nicht,
56 Prozent sagten, hohe Schulden seien ein Problem, und
51 Prozent waren der Meinung, einer der Partner versuche, die Finanzen zu kontrollieren.

Quelle: National Survey of Marital Strengths 2003.

Die wichtigste Lehre aus Dr. Olsons großangelegter Studie ist, dass selbst glückliche Paare über Geld streiten. Am zufriedensten aber sind diejenigen, die gelernt haben, sich zu einigen, wofür das Geld ausgegeben wird, die finanzielle Entscheidungen gemeinsam treffen und die nicht unter einer Schuldenlast leiden.

Alles in allem: Streit und Konflikt in der Ehe

Selbst in den besten Ehen gibt es schlechte Phasen, jene schwierigen Zeiten, die mit den «schlechten Tagen» des Eheversprechens gemeint waren. Doch die Erkenntnisse der Beziehungsforscher lehren uns, dass es gar nicht so kompliziert ist, die Problembereiche einer Ehe aufzudecken und sie zu bereinigen, wie viele Experten uns früher glauben machen wollten. Häufig konzentrieren sich Paare, die in ihrer Ehe zu kämpfen haben, auf die falschen Dinge. Wobei natürlich jede Partnerschaft ein gewisses Maß an Konflikten mit sich bringt. Die Herausforderung liegt darin, nicht mit dem Streiten aufzuhören, sondern zu lernen, wie man sich richtig auseinandersetzt.

Paare, die wissen, wie das funktioniert, können Konflikte nicht nur nutzen, um Probleme zu lösen, sondern dadurch sogar ihre Beziehung stärken. Dabei geht es nicht in erster Linie darum, wie oft oder worüber man debattiert. Wichtig ist vielmehr, welche Worte man wählt, wie man einen Streit beginnt und beendet, ob man kritisch, vorwurfsvoll und schroff ist oder aber legitime Beschwerden auf eine möglichst unaggressive Art formuliert. Wenn man erst einmal gelernt hat, mit Konflikten besser umzugehen, hat man einen Rahmen geschaffen, innerhalb dessen man die Hauptthemen klären kann, über die man sich in den Haaren liegt – Dinge wie Kindererziehung, Hausarbeit und Geld.

Die gute Nachricht lautet, dass es durchaus Methoden gibt, um die Probleme zu lösen und die Chancen auf eine dauerhafte Ehe zu verbessern. Wie Sie in Teil III gleich sehen werden, haben Forscher eine Reihe von Risikofaktoren für eine Scheidung ermittelt und außerdem mehrere Rezepte für eine gesunde Ehe entwickelt – proaktive Schritte, mit deren Hilfe Sie und Ihr Partner die Stabilität und Zufriedenheit Ihrer Beziehung nachhaltig steigern können.

Von jetzt an

Die bessere Hälfte:

Geschlechterrollen und Machtkämpfe überwinden

Wenn du dich passend vermählen willst,
vermähle dich mit deinesgleichen.

Ovid

In einer Studie, in der sie die Berufs- und Familienrollen von 150 Paaren verglich[170], stieß die Professorin Francine Deutsch vom Mount Holyoke College auf zwei Paare mit ähnlichen beruflichen Konstellationen. In beiden Fällen hatte ein Collegedozent einen Mediziner geheiratet. Im ersten Fall war die Frau die Dozentin, und sie und ihr Mann waren sich einig, dass seine Arbeit als Arzt viel weniger flexibel sei.

Bei dem zweiten Paar war er der Hochschullehrer und sie die Ärztin. Man höre und staune: Die beiden waren sich genauso einig, dass sein Job am College nicht annähernd so flexibel sei wie ihrer.

Viele Frauen und Männer würden sagen, dass Gleichberechtigung in einer Beziehung ihnen wichtig sei, doch die wahre Herausforderung liegt darin, das im realen Leben auch umzusetzen, da Paare eben doch sehr häufig auf traditionelle Geschlechterrollen zurückgreifen. Warum ist Gleichheit in einer Ehe ein so schwierig zu erreichendes Ideal? Was für eine Rolle spielt das Geschlecht in der Kommunikation zwischen Partnern und der Aufteilung ehelicher Verantwortung? Ist eine 50-50-Ehe wirklich wünschenswert? Ist sie überhaupt möglich?

Um diese Fragen zu beantworten, haben sich diverse Beziehungsforscher mit zwei Arten von Paaren befasst, die mit traditionellen Ehemustern gebrochen haben. Die erste Gruppe, die neue Einsichten über Geschlecht und Beziehungen gewähren kann, überrascht vielleicht – es handelt sich um schwule und lesbische Paare. Wenn man bedenkt, dass gleichgeschlechtliche Ehen nur in wenigen Ländern erlaubt sind, kann man kaum glauben, dass man so viel von homosexuellen Partnerschaften lernen kann. Doch eine umfassende Sammlung wissenschaftlicher Literatur zu diesem Thema eröffnet wichtige Erkenntnisse über das Paarverhalten im Allgemeinen und die Dynamik zwischen Ehemann und Ehefrau im Besonderen. Per definitionem gibt es in homosexuellen Beziehungen keine Geschlechtsunterschiede. Im direkten wissenschaftlichen Vergleich mit heterosexuellen Paaren wird deutlich, wie häufig Geschlechterfragen eine Ehe bestimmen – und schwächen.

Der zweite Ehetyp, den die Wissenschaftler unter die Lupe genommen haben, ist die sogenannte 50-50-Ehe. Solche Paare sind selten und zeichnen sich dadurch aus, dass sie sich Haushalt, Beruf und Kinderbetreuung zur Hälfte teilen. Vielen Paaren machen praktische, soziale und logistische Hindernisse eine solche Beziehung unmöglich, dennoch kann man von diesen Partnerschaften einiges über Fragen des Geschlechts, der Gleichberechtigung und der Fairness lernen, die einer glücklichen Ehe häufig im Weg stehen.

Wenn das Geschlecht beim Streiten keine Rolle spielt

Der Psychologe Robert W. Levenson von der University of California in Berkeley hatte sich sein ganzes Berufsleben lang mit der Interaktion von Ehepartnern untereinander befasst. Er und sein Kollege John Gottman von der University of Washington hatten Pionierarbeit bei der Aufzeichnung und Codierung von Gesprächen geleistet, durch die sie – mit verblüffender Genauigkeit – die Stabilität von Beziehungen vorhersagen konnten.

Viele der Muster, die sich herausbildeten, waren allerdings an Geschlechtergrenzen ausgerichtet.

«Es gab sehr verlässliche Unterschiede zwischen Männern und Frauen und der Art und Weise, wie sie besonders mit negativen Emotionen umgingen», sagt Dr. Levenson. «Frauen wollten immer über Probleme sprechen und drängten darauf, Konflikte zu lösen. Männer hingegen wollten sich einfach nur entziehen und waren scheinbar nicht in der Lage, den offenen Umgang mit solchen Themen zuzulassen.»

War dieses Verhalten tatsächlich geschlechtergebunden? Wie viel von diesen Mustern beruhte auf Biologie, und was konnte man der Sozialisation sowie kulturellen Geschlechterrollen zuschreiben? Es gab nur einen Weg, das herauszufinden: Paare zu studieren, in denen es keine Geschlechterunterschiede geben konnte.

Dr. Levenson, Dr. Gottman und mehrere Kollegen führten eine zwölfjährige Studie durch, in der sie mit und ohne Trauschein zusammenlebende Paare miteinander verglichen, und zwar sowohl homo- als auch heterosexuelle. Sie zeichneten Konfliktgespräche zwischen gleichgeschlechtlichen Paaren auf, genau wie sie es in früheren Untersuchungen heterosexueller Partnerschaften getan hatten. Die Paare sollten erst über ein Alltagsthema sprechen und später einen Dauerstreitpunkt diskutieren. Wie sich herausstellte, waren viele der Ergebnisse nicht weiter bemerkenswert. Genau wie in allen anderen wird auch in festen homosexuellen Beziehungen geliebt, gestritten, sich getrennt oder zusammengeblieben.

Doch als die Forscher das Verhalten der schwulen und lesbischen Paare mit dem der gemischtgeschlechtlichen verglichen, traten einige erstaunliche Unterschiede zutage. Videoband für Videoband wurde deutlich, dass das Konfliktverhalten ein vollkommen anderes ist, wenn zwei Angehörige desselben Geschlechts an der Auseinandersetzung beteiligt sind.[171]

Die Videoaufzeichnungen zeigten, dass Debatten zwischen zwei Männern oder zwei Frauen von weniger Verbalattacken geprägt waren als zwischen Mann und Frau. Außerdem gaben sich die Partner mehr Mühe, die Konfrontation zu entschärfen. Auch der Einsatz herrschsüchtiger oder aggressiver emotionaler Taktiken war unter homosexuellen Paaren weniger gängig. Nicht zuletzt zeigten sie insgesamt eine weitaus positivere Haltung als nicht gleichgeschlechtliche Ehepaare.

Selbst die physischen Reaktionen unterschieden sich. Schwule und lesbische Paare wiesen während der Streitgespräche seltener erhöhten Herzschlag oder Adrenalinschübe auf. Auch erholten sie sich schneller von den Konflikten und nahmen Sticheleien oder Gehässigkeiten im Zuge der Auseinandersetzung weniger persönlich. Im Vergleich dazu hielt der körperliche Erregungszustand bei heterosexuellen Männern und Frauen viel häufiger nach dem Streit noch an.

«In wirklich negativen Kommunikationssituationen gelang es schwulen und lesbischen Paaren, Humor und Zuneigung einzusetzen, wodurch es ihnen möglich war, einen Schritt vom Abgrund zurückzutreten und weiterhin über das eigentliche Problem zu sprechen, anstatt in die Luft zu gehen», erklärte Dr. Levenson.

Einen wichtigen Bereich gab es, in dem schwule Männer schlechter abschnitten als heterosexuelle oder lesbische Paare. Und zwar, was die «Reparaturarbeiten» nach einem Streit betraf. Nicht gleichgeschlechtliche und lesbische Paare waren sichtlich besser darin, die Wogen wieder zu glätten. In solchen Dingen sind Frauen nun mal tendenziell geschickter als Männer.

Wenn Paare um die Macht kämpfen

Es gab noch ein weiteres unerwartetes Ergebnis dieser Studie. Eine gängige Dynamik in Konfliktgesprächen bei Ehepaaren nennt man «Nähesucher – Distanzwahrer» oder vielmehr

«Forderung – Rückzug». In diesen Beziehungen spricht ein Partner ein Problem an und fordert Veränderung. Doch über Beziehungsthemen zu reden, macht dem anderen Angst, weswegen er sich dem Gespräch verweigert, indem er beispielsweise die Zeitung liest, den Fernseher anstellt oder irgendeine banale Haushaltstätigkeit erledigt. Die kurzfristige Flucht führt zu Verärgerung über das «Nörgeln» des Partners, der wiederum wird ebenfalls wütend und zieht sich beleidigt zurück, weil ihm nicht zugehört wird. Das ist ein gefährliches Verhaltensmuster und der Typ von Ehe, der am anfälligsten für Unzufriedenheit und Scheidung ist.

In 80 Prozent der Fälle ist die Frau diejenige, die Forderungen stellt oder die «Nähe sucht», da sie die Probleme angehen und diskutieren möchte. Der Mann hingegen entzieht sich in der Regel, meidet Konfrontationen und nimmt die Rolle des «Distanzwahrers» ein. Beziehungsforscher haben lange geglaubt, dieses Verhaltensschema liege im sozialen Geschlecht begründet. Frauen würden dazu erzogen, zu kommunizieren, diskutieren und ihre Gefühle auszudrücken, Männern bringe man bei, ihre Emotionen für sich zu behalten und Konflikten aus dem Weg zu gehen.

Als die Psychologin Sarah R. Holley aus Berkeley die auf Video aufgezeichneten Streitgespräche von 63 heterosexuellen, schwulen und lesbischen Paaren analysierte, entdeckte sie jedoch, dass der Konflikttyp Forderung – Rückzug gleichmäßig bei allen Paaren auftauchte. Woraus abzuleiten ist, dass das Geschlecht nicht die Ursache dafür sein kann, dass ein Partner Forderungen stellt und der andere in Deckung geht. In Wahrheit, sagt Holley, drehe es sich um Macht.[172]

Woher kommt die Macht in einer Beziehung? Macht gewinnt in der Regel derjenige, der über größere Ressourcen verfügt. Das könnte eine höherwertige Ausbildung oder ein besserer Job, ein höheres Einkommen oder ein besserer sozialer Status sein. Nehmen wir mal ein Paar, bei dem ein Partner sehr viel verdient, während der andere nur wenig nach Hause bringt oder überhaupt keiner Erwerbstätigkeit nachgeht. Natürlich können Entscheidungen, wofür das Geld verwendet, ob eine teure Urlaubsreise gemacht oder was für ein Auto angeschafft wird, von beiden Partnern diskutiert werden, aber letztendlich hat wahrscheinlich der Besserverdienende das letzte Wort oder zumindest ein Vetorecht. Untersuchungen zeigen, dass bei schwulen Paaren zumeist der Ältere oder Wohlhabendere mehr Macht in der Beziehung besaß.[173] Die erwähnte große *American Couples*-Studie erwies, dass das Einkommen ein ganz entscheidender Faktor ist, wenn es um die Dominanz in einer schwulen Beziehung geht.

Dasselbe gilt für ein Ungleichgewicht im Hinblick auf den sozialen Status. Stellen wir uns vor, ein Partner ist ganz normaler Lehrer und der andere Politiker, Schriftsteller oder Schauspieler, das heißt, Letzterer ist bekannter und verfügt über einen größeren Bekanntenkreis, der ebenfalls aus Künstlern und Personen des öffentlichen Lebens, also Menschen von hohem gesellschaftlichem Status, besteht. Sehr wahrscheinlich wird sich der mit dem glamourösen Job und den schillernden Freunden in der Freizeitgestaltung durchsetzen.

Macht kann außerdem davon bestimmt werden, wie stark das persönliche Glück eines Partners von der Beziehung abhängt. Wenn einer von beiden sehr am anderen hängt, während der sich wiederum seiner Gefühle nicht ganz sicher ist, dann hat Letzterer natürlich eine deutlich bessere Position. Jemand, der ohne seinen oder ihren Partner «nicht leben kann», wird eher Kompromisse eingehen, wer etwas unschlüssig ist, kann leichter abwarten, bis er bekommt, was er will, da die Konsequenzen eines Streits oder gar einer Trennung für ihn nicht so folgenschwer sind.

Woher weiß man, wer in einer Beziehung die Macht hat? Studien haben einen einfachen, aber deutlichen Anhaltspunkt ergeben: Wer unterbricht in einer Unterhaltung? Wer wird unterbrochen? Ist ein Partner im Gespräch dominant, fällt also beispielsweise dem anderen ins Wort, dann ist das ein klares Zeichen, dass in der Beziehung ein Machtgefälle besteht.[174]

Das stärkste Anzeichen aber für eine ungleiche Verteilung von Macht ist, wenn ein Partner Forderungen stellt, die der andere ignoriert oder zurückweist. «Wenn jemand sich seinem Partner gegenüber beklagt, liegt das daran, dass der Status quo für denjenigen nicht zufriedenstellend ist», stellt Dr. Levenson fest. «Menschen, die in ihrer Beziehung unglücklich sind, nörgeln. Und wer seinen Willen immer durchsetzt, hat nichts davon, Macht abzugeben.»

Die Lehre aus der Erforschung gleichgeschlechtlicher Beziehungen lautet, dass man diese Form von Machtgefälle nicht einfach auf Geschlechtsunterschiede schieben darf. «Wie jeder andere dachte ich lange, es gehe hier um männliches und weibliches Verhalten», so Dr. Levenson. «Doch diese Studie lehrt uns, dass man nicht einfach sagen kann ‹Männer sind eben so› oder ‹Frauen sind eben so›. Was bedeutet, dass eine viel größere Hoffnung besteht, daran etwas zu verändern.»

Den Standpunkt des Partners nachvollziehen

Dr. Glenn Roisman, Dozent für Psychologie an der Universität von Illinois in Urbana-Champagne, hat eine Studie unter 259 Paaren durchgeführt, die deshalb so ungewöhnlich war, weil viele unterschiedliche Beziehungstypen einbezogen wurden. 109 der Paare waren liiert, 50 verlobt, 40 schon länger verheiratet und 60 schwul oder lesbisch. Im Großen und Ganzen waren die homosexuellen Beziehungen genauso eng und stabil wie die anderen.[175] Außerdem kam heraus, dass lesbische Paare besser Konflikte lösen können als schwule oder heterosexuelle.

Doch Dr. Roisman ergänzte seine Studie um einen interessanten Aspekt: Im Rahmen der Erforschung des Kommunikationsstils interessierte ihn, ob das Geschlecht oder die Sexualität der Aspekt war, der die Beziehungen voneinander unterschied. Also bildete er mehrere Paare aus zwei Menschen, die einander nicht kannten, und ließ sie in einer Versuchsanordnung zusammenarbeiten. Jeweils zwei Probanden desselben oder unterschiedlichen Geschlechts wurden gebeten, gemeinsam ein komplexes dreidimensionales Puzzle zu lösen.

Die gleichgeschlechtlichen Testgruppen kooperierten effektiver als die anderen. Ob nun Liebespaar oder nicht, ganz offensichtlich klappt die Kooperation nur unter Männern oder nur unter Frauen besser.

«Der Vorteil, den homosexuelle Liebespaare in Bezug auf Konfliktbewältigung haben, ist möglicherweise weniger der sexuellen Orientierung per se zu verdanken als der Geschlechtsprägung dieser Partnerschaften», meinte Dr. Roisman. «Vielleicht lassen sich Konflikte schlichtweg einfacher mit einem Angehörigen des eigenen Geschlechts lösen.»

Das heißt jetzt nicht, dass heterosexuelle Paare immer im Nachteil sind, wenn es um Beziehungsprobleme geht. Eine Erkenntnis aus der Erforschung gleichgeschlechtlicher Paare ist, dass es der Konfliktbewältigung förderlich ist, auch den Standpunkt des Gegenübers zu berücksichtigen. Heterosexuelle, die sich in ihren Partner hineinversetzen können und geübt darin sind, Streitigkeiten zu entschärfen, schneiden nachweislich genauso gut bei der Lösung von Problemen ab. Die Perspektive, sagt Dr. Levenson, sei offensichtlich der «aktive» Bestandteil stabiler Beziehungen.

«Der beste Rat lautet, nach Möglichkeit unterschiedliche Standpunkte einzunehmen, dadurch ein Verständnis zu erreichen und zu versuchen, den Konflikt mit den Augen des anderen zu betrachten», sagt er. «Es wäre möglich, dass genau das für heterosexuelle Paare mehr Anstrengung bedeutet.»

Eines der auffälligsten Merkmale gleichgeschlechtlicher Paare ist, dass die Beteiligten meistens über ein stabiles Netzwerk von Freundschaften außerhalb der Beziehung verfügen. In vielen heterosexuellen Beziehungen schotten sich die Partner stärker ab, konzentrieren sich aufeinander und die Kinder – worunter häufig die Beziehungen zu Verwandten und Freunden leiden. Auf die Dauer entsteht dadurch ein immenser Druck, dem Partner «alles» zu sein.

Schwule und Lesben hingegen haben – vielleicht weil die eigene Familie manchmal Schwierigkeiten hat, sie zu akzeptieren – die Tendenz, sich einen ausgedehnten Freundeskreis aufzubauen und sich darin auch stark zu engagieren.

«Gleichgeschlechtliche Paare und Singles leben nicht in einer Kernfamilie», erklärt Dr. Rothblum, Dozentin für Frauenforschung an der San Diego State University. «Sie pflegen enge Bindungen zur Gemeinschaft ihrer gleichgeschlechtlichen Freunde, sie besuchen Filmfestivals und Lesungen und alle möglichen anderen Veranstaltungen. Es ist ein ganz wunderbares Netzwerk. Einfach nur lesbisch zu sein, verleiht einem automatisch die Mitgliedschaft in einem Kollektiv. Das ist etwas, worüber heterosexuelle Paare nicht verfügen.»

Laut Dr. Rothblum heißt das, dass Schwule und Lesben häufig mehrere Ventile haben, um Beziehungsstress abzulassen. «Heterosexuelle Männer sagen gern, dass ihre Frau ihre beste oder auch ihre einzige Freundin ist», sagt Dr. Rothblum. «Wenn ihr etwas zustößt oder sie sich von ihm trennt, hat er sein gesamtes soziales Netzwerk verloren. Ich halte es für gesünder, wenn es gewisse Dinge gibt, die man mit seinen Freunden macht, und wenn es bestimmte Menschen gibt, bei denen man sich am Telefon ausheulen kann. Außerdem hat man dann noch seinen Partner. Auf diese Art kann man unterschiedlich mit Stress umgehen, wenn er auftaucht.»

Die Soziologinnen Naomi Gerstel von der University of Massachusetts in Amherst und Natalia Sarkisan vom Boston College haben herausgefunden, dass verheiratete Menschen weniger Kontakt zu Verwandten pflegen als nicht verheiratete. Im Vergleich zu Singles besuchen sie ihre Eltern und andere Familienmitglieder seltener und rufen auch nicht so oft an. Zudem kappt die Heirat auch die Verbindungen der Partner zur größeren Gemeinschaft. So verkehren Ehepaare seltener mit Nachbarn und helfen ihren Freunden weniger. Auch sind sie in geringerem Maße politisch aktiv, ob es nun um die Teilnahme an einer Kundgebung oder das Unterzeichnen einer Petition geht.[176]

Die wichtigste Erkenntnis aus diesen Forschungen lautet, dass belastungsfähige Freundschaften außerhalb der Ehe enorm viel Druck von der Beziehung nehmen können. Dadurch fällt es leichter, Probleme auch ohne Partner zu verarbeiten und letztlich die eigene Ehe vor unnötigem Stress und Missstimmungen zu schützen. Freundschaften sind also gut für die Ehe.

Wenn das Geschlecht bei der Kindererziehung keine Rolle spielt

Elternpflichten werden ebenfalls in den meisten Ehen nach Geschlechterrollen aufgeteilt, wobei die Frauen den Großteil der Kindererziehung und -pflege übernehmen. Homosexuelle Paare können die Verantwortung schlecht nach diesem Kriterium aufteilen, daher kann das wissenschaftliche Studium gleichgeschlechtlicher Eltern uns helfen, die Rollen und Probleme heterosexueller Paare besser zu verstehen.

Philip und Carolyn Cowan, die beiden Berkeley-Dozenten, haben einen speziellen Fragebogen entwickelt, um herauszufinden, wie Haushalts- und Elternpflichten in Familien aufgeteilt werden. Darin werden die einzelnen Partner gefragt «Wie ist es jetzt?», aber auch «Wie würde ich es mir wünschen?». In vielen Fällen bilden die Ergebnisse die drastische Ungleichverteilung der häuslichen Verantwortung unter heterosexuellen Paaren ab.

Charlotte Patterson, Psychologieprofessorin an der Universität von Virginia, legte den Fragebogen lesbischen Eltern vor und entdeckte, dass ihre Antworten sich sehr stark davon unterschieden. Frauenpaare verteilten die Arbeit im Haushalt sehr viel gerechter und klagten deutlich seltener, dass sie es sich anders «wünschen würden».

Auch die Berufstätigkeit außer Haus analysierte Patterson und kam zu dem Ergebnis, dass sowohl hetero- als auch homosexuelle Paare insgesamt etwa 70 Stunden pro Woche bezahlter Arbeit nachgehen. Bei nicht gleichgeschlechtlichen Elternpaaren entfällt mit 47 Stunden ein größerer Anteil der Erwerbspflichten auf die Männer, im Gegensatz zu 24 Stunden im Schnitt für die Frauen. Lesbische Mütter hingegen arbeiten normalerweise beide jeweils etwa 35 Wochenstunden.

Bei lesbischen Eltern ist eine der Hauptkonfliktquellen die Kinderbetreuung. Während bei heterosexuellen Paaren in der Regel darum gestritten wird, dass einer von beiden (meistens der Mann) seinen Anteil an der Arbeit nicht erfüllt, liegt das Problem für Frauenpaare häufig darin, dass einer der Partner sich ausgeschlossen fühlt. Laut der National Longitudinal Lesbian Family Study unter der Leitung von Nanette Gartrell, einer Psychiaterin an der University of California in San Francisco, klagen lesbische Mütter oft, dass sie nicht ausreichend Zeit mit den Kindern abbekommen.

Dr. Gartrell hat festgestellt, dass die Konflikte häufig entstehen, wenn die biologische Mutter stillt, während die andere unbeteiligt zusehen muss. Nicht zu vergessen an dieser Stelle ist, dass bei nicht gleichgeschlechtlichen Paaren die Stillzeit häufig von Spannungen und Intimitätsverlust geprägt ist.

Lesbische Beziehungen zeichnen sich dadurch aus, dass gemeinsame Anstrengungen zu einem Ausgleich unternommen werden, oft mittels ausführlicher Diskussionen, in denen ein

Partner seine Unzufriedenheit zur Sprache bringt. Häufig werden die Konflikte dadurch gelöst, dass die nicht biologische Mutter dem Kind die Flasche geben und andere Rituale – wie zum Beispiel das Baden – übernehmen darf.

Ist eine 50-50-Ehe wirklich möglich?

Vor einigen Jahren erkundigte ich mich bei einem Kollegen in der Redaktion nach dem Fußballverein seines Sohnes und dem Ballettunterricht seiner Tochter. Er sah mich nur sprachlos an. Seine Frau, eine vielbeschäftigte Bankangestellte in leitender Funktion, kümmerte sich um sämtliche außerschulischen Aktivitäten der Kinder, obwohl er ganz eindeutig den flexibleren Job hatte. Darauf angesprochen zuckte er nur die Achseln und gab zu, dass diese Aufteilung nicht unbedingt sehr sinnvoll sei. Hätte man meinen Kollegen und seine Frau gefragt, hätten sie vermutlich geantwortet, in ihrer Ehe seien beide Partner gleichberechtigt.

Sie war sogar die Haupternährerin der Familie. Doch andere Aspekte ihrer Ehe orientierten sich an der Geschlechtergrenze. Zwar «half» er beim Einkaufen, Kochen und bei der Kinderbetreuung, doch der Großteil der häuslichen Pflichten fiel seiner Frau zu.

Wobei wir wieder bei dem Dilemma von Theorie und Praxis wären – viele Paare befürworten Gleichberechtigung, merken aber, wie schwierig sie im täglichen Leben umzusetzen ist. Die Psychologieprofessorin Dr. Deutsch stellte fest, dass viele Menschen sich egalitäre Partnerschaften wünschen, das Ideal aber häufig mit der Realität nicht vereinbar ist.

Ein Teil des Problems liegt für berufstätige Paare auch darin, dass ungeachtet der Erwerbstätigkeit Männer und Frauen häufig den Job der Frau als flexibler empfinden. Das mag daran liegen, dass sie schlichtweg eher bereit ist als er, ihre Stundenzahl zu drosseln, um die Bedürfnisse ihrer Familie zu erfüllen. «Das Geschlecht filtert den Blick auf die Welt», sagt Dr. Deutsch. «Berufstätige Frauen suchen nach Wegen, ihren Job flexibler zu gestalten. Sie verhandeln mit ihren Arbeitgebern. Ich vermute, dass Männer das nicht annähernd so häufig probieren. Einiges in meinen Studien deutete genau darauf hin.»

Unter anderem interviewte Dr. Deutsch einen männlichen Postangestellten, der sagte, Teilzeitbeschäftigung oder flexible Arbeitszeiten seien in seiner Branche schlicht nicht möglich. Dennoch erwähnte er im selben Gespräch mehrfach eine Kollegin, die flexible Arbeitszeiten hatte. Ein ähnliches Erlebnis hatte Dr. Deutsch mit einem männlichen Arzt, der sagte, es bleibe ihm gar nichts anderes übrig, als über 40 Stunden pro Woche zu arbeiten, und gleichzeitig zugab, dass eine Kollegin einen Weg gefunden hatte, Teilzeit zu arbeiten. «Der Druck auf Frauen, Möglichkeiten zu finden, um Arbeit und Familie zu vereinbaren, führt dazu, dass sie ihre Jobs mit anderen Augen betrachten und systematisch nach Lücken suchen, die ihnen ermöglichen, etwas Flexibilität zu erreichen», erklärt Dr. Deutsch. «Männer gehen einfach davon aus, dass Flexibilität nicht möglich ist.»

Dr. Deutsch erkennt an, dass es Einfluss auf die berufliche Karriere haben kann und auch hat, um eine flexible Stundenregelung zu bitten oder die Arbeitszeit zu reduzieren. Doch das Risiko besteht nicht nur für Männer. «Männer haben das Gefühl, wenn sie das machen, werden sie in ihrem Beruf nicht mehr ernst genommen», sagt Deutsch. «Das kann sowohl für Männer als auch Frauen Konsequenzen haben, aber Frauen sind eher bereit, diesen Kompromiss einzugehen.»

Dr. Deutsch hat den Begriff «equally shared parenting», in etwa «gleichmäßig aufgeteilte Elternschaft», geprägt, um diese 50-50-Beziehungen zu beschreiben. Sie stellt fest, dass Gleichberechtigung in heterosexuellen Beziehungen sowohl von Männern als auch von Frauen das Ablegen von Geschlechterrollen erfordert. Allerdings werden manche dieser Rollen schon lange vor der Hochzeit festgelegt. Ob einer oder sogar beide im Beruf kürzertreten, wenn Kinder auf die Welt kommen, könnte zum Beispiel von Entscheidungen abhängen, die bereits Jahre zuvor getroffen wurden. Vielleicht möchte der Mann gern eine Auszeit nehmen und sich zu Hause stärker einbringen, seine Frau allerdings hat Kunstgeschichte studiert, er BWL. Was die Erwerbskraft betrifft, ist es in diesem Fall sehr viel einfacher, *sie* kürzertreten und *ihn* weiterhin voll arbeiten zu lassen, weil er insgesamt viel mehr verdienen kann als seine Frau.

Trotzdem sollte man laut Dr. Deutsch die Schwierigkeiten einer gleichberechtigten Ehe nicht allein auf die Sozialisation schieben, denn das würde bedeuten, wir müssten eine komplette Generation abwarten, bis sich etwas ändern kann. Die Geschichte zeigt, dass Menschen, die mit einer bestimmten Denkweise aufgewachsen sind – sei es nun Rassismus oder die Überzeugung, dass Frauen keiner bezahlten Arbeit nachgehen sollten –, sich innerhalb eines relativ kurzen Zeitraums ändern können. Zum Beispiel ließen sich Frauen, die noch zur Hausfrau sozialisiert wurden und in den 1950ern heirateten, von der Frauenbewegung dazu inspirieren, einen Beruf zu ergreifen.

Dr. Deutsch fand heraus, dass der aussagekräftigste Faktor für die Aufgabenverteilung innerhalb einer Beziehung der Freundeskreis ist: Paare mit gleichberechtigten Partnerschaften haben normalerweise auch Freunde mit relativ gleichberechtigten Partnerschaften.

Andere Forscher kamen ebenfalls zu dem Schluss, dass eine echte 50-50-Ehe ein Paar vor zahlreiche Herausforderungen stellt.

Im Rahmen einer Befragung hunderter Paare mit und ohne Trauschein stieß die Beziehungsforscherin Pepper Schwartz zu ihrer Verwunderung auf ein paar Dutzend Probanden, die sich vom Rest abhoben. Unter Umgehung traditioneller Geschlechterrollen führten diese Männer und Frauen – zumindest dem Anschein nach – wahrhaftig gleichberechtigte Beziehungen.

Sie führte Gespräche mit etwa 30 Ehepaaren aus der Studie

und entdeckte, dass diese Beziehungen auf einer Mischung aus Fairness und Gleichheit beruhten. Jeder Partner steuerte im Verhältnis so viel Zeit und Geld zur Beziehung bei, wie er auch erhielt, und beide hatten den gleichen Status im Haushalt. Gatte und Gattin waren im selben Maß für wirtschaftliche und haushälterische Aufgaben verantwortlich.

Wirklich erstaunt war Dr. Schwartz jedoch darüber, dass diese Paare ihr Zusammenleben nicht bewusst auf maximale Fairness ausgerichtet hatten. In ihren Ehen herrschte vielmehr eine «intensive Gemeinschaft», in der sie Hausarbeit, Verantwortung und Entscheidungen gerecht aufteilten. Diese Form von gemeinschaftlicher Beziehung nannte Dr. Schwartz «Peer-Partnerschaft» oder «partnerschaftliche Ehe».

Beziehungstest 11:
Führen Sie eine partnerschaftliche Ehe?

Eine Peer-Partnerschaft wird von den folgenden vier Zielsetzungen definiert. Kreuzen Sie bitte jeweils Ja oder Nein an, um herauszufinden, wie partnerschaftlich im oben genannten Sinne Ihre Ehe ist.

1.	Haushalt und Kindererziehung sollten gleichmäßig oder fast gleichmäßig verteilt sein, maximal im Verhältnis 60 zu 40.	Ja	Nein
2.	Jeder Partner ist davon überzeugt, dass der andere gleich großen Einfluss auf wichtige Entscheidungen hat.		
3.	Beide Partner haben das Gefühl, die gleiche Kontrolle über das Familieneinkommen auszuüben.		
4.	Bei den Planungen des Paars werden beide Berufe gleich gewichtet.		

Auch wenn ein Ja bei allen vier Aussagen vielleicht beeindruckend erscheinen mag, sind diese Beziehungen auch nicht perfekt und erfordern häufig Opfer, die viele Paare schlichtweg nicht bringen können oder wollen. Dr. Schwartz fand heraus, dass partnerschaftliche Ehen fortwährend von sozialen Normen angefochten werden, die ihren persönlichen Zielen zuwiderlaufen. Die ständige Konzentration auf Gleichberechtigung kann emotional aufreibend sein – Haushalts- und Elternrollen nach Geschlecht zu verteilen, erfordert weit weniger bewusste Überlegung, als ein komplexes Balancesystem zu erarbeiten. Partnerschaftliche Paare können ihre berufliche Karriere nicht im größtmöglichen Ausmaß verfolgen, da die Beziehung Fluchtpunkt und Priorität im Leben beider Partner darstellt.

Nehmen wir zum Beispiel ein Paar, das seit 13 Jahren verheiratet war. Die Frau wollte in New York leben, um ihren Medienberuf besser ausüben zu können und näher bei ihrer Familie zu wohnen, der Mann wollte nach San Francisco, wo er wiederum aufgewachsen war und seine Verwandtschaft lebte. Ein Therapeut kam zu dem Schluss, dass die einzig gerechte Lösung lautete, alle zwei Jahre den Wohnort und die Zuständigkeit fürs Geldverdienen zu wechseln. Das Paar könnte also eine Zeitlang an der Ostküste wohnen und sich auf Job und Familie der Frau konzentrieren und im Anschluss dem Mann zuliebe an die Westküste ziehen. Das wäre selbstverständlich gerecht, aber gleichzeitig auch unrealistisch und unpraktisch. In diesem Szenario würde der Schwerpunkt auf der Gleichberechtigung beide Partner sowohl daran hindern, ihre Karriere in Schwung zu bringen, als auch tiefere Wurzeln an einem der beiden Orte zu schlagen.

Obwohl partnerschaftliche Paare häufig eine intensive Form der Gemeinschaft erleben, gaben manche der Befragten auch an, ein weniger gesundes Liebesleben zu haben. Ein Grund dafür könnte sein, dass die sexuelle Spannung häufig auf maskulinen und femininen Rollen beruht. In gleichberechtigten Ehen weichen die Geschlechterrollen auf und legen mehr Gewicht auf Freundschaft und Fairness. Das kann zwar eine großartige Partnerschaft ergeben, nimmt aber möglicherweise das Prickeln aus der Beziehung.

Zudem haben viele Paare berufliche Ziele und finanzielle Bestrebungen, die diese Art von Zusammenleben eher unpraktisch machen würden. In partnerschaftlichen Ehen schrauben sowohl Männer als auch Frauen häufig ihre Ambitionen zurück und entscheiden sich für Tätigkeiten, die ihnen flexible Arbeitsstunden ermöglichen und keine umfangreichen Überstunden oder Reisen erfordern. Eine Führungskraft zum Beispiel, die viel Zeit im Büro und unterwegs verbringt, kann keinen gleichwertigen Anteil an Hausarbeit und Kindererziehung übernehmen.

Erfahrungen einer 50-50-Ehe

Die Wahrheit lautet, dass häufig ein Partner oder sogar beide die Entscheidungen und Probleme nicht angreifen wollen, die mit einer 50-50-Ehe einhergehen. Aber selbst wer keine solche gleichberechtigte Beziehung führen möchte, kann von dieser Art von Partnerschaft eine Menge lernen.

Ein solches Paar sind Marc und Amy Vachon, denen es gelungen ist, in ihrer Beziehung «equally shared parenting» zu betreiben. Amy ist Apothekerin, Marc als Informatiker bei einer Werbeagentur angestellt. Beide arbeiten exakt 32 Stunden pro Woche, und beide Jobs haben dieselbe Wertigkeit für die Familienmitglieder. Da Amy und Marc den Schwerpunkt auf ihre Beziehung und die Kinder legen, wird keiner der beiden beruflich großartig vorankommen, sie verzichten also zugunsten des Familienlebens auf ein höheres Einkommen.

Er sagt, er möchte ein Leben im Gleichgewicht, das ihm Zeit lasse, sich um die Kinder zu kümmern, etwas mit seiner Frau zu unternehmen und mit Freunden Tennis zu spielen, aber er wolle auch kein sozial isolierter Hausmann sein. Sie sagt, sie wünsche sich ebenfalls Balance, was bedeute, nicht zu 100 Prozent mit häuslichen Pflichten belastet zu sein wie viele andere Mütter. Die zwei teilen sich den Haushalt und die Kindererziehung und treffen alle Entscheidungen gemeinsam.

Dr. Deutsch weist darauf hin, dass die Vachons nur ein Modell des ESP darstellen, ein Modell, das von beiden Partnern verlangt, beruflich kürzerzutreten und sich sehr stark auf das Familienleben zu konzentrieren. Ein anderer Ansatz wäre, wenn beide Partner sich intensiv um ihre Karriere kümmern und einen größeren Teil der häuslichen Aufgaben an bezahlte Kräfte delegieren, statt diese Belastung einem der beiden aufzubürden. Das dritte Modell ehelicher Gleichberechtigung schließlich ist eine Kombination der beiden anderen: Beide Partner konzentrieren sich stark auf ihren Beruf, suchen aber auch nach Möglichkeiten, ihre Flexibilität zu steigern, um möglichst wenig von der Kinderbetreuung und anderen häuslichen Aufgaben abgeben zu müssen.

«Ich halte es für möglich, das zu bewerkstelligen, ohne berufliche Ziele aufgeben zu müssen», sagt Dr. Deutsch. «Wenn die Männer ein paar Kompromisse mehr eingehen würden, dann müssten die Frauen nicht so viele Zugeständnisse machen.»

Die Vachons lernte ich auf einer Podiumsdiskussion bei einer Ehe- und Familienkonferenz in Chicago kennen, wo sie begeistert von ihrem System berichteten. Als im Anschluss Fragen gestellt werden durften, konnte ich mir nicht verkneifen, meiner Skepsis Ausdruck zu verleihen. Ich habe schlichtweg noch nicht viele Männer kennengelernt, die früher aus dem Büro nach Hause gehen, um das Abendessen zu kochen, oder die bereitwillig ihre beruflichen Ambitionen auf eine 32-Stunden-Woche mit mäßigem Verdienst beschneiden, um ihrer Work-Life-Balance willen.

Marc und Amy streiten nicht ab, dass es für einen Mann ganz schön schwer sein kann, Geschlechterrollen zu durchbrechen und mit demselben Enthusiasmus Windeln zu wechseln, wie er sich in seinem Beruf engagiert. Zweifellos sind Männer wie

Marc Vachon auch nicht der Normalfall, aber er ist davon überzeugt, dass deutlich mehr seiner Geschlechtsgenossen diesen Lebensstil gern übernehmen würden, wenn er allgemein bei Verwandten, Freunden und sogar den eigenen Ehefrauen besser anerkannt wäre.

Amy Vachon weist darauf hin, dass der größte Hemmschuh nicht immer der Mann ist. Sie selbst beispielsweise drückte an dem Tag, als sie nach vier Monaten Mutterschaftsurlaub wieder zur Arbeit ging, ihrem Gatten eine ausführliche Liste mit Fütterungs- und Wickelzeiten für das Baby in die Hand. Doch er zerriss den Zettel, denn er wusste sehr gut, wie er für sein Kind zu sorgen hatte.

Wie erwähnt fällt es Frauen oft schwer, die Kontrolle über Haushalt und Kinder abzugeben, besonders wenn sie und ihr Ehemann unterschiedliche Standards hinsichtlich Sauberkeit oder Erziehungsmethoden haben. Gleichberechtigte Elternschaft bedeutet, dass man sich manchmal auch auf die Zunge beißen muss oder nicht hinsehen darf, wenn der Partner nicht so putzt oder erzieht, wie man es selbst täte – zum Beispiel wenn sich Wollmäuse bilden oder die Wäsche nicht sortiert wird oder der Papa mit den Kindern vor dem Schlafengehen wild durchs Haus tobt, statt ihnen eine ruhige Geschichte vorzulesen. Es bedeutet, den Vater auch mal die Kleider für das Kind aussuchen, Geburtstagspartys planen oder mit Lehrern über Schulprobleme reden zu lassen. Für Frauen bedeutet es dementsprechend, die mentale Anstrengung der Haushaltsorganisation aufzugeben und – anstatt alles explizit zu delegieren – sich darauf zu verlassen, dass der Partner schon nicht vergessen wird, die Verpflegung für den Schulausflug einzupacken oder pünktlich beim Zahnarzt zu sein. Die Wahrheit ist, dass viele Frauen ihrem Mann in dieser Hinsicht einfach nicht viel zutrauen.

Catherine Kenney von der Bowling Green State University in Bowling Green, Ohio, studierte 1023 Paare aus 20 großen amerikanischen Städten und fand heraus, dass die Mütter in der Regel die üblichen Elternrollen in Bezug auf Pflege und

Schule bewahrten, allerdings bereit waren, etwas Kontrolle über die spielerischen Aktivitäten an die Väter abzutreten.[178] Sarah Schoppe-Sullivan wiederum, Dozentin für Kindesentwicklung an der Ohio State University in Columbus, befragte 97 Paare und kam zu dem Ergebnis, dass die Väter sich mehr mit ihren Kleinkindern befassten, wenn die Frau oder Partnerin so ein Verhalten aktiv anregte.[179]

«Frauen sagen, sie wünschten sich das, aber manchmal ist ihnen nicht bewusst, in welchem Maße sie loslassen müssen», sagt Amy Vachon.

Wie man ein freundschaftliches Ehemodell aufbaut

Im Jahr 1975 stellte Clarence Tripp, ein Kollege des berühmten Sexualforschers Alfred Kinsey, fest, dass viele Leute homosexuelle Beziehungen in einen konventionellen Bezugsrahmen einzuordnen versuchen. Sie fragen sich: «Welcher von beiden ist der Mann und wer die Frau?»

Seitdem hat sich wenig verändert. Erst kürzlich sprach TV-Talker David Letterman in seiner Sendung *Late Night* über ein Gesetz zur homosexuellen Ehe in San Francisco. «Jetzt stellen sich natürlich schwule Männer die große Frage: Wer fährt, und wer nörgelt?», sagte er.

Das Problem dabei ist, dass die meisten Menschen diese beiden für die einzigen in einer Ehe verfügbaren Rollen halten. Doch die Forschung über homosexuelle Partnerschaften zeigt, dass diese eine völlig andere Struktur haben – das Model bester Freund. Dieses Modell bietet wichtige Erkenntnisse für heterosexuelle Paare.[180]

Dr. Schwartz und ihre Kollegen stellten in ihrer großen Umfrage unter amerikanischen Paaren fest, dass schwule und lesbische Paare im Vergleich zu heterosexuellen Paaren einige ausgeprägte Unterschiede in ihrem alltäglichen Verhalten aufwiesen. Sie hatten mehr gemeinsame Interessen, verbrachten mehr Zeit zusammen und teilten die Arbeit im Haushalt gleichmäßiger auf. Ja, man könnte sagen, sie ähnelten stark den partnerschaftlichen Ehen, um die es gerade ging.

Vor allem die gerechtere Aufteilung der Hausarbeit ist ein auffallend konstantes Ergebnis der wissenschaftlichen Erforschung gleichgeschlechtlicher Partnerschaften. Lawrence A. Kurdek von der Wright State University in Ohio hat mehrere Studien durchgeführt, in denen er homosexuelle Beziehungen mit heterosexuellen verglich. Bei Letzteren erledigten ausnahmslos die Frauen den Großteil der Hausarbeit, während die Aufgaben bei schwulen und lesbischen gleichmäßiger verteilt waren.

In einer späteren Untersuchung zum Thema Eltern fand Dr. Rothblum von der San Diego State University heraus, dass in den heterosexuellen Partnerschaften der Hauptteil der häuslichen Pflichten durchgängig auf den Frauen lastete, die nämlich zwischen elf und 20 Stunden pro Woche dafür aufwendeten, während die dazugehörigen Väter nur sechs Stunden beisteuerten.

Bei lesbischen und schwulen Eltern gab es solche Unterschiede nicht, jeder Partner gab an, jeweils zwischen sechs und zehn Stunden wöchentlich zu putzen und kochen.

Nachdem der US-Bundesstaat Vermont im Jahr 2000 die gleichgeschlechtliche Lebenspartnerschaft legalisiert hatte, bekamen Beziehungsforscher die einzigartige Gelegenheit, Ähnlichkeiten und Unterschiede zwischen homo- und heterosexuellen Ehepaaren zu vergleichen. Dr. Rothblum und zwei Kollegen von der Vermonter und der Washingtoner Universität starteten eine dreijährige Studie unter Mitwirkung von 65 schwulen und 138 lesbischen Paaren, die im ersten Jahr der Einführung des neuen Gesetzes ihre Lebensgemeinschaft eintragen ließen. Zusätzlich rekrutierten die Wissenschaftler 84 gleichgeschlechtliche Paare aus dem Freundeskreis der Probandengruppe, die ihre Beziehung nicht legalisiert hatten. Außerdem waren noch

55 heterosexuelle Ehepaare mit von der Partie, wobei jeweils einer der Partner ein Bruder oder Schwester einer der schwulen oder lesbischen Testpersonen war. Der Vorteil, in einer solchen Studie Geschwister zu befragen, liegt darin, dass sie überwiegend denselben ethnischen und demographischen Hintergrund haben. Alles in allem nahmen also 342 fest liierte Paare an der Studie teil.

Das Ziel des Ganzen war, zu vergleichen, wie Paare mit gängigen Ursachen für ehelichen Zwist umgehen, wie zum Beispiel Hausarbeit, Sex und Geld.

Wie nicht anders zu erwarten, erledigten bei den heterosexuellen Paaren die Frauen einen viel größeren Anteil der Hausarbeit, die Männer trugen dafür häufiger die finanzielle Verantwortung. Außerdem waren es viel öfter die Männer, die Sex anregten, und die Frauen, die ihn verweigerten. Wenn diese Paare sich stritten, dann fing im Normalfall die Frau das Problemgespräch über die Beziehung an.

Bei den gleichgeschlechtlichen Paaren der Studie waren solche Dichotomien natürlich unmöglich. Es stellte sich heraus, dass die Partner sich häusliche Pflichten in der Regel gerechter aufteilten, beide halfen zu etwa gleichen Teilen im Haushalt und regelten das Finanzielle. Außerdem zeigten beide ungefähr das gleiche Interesse an Sex und ähnliche Muster der Konfliktbewältigung. Das Fazit: homosexuelle Beziehungen, ob nun zwischen Männern oder Frauen, waren weit gleichberechtigter als heterosexuelle.

Interessanterweise gab es keine messbaren Unterschiede in der Häufigkeit, mit der die Paare stritten. Dennoch erzielten die homosexuellen Probanden höhere Werte in Bezug auf die Zufriedenheit mit ihrer Beziehung.

Was bedeutet das alles für das durchschnittliche Ehepaar? Es lässt vermuten, dass Konflikte nicht die Ursache sind, wenn das Eheglück nachlässt. Vielmehr entsteht der Eindruck, dass die Ungleichheit in heterosexuellen Partnerschaften eine Ehe stark belasten kann. Frauen neigen deshalb dazu, in nicht gleichgeschlechtlichen Beziehungen Streitgespräche anzuregen, weil sie diejenigen sind, die die Aufteilung von Arbeit und Entscheidungsfindung als ungerecht empfinden. Denn sie tragen üblicherweise die Hauptlast der häuslichen Pflichten und fühlen sich machtloser in der Beziehung als ihr Mann.

«Heterosexuelle, verheiratete Frauen leben mit einer Menge Wut im Bauch, weil sie sich nicht nur um den Haushalt, sondern auch noch um die Beziehung kümmern müssen», sagt Dr. Rothblum. «Das unterscheidet sich sehr stark vom Lebensgefühl gleichgeschlechtlicher Paare und auch heterosexueller Männer.»

Von gleichgeschlechtlichen Paaren können wir demnach lernen, dass jeder die Ursachen für Spannungen in seiner Partnerschaft genauer hinterfragen muss. Wer annimmt, Konflikt und Streit seien die Krux, könnte auf diesem Wege entdecken, dass das eigentliche Problem ein Machtgefälle und ein allgemeines Gefühl der Ungleichheit zwischen ihm und seinem Partner ist.

Für immer:

Wie hoch ist Ihr Scheidungsrisiko?

> In jeder Ehe, die mehr als eine Woche alt ist, gibt es Gründe für eine Scheidung. Der Trick besteht darin, immer wieder Gründe für eine Ehe zu finden.
>
> *Robert Anderson*

Eine der deutlichsten Erinnerungen an meine eigene Ehe stammt vom Tag meiner Hochzeit. Ich stand in der Vorhalle einer Kirche in Austin, Texas, eine 21-jährige Braut, die noch schnell ein letztes Mal an Haaren und Kleid zupfte, bevor sie sich auf den Weg zum Altar machte. Wie viele Bräute war ich ganz auf die Details des Augenblicks konzentriert. Verärgert stellte ich fest, dass das Streicherquartett den falschen Teil von Pachelbels berühmtem Kanon anstimmte.

Mein Unmut muss sich auf meinem Gesicht abgezeichnet haben, denn mein Vater, in der Annahme, ich sei nervös wegen der bevorstehenden Trauung, beugte sich zu mir und flüsterte: «Du tust das Richtige.»

Das sollte mir Mut machen, aber leider verstand ich ihn nicht. Was ich hörte, war: «Tust du das Richtige?»

Dann wechselte die Melodie, mein Hochzeitslied begann, und meine Füße bewegten sich wie von allein durch die Bankreihen, während ununterbrochen die falsch verstandenen Worte meines Vaters in meinem Kopf kreisten.

«Tust du das Richtige?»

«Tust du das Richtige?»

«Tust du das Richtige?»

In diesem Moment wurde mir etwas bewusst. Ich hatte mehrere Monate damit verbracht, das richtige Kleid, die richtige

Musik, die richtigen Blumen und den richtigen Ort für den Hochzeitsempfang auszusuchen. Doch mit der wirklich entscheidenden Frage hatte ich mich kaum befasst. Hatte ich mir den richtigen Partner ausgesucht?

Wie sich herausstellen sollte, besaß der Mann, den ich heiratete, viele wundervolle Eigenschaften, aber wir hatten auch unsere Schwierigkeiten. Ganz sicher liebten wir einander, mussten aber gleichzeitig auf die harte Tour lernen, dass Liebe manchmal nicht ausreicht. Trotz all unserer Bemühungen endete unsere Ehe über 17 Jahre später in einem Gerichtssaal in Somerset County in New Jersey mit unserer Scheidung.

In einem für mich besonders grausamen Moment bat uns der Scheidungsrichter, Datum und Ort unserer Hochzeit zu bestätigen. Die Aufforderung löste in mir eine Sturmflut von Erinnerungen an jenen lange vergangenen Frühlingstag und meinen etwas verstörten Gang zum Altar aus. Genau als das Gericht uns zu Exmann und Exfrau erklären wollte, warfen mein Mann und ich uns einen traurigen Blick zu, ein letzter Moment gegenseitigen Einverständnisses als Ehepaar. Am Ende meiner Ehe fragte ich mich genau wie am Beginn: «Tun wir das Richtige?»

Die Unsicherheit dieses Augenblicks setzte mich auf die Fährte, ich wollte begreifen, wann und warum alles so furchtbar falsch gelaufen war. Dadurch entdeckte ich die umfangreiche wissenschaftliche Literatur über Ehe und Beziehungen und fand zu meiner Bestürzung heraus, dass mein Scheidungsrisiko von Anfang an offensichtlich gewesen war. Hätte ich nur gewusst, auf welche Signale ich achten muss, dann hätten mein Mann und ich vielleicht früher Hilfe von außen gesucht, um unsere Beziehung zu retten – oder wir hätten unsere unüberbrückbaren Differenzen schon Jahre vorher erkannt, den Schaden begrenzt und viel mehr Vertrauen in unseren Entschluss gehabt, uns scheiden zu lassen.

Auf der Basis einer umfassenden, 30-jährigen Studie über Scheidung in Amerika ermittelte E. Mavis Hetherington fünf Typen von Ehe. Vieles von dem, was sie über die verschiedenen Partnerschaftsstile herausfand, hatte mit den unterschiedlichen Konfliktstilen zu tun. Zwei der Formen – die zusammenhaltende und die traditionelle Ehe – erwiesen sich in ihrer Forschung als relativ stabil, die anderen drei – die Nähesucher-Distanzwahrer-Ehe, der unverbundene und der theatralische Typus – bargen für Paare ein hohes Scheidungsrisiko.[181] Hier ein Überblick über die fünf Eheformen nach Hetherington:

Die zusammenhaltende/unabhängige Ehe

Das sind Paare, die ein Gleichgewicht von Gemeinsamkeit und Getrenntheit gefunden haben. Wir alle kennen diesen Typus: Die beiden verbringen nicht jede wache Minute miteinander, vermitteln aber den Eindruck von Verbundenheit. Dr. Hetherington beschreibt diese Paare als das «kulturelle Ideal» einer guten Ehe, denn sie verkörpern viele Werte der sogenannten *Babyboomer*, der geburtenstarken Jahrgänge nach dem Ende des Zweiten Weltkriegs.

«Diese Eheform könnte man vor allem als Ausdruck eines der zentralen Werte dieser Generation beschreiben: Gleichberechtigung der Geschlechter», stellt Hetherington fest. Sie sei gekennzeichnet von einem altmodischen Begriff von Vertrautheit und geteilter Verantwortung im Haushalt, wobei sich die Partner gleichzeitig individuelle Unterschiede innerhalb des «größeren ehelichen ‹Wir›» bewahrten. «Die Ehe funktioniert als eine Art Refugium, in das Mann und Frau nach einem langen Tag zurückkehren, um sich zu erholen, zu unterstützen, zu lieben und die Gemeinsamkeit zu genießen.»

In Dr. Hetheringtons Forschung lag bei diesen Paaren die

Scheidungsrate am zweitniedrigsten. Anfällig für Scheidung wurde dieser Typus, wenn ein Partner den «unabhängigen» Teil der Beziehung allmählich stärker betonte als den «zusammenhaltenden». Oder in Hetheringtons Worten: Das Scheidungsrisiko steigt, wenn einer von beiden «mehr Gewicht auf das ‹Ich› als auf das ‹Wir› zu legen beginnt».

Die traditionelle Ehe

Man ist oft überrascht, wenn man hört, dass die traditionelle Ehe mit männlichem Ernährer und weiblicher Hausfrau weithin als die stabilste Eheform gilt. In Dr. Hetheringtons Untersuchung hatte sie die niedrigste Scheidungsquote aufzuweisen. Doch nur weil diese Partnerschaften beständig sind, heißt das noch lange nicht, dass sie am glücklichsten sind. Traditionalisten lehnen eine Trennung normalerweise ab, was aber nicht unbedingt für die Qualität der Beziehung spricht, auch wenn sie nach außen hin stabil wirkt.

Damit eine traditionelle Ehe funktionieren kann, müssen beide Partner mit ihrer jeweiligen Rolle zufrieden sein, sie gut ausfüllen und sich vom anderen für ihren Beitrag zu Ehe und Familie geachtet fühlen. Wenn einer von beiden sich verändert, insbesondere wenn die Frau den Entschluss fasst, außer Haus zu arbeiten, kann das für die Ehe eine Belastung und häufig sogar eine irreparable Schädigung bedeuten.

Nähesucher-Distanzwahrer-Ehe

In 80 Prozent der Fälle ist es die Frau, die in einer Partnerschaft die Nähe sucht, da sie gern Dinge offen ansprechen und Probleme diskutieren möchte. Der Mann zieht sich üblicherweise eher zurück, meidet Konfrontationen und nimmt die Rolle des «Distanzwahrers» ein.

In einem typischen Konflikt bei diesem Paartyp schneidet die Frau ein Thema an. Der Mann entzieht sich dem Gespräch, indem er die Zeitung liest oder einfach nur ins Leere oder auf seinen Teller starrt. Irgendwann hat der Distanzwahrer die «Nörgelei» satt und wird wütend, woraufhin es der Nähesucherin ebenfalls reicht und sie sich in sich zurückzieht. Der Distanzierte spürt ihre «kalte Verachtung» und bekommt Panik bei dem Gedanken, sie vielleicht zu verlieren, fällt aber trotzdem häufig aus allen Wolken, wenn die Frau ihn verlässt. Er hat die ganze Zeit über nichts geahnt. Seine Frau unterdessen interpretiert seine Distanz als Beweis dafür, dass er sie nicht liebt.

Das Traurige an diesen Beziehungen ist, dass der Mann häufig glaubt, seine Liebe für seine Partnerin sei völlig offensichtlich und er müsse sie nicht noch extra zeigen. Er, der Distanzwahrer, ist oft recht glücklich in seiner Ehe, aber leider völlig ahnungslos, wie unzufrieden seine Frau ist.

Auffallend ist, dass dieser Typ von Beziehung häufig romantisiert wird. Die israelischen Forscher Daniela Kramer und Michael Moore wählten im Jahr 2001 nach dem Zufallsprinzip 100 Liebesromane aus dem Harlequin Verlag aus und stellten fest, dass fast drei von vier Geschichten die Dynamik der Nähesucher-Distanzwahrer-Beziehung aufwiesen. Wenn man viele solche Romane liest, dann kann man nur zu dem Schluss kommen, dass die Ehe «auf diesem Leitmotiv des Nähe-Suchens und Sich-Entziehens aufbaut, ohne irgendeine andere gesunde Rollenoption zweier gleichberechtigter Partner», schrieben die Wissenschaftler.

Zahllose wissenschaftliche Studien haben versucht, diesen Beziehungstyp, oft auch «Forderungs-Rückzugs-Muster» genannt, zu analysieren. Weitere Bezeichnungen dafür lauten «Abweisungs-Aufdrängungs-Schema», «Nörgeln-Rückzugs-Syndrom» oder auch «Nah-fern-Polarisierung». So oder so birgt diese Eheform das höchste Trennungsrisiko und ist am häufigsten von Unzufriedenheit der Beteiligten geprägt.

Die gute Nachricht ist, dass Paare, deren Ehe nach diesem Muster abläuft, die Möglichkeit haben, ihr Konfliktverhalten zu verändern, wenn sie das Problem erkannt haben.

«Es ist ein diagnostisches Zeichen, dass etwas in der Beziehung nicht stimmt, ähnlich wie eine rote Warnleuchte im Auto», sagt Dr. Levenson aus Berkeley. «Wenn man in einem Schema feststeckt, in dem ein Partner unglücklich und der andere nicht bereit ist zu diskutieren oder Kompromisse einzugehen, dann ist das auf die Dauer nicht zu ertragen. Man muss das Verhältnis zueinander neu ausrichten. Derjenige, der unglücklich ist, muss etwas bekommen, und derjenige, der mit dem Status quo zufrieden ist, muss es geben.»

Die unverbundene Ehe

Unverbundene Ehen vereinigen zwei selbständige Menschen, die «große Intimität fürchten oder jedenfalls nicht nötig haben, um sich in ihrem Leben wohl zu fühlen». Oft mangelt es diesen Beziehungen an gemeinsamen Interessen, gleichen Werten und ähnlichem familiärem Hintergrund. Unverbundene Partner streiten nicht viel – häufig brauchen sie einander nicht einmal in ihrem alltäglichen Leben.

Das Problem liegt darin, dass die Männer und Frauen in solchen Partnerschaften ungefähr dasselbe Leben führen würden, wenn sie allein wären, und es an gegenseitiger Zuneigung und Unterstützung fehlt. Dr. Hetherington stellt fest, dass diese Ehen, die übrigens die zweithöchste Scheidungsquote aufweisen, normalerweise still und leise enden, indem einer oder beide Partner sich fragen: «Soll das alles gewesen sein?»

Die theatralische Ehe

Dieser Ehetypus ist von einem dramatischen Auf und Ab gekennzeichnet. Die Partner verhalten sich sprunghaft und impulsiv, Streitigkeiten führen häufig zu Sex. Von allen analysierten Partnerschaftsformen zeigt diese sogar den höchsten Grad an sexueller Zufriedenheit. Der Kreislauf aus Sex und Streit *kann* auch funktionieren, aber die Gefahr liegt im Konfliktverhalten, denn manchmal sagen sich die Partner auch verletzende, unverzeihliche Dinge während einer der häufigen Auseinandersetzungen. Oft sind diese Beziehungen am Ende, wenn einer von beiden, normalerweise der Ehemann, zu dem Schluss kommt, dass die Leidenschaft die ständigen Konflikte nicht wert ist.

Wie kommunizieren Sie mit Ihrem Partner?

Die moderne Eheforschung ist geprägt von ihrer Konzentration auf den Umgang der Partner miteinander. Tausende von Gesprächen zwischen Paaren wurden auf Video aufgezeichnet und mittels computerunterstützter Programme codiert, um diese Interaktionen in ihre Grundelemente zu zergliedern. Dabei trat die Erkenntnis zutage, dass gewisse Kommunikationsformen ein erhebliches Risiko für unglückliche Beziehungen und Scheidung darstellen.

Konflikte meiden

Ein Cartoon im *New Yorker* zeigte einmal eine wütende Ehefrau, die ihren vor dem Fernseher sitzenden Mann anfunkelte. «Ich habe gesagt, ich will nicht streiten», erklärt sie. «Das ist dein Stichwort, dich zu entschuldigen.»

Dieser Witz erfasst einen zentralen Risikofaktor: Paare, die gewohnheitsmäßig Konflikte meiden, glauben zwar, sie wählten den friedlichen Weg, doch in Wirklichkeit gefährden sie ihre Beziehung. Denn Auseinandersetzungen ermöglichen Partnern, ihre Differenzen zu bereinigen – ihnen dauerhaft auszuweichen, verhindert genau das.

Es gab eine Untersuchung, die einige Ehepaare über einen Zeitraum von drei Jahren begleitete. Zu Beginn der Studie zeigten sich die Paare, die nur selten stritten, als die zufriedensten.

Sie setzten eine glückliche Ehe mit niedrigem Konfliktniveau gleich.

Drei Jahre später hatte sich einiges verändert. Paare, die sich am Anfang ihrer Beziehung häufig gestritten hatten, berichteten von einer stark gesteigerten Ehequalität. Viele Meinungsverschiedenheiten waren geklärt, und die Partner genossen eine erfüllte, konstruktive Beziehung. Was war mit den friedlichen Paaren? Drei Jahre später steuerten viele von ihnen auf die Scheidung zu. Indem sie stillgehalten und Konflikte gemieden hatten, wenn sie etwas störte, hatten sie wichtige Gelegenheiten verpasst, ihre Partnerschaft zu pflegen und sie wachsen zu lassen.

Verachtung zeigen

Wie erwähnt, deuten Anzeichen von Verachtung in der Kommunikation eines Paares darauf hin, dass die Ehe in ernsthaften Schwierigkeiten steckt. Seine Geringschätzung kann man durch abfällige Kommentare oder auch Gesten wie das Augenverdrehen zum Ausdruck bringen. Beschimpfungen, Flüche und verbale Abfuhren sind ebenfalls deutliche Signale. Der Eheforscher John Gottman ist der Ansicht, dass Verachtung eines der verräterischsten Indizien für eine drohende Scheidung ist.

Desillusionierung und Enttäuschung

Das Gefühl, dass Ihre Ehe nicht so läuft, wie Sie sich das erwartet haben, oder dass Ihr Leben eine Enttäuschung ist, kann ebenfalls Vorbote einer Scheidung sein. Forscher der University of Texas fanden unter 156 frischverheirateten Paaren heraus, dass Desillusionierung in der Anfangsphase der Beziehung die Wahrscheinlichkeit einer Trennung stark erhöht.[182] Aufschlussreich in dieser Hinsicht ist zum Beispiel die Art und Weise, wie jemand seine Kennenlerngeschichte erzählt (siehe Seite 145).

Beziehungstest 12:
Wie gefährdet ist Ihre Beziehung?

Um Paaren ein Gefühl für die eigene Beziehung zu vermitteln, bieten die Eheforscher Dr. Scott Stanley und Dr. Howard Markman von der Universität Denver den folgenden, auf wissenschaftlicher Forschung beruhenden Test an. Dr. Markman zufolge sollte man das Ergebnis durchaus ernst nehmen, aber gleichzeitig im Auge behalten, dass dieser Test viele Elemente einer Beziehung nicht berücksichtigt. Paare mit hohen und mittleren Werten sollten das Ergebnis nutzen, um sich darüber klarzuwerden, worauf ihre Partnerschaft zusteuert, und Schritte ergreifen, um negative Verhaltensmuster ins Bessere zu wenden.

Bitte stufen Sie ein, wie häufig die folgenden Situationen bei Ihnen vorkommen, anhand einer Skala von 1 bis 3:

1 Nie oder fast nie – 2 Hin und wieder – 3 Häufig

1. Kleine Meinungsverschiedenheiten eskalieren zu hässlichen Streitereien mit gegenseitigen Beschuldigungen, Kritik, Beschimpfungen oder der Erwähnung vergangener Verletzungen.	1	2	3
2. Mein Partner kritisiert meine Ansichten, Gefühle und Wünsche oder macht sie schlecht.			
3. Mein Partner scheint meine Worte oder Handlungen negativer aufzunehmen, als sie von mir gemeint sind.			
4. Wenn wir ein Problem zu lösen haben, kommt es mir vor, als würden wir in gegnerischen Mannschaften antreten.			
5. Ich zögere, meinem Partner zu erzählen, was ich wirklich denke und fühle.			
6. Ich fühle mich in dieser Beziehung einsam.			
7. Wenn wir uns streiten, dann zieht sich einer von uns zurück, das heißt, er möchte nicht mehr weiterreden oder geht weg.			

Zählen Sie nun Ihre Punkte zusammen (nur Ihre eigenen Punkte, nicht die Ihres Partners). Die folgende Auswertung der Ergebnisse basiert auf den Ergebnissen einer landesweiten amerikanischen Telefonumfrage unter 947 zufällig ausgewählten Probanden (85 Prozent davon verheiratet) aus dem Jahr 1996.

7–11 «Grünes Licht»: Wenn Ihre Gesamtpunktzahl sich zwischen 7 und 11 bewegt, dann ist Ihre Beziehung wahrscheinlich im Augenblick in guter oder sogar großartiger Verfassung.

12–16 «Gelbes Licht»: Wenn Sie auf eine Summe von 12 bis 16 Punkten kommen, dann bewegen Sie sich im Grunde auf eine gelbe Ampel zu: Sie müssen vorsichtig sein. Vielleicht sind Sie momentan in Ihrer Beziehung glücklich, doch Ihr Ergebnis zeigt Warnsignale im Hinblick auf Verhaltensweisen, die sich nicht verschlimmern sollten. Möglicherweise sollten Sie aktiv werden, um zu schützen, was Sie haben. Jetzt Zeit zu investieren, um Ihre Beziehung zu stärken, könnte das Beste für Ihre gemeinsame Zukunft sein.

17–21 «Rotes Licht»: Wenn Sie sich im oberen Bereich bewegen, dann ist das vergleichbar mit einer roten Ampel. Halten Sie an und überlegen Sie, worauf Sie beide zusteuern. Ihr Ergebnis lässt vermuten, dass es in Ihrer Beziehung Verhaltensmuster gibt, die sie deutlich gefährden. Es könnte sein, dass Ihnen Ärger droht – oder er schon da ist.

Quelle: Abgedruckt mit Erlaubnis von PREP, Inc., entnommen aus dem Buch Fighting for Your Marriage, zugänglich unter www.loveyourrelationship.com

Von 1980 an begleiteten Wissenschaftler dreier Universitäten über 2000 Männer und Frauen insgesamt zwölf Jahre lang, während diese verschiedene Stadien von Ehe, Scheidung und Wiederverheiratung durchliefen.

Dabei entdeckten die Forscher eine simple und offensichtliche Vorhersagevariable für eine künftige Trennung: Wer 1980 schon einmal über Scheidung nachgedacht hatte, war neunmal so häufig am Ende der Studie nicht mehr verheiratet. Allein schon, sich gedanklich damit zu beschäftigen, deutet darauf hin, dass man der Vorstellung gegenüber offen ist, und das macht gleichzeitig anfällig dafür.[183] Wenn Sie oder Ihr Partner erst einmal anfangen, über Scheidung zu reden, ob nun mit guten Freunden oder miteinander, dann ist das ein Zeichen, dass Ihre Ehe in ernsthaften, vielleicht sogar irreparablen Schwierigkeiten steckt.

Untreue

Eine richtungsweisende Studie des Alan-Guttmacher-Instituts setzte sich zum Ziel, die Risikofaktoren für das Fremdgehen zu bestimmen. Welche Umstände, persönlichen Wesenszüge oder Erfahrungen erhöhen die Gefahr eines Seitensprungs?[184]

Es wurden Daten von 2598 Männern und Frauen im Alter von 18 bis 59 analysiert, die im Jahr 1992 an der großen Umfrage *National and Social Life Survey* teilgenommen hatten und die verheiratet (gewesen) waren, in einer festen Beziehung lebten oder schon einmal gelebt hatten. Die Forscher sammelten ihre Daten in einer Mischung aus persönlichen Interviews und schriftlichen Fragebogen zu den Themen soziale Herkunft, Gesundheit, Fruchtbarkeit sowie sexuelle Aktivitäten, Ansichten und Fantasien.

Insgesamt wurde erstaunlich wenig fremdgegangen – nur 11 Prozent der Befragten gaben an, schon einmal untreu gewesen zu sein. Die Wissenschaftler fanden außerdem heraus, dass das Fremdgehen mit bestimmten Risikofaktoren verknüpft ist.

Mann sein: In der Umfrage berichteten Männer doppelt so häufig von Untreue wie Frauen. Zwar wäre es theoretisch möglich, dass Frauen Seitensprünge grundsätzlich seltener eingestehen, doch die meisten Studien stützen die Annahme, dass bei Männern die Wahrscheinlichkeit des Fremdgehens höher ist, einfach aus dem Grund, dass sie üblicherweise mehr Gelegenheit haben, sich außer Haus aufzuhalten.

Mehrmals täglich an Sex denken: Jemand, der ständig Sex im Kopf hat, hat eine um 30 Prozent höhere Wahrscheinlichkeit, vom Pfad der Tugend abzukommen, als jemand, der weniger von solchen Gedanken abgelenkt ist.

Eine hohe Anzahl ehemaliger Sexualpartner: Je mehr sexuelle Kontakte ein Befragter zwischen dem 18. Lebensjahr und dem Zeitpunkt der Hochzeit oder des Zusammenziehens mit einem Partner hatte, desto höher ist die Wahrscheinlichkeit der Untreue.

In der Stadt leben: Städter zu sein, erhöht die Seitensprungrate um 50 Prozent. Vielleicht bietet das urbane Umfeld einfach mehr Gelegenheiten.

Eine langjährige Beziehung: Untreue scheint ein Nebenprodukt von Langeweile oder Desillusionierung zu sein. Mit jedem Jahr, das ein Paar zusammenlebte, stieg die Wahrscheinlichkeit des Fremdgehens um ein Prozent.

Ohne Trauschein zusammenleben: Paare, die nicht den Bund fürs Leben geschlossen haben, betrügen ihre Partner zweimal so häufig.

Vor der Ehe schon zusammengewohnt haben: Männer und Frauen, die vor der Hochzeit in wilder Ehe lebten, sind um 40 Prozent häufiger untreu als andere. Was das bedeutet, ist nicht ganz geklärt. Vielleicht sind Menschen, die vor der Ehe schon zusammenziehen, einfach eher der Typ, der Seitensprünge zugibt. Oder sie waren sich von vornherein der Beziehung nicht so sicher, weshalb sie sich weniger auf den Partner einlassen und sich leichter anderweitig umsehen.

Unglücklich sein: Paare, die in ihrer Beziehung nicht glücklich sind, haben eine 30 Prozent höhere Wahrscheinlichkeit, fremdzugehen.

Daneben ermittelte die Studie auch einige Faktoren, die offenbar vor Untreue schützen.

Missbilligung: Von den Befragten, die laut eigener Aussage außerehelichen Sex für falsch hielten, waren 50 Prozent weniger ihren Partnern untreu.

Viele gemeinsame Freunde: Gleiche soziale Netzwerke unter Paaren verringern die Gefahr von Seitensprüngen um 30 Prozent.

Auffallend ist, dass Unterschiede in Religion, Bildungsstand und Alter keine nennenswerten Auswirkungen auf die Wahrscheinlichkeit von Untreue hatten. Die eheliche Moral wurde weder von sexuellen Gelegenheiten am Arbeitsplatz merklich beeinflusst noch davon, wie häufig jemand in die Kirche ging.

Ein weiterer Faktor, der das Risiko des Ehebruchs sicherlich erhöht, ist das Internet, das es für Paare leichter macht, einander zu betrügen, wenn sie es wollen.

Seiten wie Facebook und MySpace bieten mehr Gelegenheit zu flirten und wieder Kontakt zu alten Flammen aufzunehmen – was die Beteiligten während Geschäftsreisen oder einer schwierigen Phase in der Ehe empfänglich für Seitensprünge macht. Laut einer Umfrage durch das unabhängige *Pew Internet und American Life Project* im Jahr 2008 gaben etwa 20 Prozent der erwachsenen Nutzer dieser Seiten zu, dabei zu flirten.

Ein weiterer Einfluss, den das Internet auf das allgemeine Treueverhalten ausüben kann, ist die wachsende Verfügbarkeit von Onlinepornographie. Diverse Studien zeigen, dass wiederholter Kontakt mit solchen Inhalten die Einstellung zu Sex und die Wahrnehmung «normalen» Verhaltens beeinflussen kann. Das heißt natürlich nicht automatisch, dass Pornos die Menschen zum Fremdgehen veranlassen, aber sie machen sie möglicherweise anfälliger für Fehltritte. Mit anderen Worten: Der vereinfachte Zugang, den wir alle zu Internetpornographie haben, könnte unsere Ansichten und Werte unterschwellig formen. Vielen Menschen, die regelmäßig provokativen und sexuell expliziten Bildern ausgesetzt sind, erscheint Sex außerhalb der Ehe vielleicht nicht so normwidrig oder verboten wie früheren Generationen.

Obwohl Untreue mit Sicherheit einen Risikofaktor für eine Ehe darstellt, zeigen Untersuchungen, dass ein *ge*brochenes Eheversprechen nicht automatisch zu einer *zer*brochenen Ehe führen muss. Umfragen zufolge bleibt der Großteil der Menschen, die ihren Partner beim Fremdgehen erwischen, verheiratet. Manche Menschen finden so einen Vorfall schlichtweg nicht wichtig genug, um Jahre der Nähe und der Verbundenheit wegen eines Fehltritts wegzuwerfen. Andere ignorieren ihren Verdacht, um ihre Beziehung zu retten.

Zur Bestätigung braucht man sich nur die Schlagzeilen anzusehen. Immer wieder lesen wir von Politikerehefrauen, die der öffentlichen Erniedrigung durch die Untreue ihres Gatten ausgesetzt sind und trotzdem bei ihm bleiben. Bemerkenswert ist, dass Beispiele fremdgehender Ehefrauen unter Prominenten weniger häufig sind, was jedoch nicht heißt, dass es nicht vorkommt. Es bedeutet lediglich, dass die Frauen entweder nicht ertappt wurden oder das soziale Stigma, Hörner aufgesetzt zu bekommen, ihre Männer veranlasst, Stillschweigen zu bewahren. Zwar unterscheiden sich die Erfahrungen eines Politikerehepaares sicherlich von denen normaler Männer und Frauen, aber dieselbe alte Geschichte von Seitensprung und Vergebung wiederholt sich unzählige Male auch in weniger bekannten Familien.

Bei jeder Umfrage geben etwa zehn Prozent der Verheirateten an, Sex außerhalb der Ehe gehabt zu haben. In einer Studie kamen Forscher unter 1084 Menschen, deren Ehegatten Affären gehabt hatten, zu dem Ergebnis, dass 76 Prozent sowohl der Männer als auch der Frauen Jahre später immer noch verheiratet waren und mit demselben Partner zusammenlebten. Andere, ähnliche Untersuchungen ermittelten ebenfalls Quoten von etwa zwei Dritteln oder noch höher.

Warum überstehen allem Anschein nach so viele Paare einen solchen Fehltritt? Es könnte sein, dass moderne Ehen – so aufwendig und schwierig aufrechtzuerhalten sie auch sein mögen – gleichzeitig belastbarer sind, wenn mal etwas schiefläuft. Die Partner haben miteinander eine Geschichte und Ziele, Kinder und starke Verbindungen zu Freunden und Gesellschaft.

Gesundheit, Gewalt und Sucht

Manche Risikofaktoren für eine Scheidung entziehen sich vollständig dem Einflussbereich der einzelnen Partner. Gewalt und der Missbrauch von Suchtmitteln gefährden eine Beziehung in der Regel stark. Auch Krankheit stellt eine Ehe vor besondere Herausforderungen. Bei einer europäischen Studie stellten Forscher fest, dass zwar die meisten Krebsarten das Scheidungsrisiko nicht beeinflussen, Hodenkrebs und Gebärmutterhalskrebs es aber erhöhen.

Die Forscher verglichen die Trennungsquoten von 215 000 Menschen, die eine Krebserkrankung überlebt hatten, mit Paaren ohne solche Krankheitsgeschichte. Bei Frauen mit Gebärmutterhalskrebs lag das Risiko einer Scheidung mit 20 Jahren um 70 Prozent höher, im Alter von 60 war dieser Wert auf

19 Prozent abgesunken. Hodenkrebspatienten wiederum hatten ein Scheidungsrisiko von 34 Prozent mit 20 Jahren und von 16 Prozent mit 60. Übrigens erhöhen auch Kopfverletzungen und psychische Störungen das Trennungsrisiko eines Ehepaars.

Langeweile prognostiziert Scheidung

Eheforscher aus New York, Kalifornien und Michigan entschlossen sich vor einigen Jahren, einmal die Rolle der Langeweile für eine Prognose ehelicher Zufriedenheit unter die Lupe zu nehmen. Sie befragten 123 seit längerem verheiratete Paare aus Wayne County in Michigan während des siebten und des 16. Jahrs ihrer Ehe zum Thema Langeweile. Hier der verwendete Fragebogen.

Beziehungstest 13:
Langweilen Sie sich?

1. Wie oft hatten Sie im vergangenen Monat das Gefühl, dass Ihre Ehe in einen Trott geraten ist, dass Sie ständig die gleichen Dinge tun und nur selten etwas Aufregendes gemeinsam als Paar unternehmen?

☐ Häufig ☐ Manchmal ☐ Selten ☐ Nie

2. Wie zufrieden sind Sie alles in allem mit Ihrer Ehe?

☐ Sehr zufrieden ☐ Eher zufrieden ☐ Eher unzufrieden ☐ Sehr unzufrieden

3. Wählen Sie unter den folgenden Bildern das aus, das Ihre Ehe am besten beschreibt:

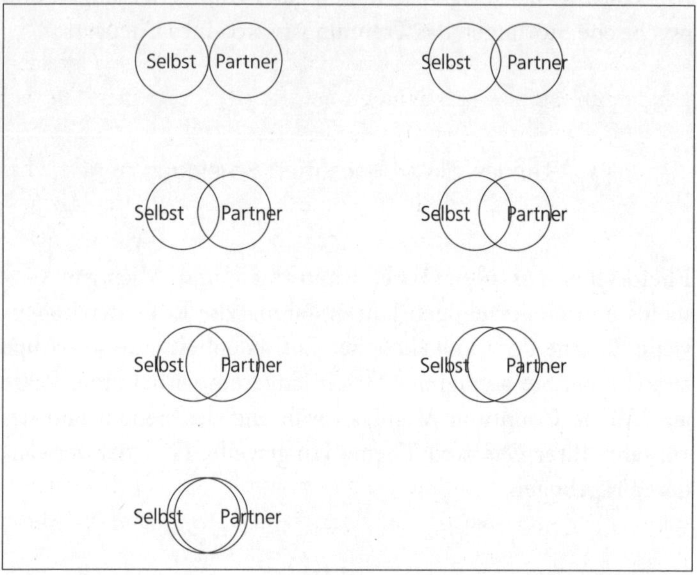

Quelle: Aron, A., Aron, E. N. und Smollan, D.: Inclusion of other in the self scale and the structure of interpersonal closeness. Journal of Personality and Social Psychology 63, 1992, 596–612.

Die drei Fragen sollten Langeweile, Beziehungsglück und Nähe der Partner messen. Bei der Studie kam heraus, dass Langeweile ein wichtiger Indikator für die Qualität einer Ehe ist. Paare, die im siebten Jahr von Langeweile berichtet hatten, gaben in ihrem 16. gemeinsamen Jahr viel seltener an, glücklich zu sein oder sich ihrem Partner sehr nahe zu fühlen.[185]

Die Daten sind deshalb von Bedeutung, weil sie darauf hindeuten, dass schon eine ganz simple Maßnahme – einfach nur ein bisschen Aufregung ins Alltagsleben bringen – die Zufriedenheit eines Paars kräftig ankurbeln und verhindern kann, dass sich die Partner auseinanderleben.

Unternehmen Sie nicht immer das Gleiche. Treffen Sie sich mit unterschiedlichen Freundeskreisen, probieren Sie mal wieder ein neues Restaurant aus, belegen Sie einen Töpferkurs zusammen, wenn sie das noch nie probiert haben, machen Sie einen Kochurlaub. Die wissenschaftliche Erforschung des Effekts «aufregender» Aktivitäten auf die Qualität einer Ehe hat ergeben, dass dieser Begriff relativ ist.

Ein Paar aus New York beispielsweise wagte sich zur Abwechslung einmal in ein Restaurant auf der Upper East Side, statt wie üblich auf der Upper West Side zu bleiben. Für die meisten von uns klingt das vermutlich nicht sonderlich wagemutig, aber für die beiden war es ungewohnt. Studien zeigen, dass gelegentlich etwas Ungewohntes zu tun, den Beziehungsfunken am Leben erhalten kann.

Wenn Sie momentan in Ihrer Ehe gelangweilt sind, dann werden Sie höchstwahrscheinlich innerhalb der nächsten zehn Jahre schon unglücklich sein und sich noch weiter von Ihrem Partner entfernt haben. Schützen Sie Ihre Ehe, indem Sie Abwechslung in Ihr Leben bringen.

Verlust von Leidenschaft, Intimität und Bindung

Die meisten Leute glauben, die Worte «Ich liebe dich» seien die drei wichtigsten in einer Ehe. Doch der Psychologe Robert Sternberg schlägt in seinem «Dreiecksmodell der Liebe» ein anderes Mantra vor: Leidenschaft, Intimität, Bindung.

Wenn alle drei Elemente in hohem Maße vorhanden sind, entsteht das ideale Muster, die erfüllte oder auch vollkommene Liebe. So erstrebenswert diese ist, so außerordentlich schwierig ist sie aber auf die Dauer aufrechtzuerhalten. Die meisten von uns, meint Dr. Sternberg, erreichen sie gar nicht erst, normalerweise bringen wir nur in einer oder zwei der Variablen ein hohes Niveau zustande. Die diversen Kombinationen aus hohen und niedrigen Stufen von Leidenschaft, Intimität und Bindung bilden acht Muster der Liebe, von denen manche besser sind als andere.[186] Vergleichen Sie Ihre persönliche Kombination mit den folgenden Definitionen von Liebe:

- Verliebtheit: Das passiert, wenn die Leidenschaft hoch ist, es der Beziehung aber an Intimität und Bindung mangelt. Zum Beispiel «Liebe auf den ersten Blick».
- Leere Liebe: Ehepaare können eine sehr feste Bindung miteinander empfinden, doch ihrer Beziehung fehlen Leidenschaft und Intimität. Arrangierte Ehen beginnen oft als leere Liebe, umgekehrt kann manch lange währende Ehe sich auf die Dauer leer anfühlen.
- Romantische oder wahre Liebe: Die Partner spüren ein starkes Band und intensive körperliche Anziehung – sie sind leidenschaftlich und kennen einander sehr gut. Doch ihre Beziehung ist in der Regel noch sehr frisch und hat noch nicht die Phase der festen Bindung erreicht.
- Verblendete Liebe: Manche Paare binden sich nach einer stürmischen, leidenschaftlichen Anfangsphase schon aneinander. Ihre Leidenschaft füreinander ist hoch und ihr Bindungswillen stabil, aber sie stellen fest, dass sie nur wenig übereinander wissen, sodass ihre Intimität niedrig ist.
- Kameradschaftliche Liebe: Häufig eine dauerhafte Liebe, die auf tiefer Zuneigung und Bindungswillen beruht, üblicherweise aber nur wenig sexuelles Verlangen beinhaltet. Bindung und Intimität sind hoch, doch der Funken der Leidenschaft ist erloschen.
- Mögen bzw. Sympathie: Manche unserer vertrautesten Beziehungen bestehen zu Freunden. Viele Ehen entwickeln sich ebenfalls zu einer Freundschaft, wobei ein hohes Maß an Intimität besteht, es aber an Leidenschaft und Bindung mangelt.
- Erfüllte oder vollkommene Liebe: Für die meisten Paare ist

das das Ideal. Es ist eine vollendete Form der Liebe, in der Bindung, Intimität und Leidenschaft hoch sind.
- Nicht-Liebe: Hierbei sind alle Werte niedrig.

Dr. Sternberg geht davon aus, dass alle drei Aspekte der Liebe im Laufe einer Beziehung normalerweise nach oben oder unten schwanken. Verliebte können zu wahren Liebenden werden, die sich dann wiederum zu einer vollkommenen Liebe steigern, ehe sie sich in einer kameradschaftlichen Liebe einrichten. Selbst die leere Liebe einer arrangierten Ehe kann plötzlich leidenschaftlicher werden oder sich gar in eine erfüllte verwandeln. Analysieren Sie Ihre eigene Beziehung anhand der drei Kriterien Leidenschaft, Intimität und Bindung, um herauszufinden, an welchen Bereichen Sie besonders arbeiten müssen.

Beziehungstest 14: Welches Liebesmuster haben Sie?

Machen Sie jeweils ein Kreuz unter «hoch» oder «niedrig»:

	hoch	niedrig
Leidenschaft		
Intimität		
Bindung		

Statistiker und Beziehungsforscher haben mehrere «statische» Risikofaktoren ermittelt, die einen Zusammenhang zu einer holprigen Ehe aufweisen. Das sind Variablen, über die der Einzelne wenig oder keine Kontrolle hat. Falls Sie noch nicht verheiratet sind, sollten Sie diese Faktoren berücksichtigen, um ihre Aussichten auf die Wahl des richtigen Partners zu verbessern. Wenn Sie bereits den Bund fürs Leben geschlossen haben, dann könnte das Wissen um möglicherweise in gewissen Bereichen vorhandene kritische Momente als extra Motivation dienen, sich um Risikominimierung in anderen zu bemühen.

Hier ein Überblick über die Faktoren, die Ihre Chancen auf eine dauerhafte Ehe positiv beeinflussen können:

Heiraten Sie nicht vor dem 25. Lebensjahr: Jung zu heiraten, führt statistisch gesehen zu einer höheren Scheidungsrate, und das höchste bekannte Risiko haben laut den Forschern der Rutgers-Universität Teenager. Eine neuere staatliche Studie ergab, dass 59 Prozent der Frauen, die vor ihrem 18. Lebensjahr heiraten, sich innerhalb von 15 Jahren trennen oder scheiden lassen. Bei Frauen über 20 liegt die Quote immerhin bei 36 Prozent. Wer jung vor den Altar tritt, hat außerdem seltener das Studium abgeschlossen, was die Chancen auf eine geglückte Ehe erhöhen würde. Jungverheiratete haben dementsprechend häufiger schlechter bezahlte Jobs und finanzielle Sorgen, oder sie haben sich nur wegen einer ungeplanten Schwangerschaft das Jawort gegeben. Bei Menschen, die mit über 30 Jahren heiraten, ist die Scheidungsquote hingegen sehr gering. Das könnte daran liegen, dass jemand besonders wählerisch war und lange auf den idealen Partner gewartet hat. Oder die Weisheit der Jahre hilft einem, besser mit den Belastungen und Herausforderungen einer Ehe zurechtzukommen.

Heiraten Sie keinen Collegeabbrecher: Menschen, die «mal auf dem College waren», weisen höhere Scheidungsraten auf als solche, die entweder nur die Schule oder aber das College erfolgreich abgeschlossen haben. Das könnte darauf hindeuten, dass jemand, der eine Ausbildung abbricht, auch eher andere Verpflichtungen wie eine Ehe leichtfertig aufgibt. Oder es liegt daran, dass gewisse Faktoren, die Einfluss auf den Abbruch des College hatten, beispielsweise emotionale Probleme, Alkoholabhängigkeit oder finanzielle Nöte, grundsätzlich ein höheres Scheidungsrisiko mit sich bringen.

Halten Sie mindestens zehn Jahre durch: Der Großteil der Scheidungen findet innerhalb der ersten zehn Ehejahre statt. Natürlich kommt es auch später noch zu Trennungen, aber die Zehnjahresmarke ist in den meisten Familien ein wichtiger Meilenstein.

Heiraten Sie jemanden mit ähnlichen Interessen und ähnlichem Hintergrund: Zu große Unterschiede in der Herkunft, Religion oder der politischen Haltung erhöhen das Risiko einer Scheidung. Je ähnlicher zwei Menschen sich in Bezug auf ihre Werte und Lebensziele sind, desto wahrscheinlicher führen sie eine gute Beziehung. Gegensätze mögen sich ja anziehen, aber sie begünstigen nicht unbedingt ein harmonisches Eheleben. Daher sind Menschen mit vergleichbarem Hintergrund und ähnlichen sozialen Netzwerken als Partner besser geeignet.

Heiraten Sie jemanden, dessen Eltern noch verheiratet sind: Wenn zwei erwachsene Scheidungskinder heiraten, ist ihr Scheidungsrisiko fast dreimal so hoch wie das von Menschen aus intakten Familien. Wenn wenigstens ein Partner mit beiden Eltern in einem Haushalt aufwuchs, sieht es schon etwas hoffnungsvoller aus.[187] Eine Studie ergab, dass sich die Chancen auf eine Scheidung um mehr als die Hälfte (59 Prozent) erhöhten, wenn nur die Frau die Trennung ihrer Eltern erlebt hatte, sich aber beinahe verdreifachten (189 Prozent), wenn beide Ehegatten aus einer zerbrochenen Familie kamen.

Natürlich sind diese Risikofaktoren nur eine Facette der Geschichte, denn eine Ehe scheitert niemals nur an einem einzelnen Problem. Ob es das Alter ist, in dem man geheiratet hat, der Beziehungsstil oder die Langeweile – schwierige Ehen sind normalerweise aus diversen Gründen schwierig. Die kleinen Dinge summieren sich und lassen es unmöglich erscheinen, das Ruder wieder herumzureißen. Doch selbst wenn Ihre Ehe in einer Scheidung endet, sollten die in diesem Kapitel beschriebenen Aspekte zeigen, dass man selten nur einem Partner oder einer einzelnen Eigenschaft die Schuld dafür geben kann.

Wie in diesem Buch erforscht, enden die meisten Ehen nicht in einer Scheidung. Vielmehr führt der Großteil von uns stabile, relativ zufriedene Beziehungen, in denen reichlich Verbesserungspotenzial steckt. Aber eine «gute» Ehe steckt im Detail, und genau wie Lappalien sich in einer schlechten Partnerschaft summieren, so können gute Beziehungen auf die Dauer von kleinen positiven Schritten profitieren.

Die Wissenschaft von der guten Ehe:

Ein Rezept für eine gesunde Partnerschaft

> Ketten halten eine Ehe nicht zusammen. Es sind die Fäden, Hunderte feiner Fäden, die zwei Menschen über die Jahre zusammennähen.
>
> *Simone Signoret*

Die Eheforschung zeigt, dass sich eine Beziehung nicht durch radikale Veränderungen verbessern lässt. Wie beschrieben sind es oft die kleinen Dinge, die am meisten Bedeutung haben. Die Worte, die wir im Gespräch oder im Streit benutzen, die Komplimente und Beweise unserer Zuneigung, die Gesten und die Mimik, die eine Ehe ausmachen.

Nun, da wir einen genaueren Blick auf die Themen geworfen haben, die Probleme in einer Ehe verursachen können – Streit, Kinder, Sex und Hausarbeit –, fragen Sie sich vielleicht, welche konstruktiven Maßnahmen Sie ergreifen können, um Ihre Partnerschaft stabil zu halten.

Nach jahrelanger Konzentration auf das Negative, das eine Ehe zu sabotieren vermag, haben zahlreiche Beziehungsforscher ihr Interesse neuerdings auf die positiven Wechselwirkungen gelenkt, die eine Beziehung schützen, Intimität fördern und stärkere Bindungen herstellen. Genau wie ein Arzt einem vielleicht Tabletten gegen zu hohen Blutdruck oder täglich eine Aspirin verschreibt, um den Körper gesund zu halten, bietet die Wissenschaft von der Ehe Rezepte an, die einer Beziehung kräftigen Auftrieb verleihen. Die Forscher haben diverse kleine, konstruktive Veränderungsmöglichkeiten ausfindig gemacht, auf die Paare sich konzentrieren und mit deren Hilfe sie die Gesamtqualität ihrer Ehe deutlich steigern können.

«Wir sind zu dem Ergebnis gekommen, dass die positiven Dinge immer wichtiger werden», erklärt Howard Markman, Co-Direktor des Center for Marital and Family Studies an der Universität von Denver und einer der führenden Eheforscher in den USA. «Es hat sich herausgestellt, dass der Spaß, den Paare miteinander haben, und die Kraft und Festigkeit ihrer Freundschaft viel über ihre gemeinsame Zukunft verraten.»

Dr. Markman sagt, dass es wichtig sei, Betroffenen bei der Konfliktbewältigung unter die Arme zu greifen, um die stetige Talfahrt einer problematischen Ehe aufzuhalten. Die Streitthemen einzudämmen oder zu klären, führe aber nicht automatisch zu einer stabilen, glücklichen Beziehung. «Wenn ein Paar nicht in der Lage ist, mit Konflikten umzugehen, wird die Sache nicht gut laufen», betont Dr. Markman. «Wenn die Beteiligten allerdings lernen, ihre Konflikte in den Griff zu bekommen, dann kann die Ehe einigermaßen, muss aber nicht unbedingt super funktionieren.»

Was also ist der nächste Schritt? Paare in dauerhaften, erfüllenden Beziehungen wissen, dass es nicht reicht, negative Verhaltensweisen zu vermeiden. Eine gute Ehe bedarf täglicher Hege und Pflege und auch positiver Feedbacks, damit die Verbindung zwischen den Partnern nicht abreißt. Es folgen sieben Strategien, die erfolgreiche Paare wissenschaftlichen Studien zufolge anwenden, um glücklich zu bleiben und die Festigkeit ihrer Partnerschaft zu stärken.

1: Feiern Sie gute Neuigkeiten

In seinem epischen Gedicht *Das verlorene Paradies* schreibt John Milton: «Da Gutes mitgeteilt/nur herrlicher gedeiht.»

Das könnte aus einem Eheratgeber stammen. Denn die Forschung beweist, dass Paare, die sich regelmäßig gemeinsam über

Schönes freuen, einen höheren Grad an Verbundenheit, Intimität, Vertrauen und Erfüllung in der Beziehung erreichen.

Wie erwähnt waren sowohl Beziehungs- als auch psychologische Forschung bis vor kurzem rein auf das Negative konzentriert. Wie gehen Paare mit Rückschlägen, Konflikten und Kummer um? Inzwischen aber weiß man, dass auch positive Ereignisse von Bedeutung sind.

Lief die Konferenz Ihrer Frau gut? Hat Ihr Mann endlich mal gegen seinen jüngeren Squashpartner gewonnen? Hat einer von Ihnen eine Gehaltserhöhung bekommen? Wie reagieren Sie auf die großen und kleinen Erfolge des Menschen, den Sie lieben? Mit einem Grunzen? Einem wohlmeinenden Lächeln? Oder lassen Sie die Sektkorken knallen, bestellen etwas Leckeres zu essen und führen ein Freudentänzchen auf?

In der Wissenschaft von der Ehe nennt man das Feiern guter Neuigkeiten «Kapitalisieren» – das Betonen der positiven Ereignisse im Leben eines Paares. Einfacher gesagt bedeutet es schlichtweg, dass man um die guten Momente in einer Ehe möglichst viel Tamtam machen sollte.

Um die Bedeutung der geteilten Freude zu errechnen, rekrutierten Forscher der Universität von Kalifornien in Los Angeles und der Universität von Rochester im Staat New York anfangs 154 Collegestudenten, die über alles Gute und Schlechte Buch führen sollten, was ihnen im Laufe einer Woche passierte. Ganz oben auf der Liste der negativen Dinge standen bei den Studenten Geldnöte und schlechte Prüfungsergebnisse. Auf der positiven Seite standen gute Noten, ein Anruf von einem weit entfernt lebenden Freund oder ein Päckchen von den Eltern. Außerdem wollten sie von den Probanden wissen, ob sie anderen von guten oder schlechten Neuigkeiten erzählten, und sie mussten jeden Tag einen Fragebogen ausfüllen, der ihre Gesamtzufriedenheit mit ihrer Lebenssituation einstufte.

Mittels einer komplexen Formel konnten die Forscher die Auswirkungen guter Nachrichten auf den Alltag der Testpersonen wie auch den zusätzlichen Effekt errechnen, den das *Er-*

zählen positiver Ereignisse auf ihren Gemütszustand hatte. Die Studenten, denen Erfreuliches widerfuhr und die darüber sprachen, zeigten sich glücklicher als jene, die alles für sich behielten. Geteilte Freude ist also tatsächlich doppelte Freude.

Um zu überprüfen, ob dieses Phänomen auch für Partnerschaften gilt, führten die Wissenschaftler zwei zusätzliche Studien durch. Eine mit 59 Studentenpaaren, die im Schnitt seit 14 Monaten liiert waren. Die andere mit einer Gruppe von 178 Ehepaaren, die seit durchschnittlich zehn Jahren verheiratet waren.

Anhand verschiedener Skalen maßen die Forscher die Empfindungen der Probanden hinsichtlich Bindung, Zufriedenheit mit der Beziehung und Vertrautheit. Außerdem bewerteten sie die «Kapitalisierung», also das Ausmaß, in dem jeder Partner die positiven Ereignisse im Leben des geliebten Menschen betonte.

Hier eine verkürzte Fassung des Tests:

Beziehungstest 15:
Wie reagieren Sie auf gute Neuigkeiten?

Bitte nehmen Sie sich einen Moment Zeit und überlegen Sie, wie Ihr Partner reagiert, wenn Sie ihm oder ihr von etwas Gutem berichten, was Ihnen passiert ist. Stellen Sie sich beispielsweise vor, Sie kommen nach Hause und erzählen, dass Sie befördert wurden, ein tolles Gespräch mit einem Angehörigen hatten, eine Gehaltserhöhung bekommen, einen Preis gewonnen oder in einer Prüfung gut abgeschnitten haben. In welchem Maße tut Ihr Partner in einer solchen Situation die folgenden Dinge:

1. Mein Partner reagiert normalerweise begeistert, wenn mir etwas Schönes passiert. Er/sie stellt viele Fragen und zeigt aufrichtiges Interesse an dem erfreulichen Ereignis.

2. Mein Partner unterstützt mich normalerweise auf eher stille Art. Er/sie sagt wenig, aber ich weiß, dass er/sie sich für mich freut.
3. Mein Partner erinnert mich daran, dass die meisten guten Dinge auch einen schlechten Aspekt haben. Er/sie weist auf die mögliche Kehrseite des Ereignisses hin.
4. Mein Partner wirkt desinteressiert. Manchmal habe ich den Eindruck, ihm/ihr ist nicht sonderlich wichtig, ob mir etwas Positives widerfährt.

Anhand dieses Instruments haben die Forscher vier unterschiedliche Persönlichkeitstypen identifiziert. Sie lauten:

1. Aktiv konstruktive Reaktion: wenn jemand begeistert auf gute Neuigkeiten reagiert.
2. Passiv konstruktive Reaktion: wer sich still mit einem freut. Auch wenn der Partner vielleicht nicht viel sagt, fühlt man sich dennoch geliebt und unterstützt.
3. Aktiv destruktive Reaktion: Pessimisten, die immer die Kehrseite positiver Ereignisse sehen.
4. Passiv destruktive Reaktion: wenn jemand praktisch nicht reagiert, weil es ihn einfach nicht interessiert.

Es wird kaum überraschen, dass die beiden letzten Gruppen – aktiv und passiv destruktiv Reagierende – besonders schlecht abschnitten, wenn es um Vertrautheit, Erfüllung und andere Kriterien von Beziehungszufriedenheit ging.

Die erstaunlichsten Ergebnisse stammten allerdings vom passiv konstruktiven Typus. Diese Partner zeigten sich positiv und liebevoll, nur eben nicht besonders überschwänglich. Ehemänner und Ehefrauen eines passiv konstruktiven Menschen fühlen sich durchaus geliebt, denn sie wissen, dass ihr Partner kein Freund großer Worte ist. Doch auf den Prüfstand gestellt, erwiesen sich diejenigen, die mit einem Schweigsamen verheiratet waren, ebenfalls als eher unzufrieden mit ihrer Beziehung.

Letztendlich erzielten nur die Paare der aktiv konstruktiven Gruppe hohe Werte in den Punkten Vertrautheit und guter alltäglicher Beziehungsqualität – eben die Paare, die viel Wirbel um das Positive in ihrem Leben veranstalten. Du bist wirklich fertig mit deinem Projekt in der Arbeit? Das müssen wir feiern, gehen wir essen. Du bist zum ersten Mal fünf Kilometer gejoggt? Umarmung und Schulterklopfen. Dein Chef hat dich vor versammelter Mannschaft gelobt? Ich bin ja so stolz auf dich. Ich koche heute Abend was Schönes.

MERKE: Es reicht nicht, wenn Ihr Partner weiß, dass Sie stolz auf seine Leistungen sind. Sie müssen es auch zeigen. Viel Aufhebens um die kleinen, schönen Dinge zu machen, die jeden Tag passieren, kann Ihrer Ehe einen echten Schub geben.

2: Die Mathematik der Ehe

Als die Wissenschaft erst einmal eine Methode gefunden hatte, Videoaufzeichnungen von Paaren im Gespräch systematisch zu studieren, konnte sie jedes nette und böse Wort, jede Geste in einer Unterhaltung katalogisieren. Gelächter, Berührungen, Lächeln oder Komplimente wurden als positive Interaktion codiert, weniger freundliche Elemente waren Augenverdrehen, Hohn, Kritik, Abwehrhaltung, Wut und Distanz.

Bei der Analyse der Daten durch Forscher der Universität von Washington kristallisierte sich ein verblüffendes Muster heraus: In stabilen Ehen gibt es mindestens fünfmal so viele positive Interaktionen wie negative. Wenn die Rate unter diesen Wert sinkt, steigt das Scheidungsrisiko.

Im echten Leben kann natürlich kein Paar eine Strichliste über Nettigkeiten und Gemeinheiten führen. Jeden Tag gibt es Hunderte davon. Doch in praktischer Hinsicht kann man daraus lernen, dass ein simples «Entschuldige» nach schlechtem Benehmen nicht ausreicht. Zum Ausgleich für einen höhnischen Kommentar oder einen Wutausbruch muss man die positiven Gesten kräftig aufstocken, damit die Freundlich-unfreundlich-Quote nicht unter die gefährliche Grenze fällt.

Partner in gefestigten, dauerhaften Beziehungen tun das ganz selbstverständlich. Manchmal wird das Positive ausgesprochen: «Du siehst heute hübsch aus, Liebling», «Die Farbe steht dir gut», «Schmeckt super», «Du bist ein guter Vater». In anderen Fällen sind es einfach nur Gesten: ein Tätscheln auf die Hand oder den Rücken, ein liebevolles Zerzausen des Haars, ein Kuss ohne besonderen Grund.

MERKE: Rechnen Sie mit. Wenn Sie mal einen Fehler machen, nehmen Sie sich fest vor, mindestens fünf nette Dinge zu tun, um ihn wiedergutzumachen. Und vor allem: Tun Sie es dann auch. Warten Sie mit der Charmeoffensive aber nicht, bis Sie sich schlecht benommen haben. Freundliche Gesten und Kommentare machen in einer Ehe viel aus, sie sind nicht schwer und wirken wie eine Isolierschicht gegen die Schädigungen durch die unvermeidlichen schlechten Tage in der Beziehung.

3: Bewahren Sie sich hohe Standards

Einer der häufigsten Befunde, die Paare in der Eheberatung zu hören bekommen, ist der, dass sie unrealistische Standards und Hoffnungen haben. Wenn man unglücklich und desillusioniert ist, dann liegt es mitunter daran, dass beide Beteiligten von Anfang an zu idealistische Erwartungen hatten. Der Therapeut rät in solchen Fällen, die Ansprüche an die Beziehung und den Partner auf ein realistisches Maß herunterzuschrauben.

Neuere Forschungsergebnisse deuten darauf hin, dass hohe

Standards etwas Gutes sind. Im Rahmen einer Studie wollte Donald H. Baucom von der University of North Carolina herausfinden, inwiefern hohe, ja, sogar idealistische Maßstäbe in Bezug auf diverse Aspekte einer Beziehung die Qualität der Partnerschaft beeinflussen können.[188] Die Befragten füllten Fragebogen über ihre Hoffnungen und ihre Einstellung zu Themen wie Finanzen, Zuneigung, Hausarbeit, Verhältnis zu Verwandten und Freunden, Religion, Sex, Freizeit, Beruf und Elternschaft aus. Außerdem beantworteten sie Fragen darüber, wie sie ihrem Ehegatten positive und negative Gefühle kommunizieren. Anhand von 60 Einheiten konnten die Ansprüche gemessen werden, die der einzelne Partner an seine Beziehung hat. Hier eine verkürzte Version der Befragung:

Beziehungstest 16: Hat Ihre Ehe hohe Standards?

Stimmen Sie anhand einer Skala von 1 bis 5 den folgenden Aussagen zu oder nicht zu.

- «Wenn mein Partner und ich uns in der Kindererziehung uneinig sind, sollte jeder von uns versuchen, den anderen von seinem Standpunkt zu überzeugen.»
- «Nur einer von uns sollte das letzte Wort bei finanziellen Entscheidungen haben.»
- «Mein Partner und ich sollten jeweils an Freizeitaktivitäten des anderen teilnehmen.»
- «Wir sollten uns unsere Liebe zueinander körperlich zeigen.»

Nun beantworten Sie bitte die folgenden Fragen:

- «Wird dieser Anspruch in Ihrer Beziehung zu Ihrer Zufriedenheit erfüllt?»
- «Wie schlimm ist es für Sie, wenn dieser Anspruch nicht erfüllt wird?»

Die Fragen waren relativ einfach, doch es ergab sich daraus ein klares Schema: Die Paare an den äußersten Rändern – diejenigen, die sehr viel oder sehr wenig von ihrer Ehe erwarteten – bekamen in der Regel genau das, was sie wollten.

Dr. Baucom kam zu dem Ergebnis, dass Menschen, die idealistische Standards haben, die wirklich gut behandelt werden wollen und die sich Romantik und Leidenschaft von ihrer Ehe wünschen, am Ende genau so eine Art von Partnerschaft auch bekommen. Menschen mit niedrigen Standards hingegen, die keine nette Behandlung, gute Kommunikation oder Romantik erwarten, landen in Beziehungen, die diese Dinge auch nicht bieten.

MERKE: Männer und Frauen, die relativ hohe Maßstäbe an ihre Partner legen, führen die besseren Ehen. Wenn Sie eine erfüllende, gute Beziehung erwarten, dann erhöhen Sie dadurch Ihre Chance, diese auch zu bekommen.

4: Vergessen Sie Freunde und Verwandte nicht

Wie bereits beschrieben liegen die Probleme moderner Ehen unter anderem darin begründet, dass der Wunsch nach Seelenverwandtschaft beide Partner mit einer hohen persönlichen Verantwortung belastet. Paare neigen heutzutage generell viel stärker dazu, sich abzuschotten, als das in bisherigen Generationen der Fall war. Früher waren Verwandte, Freunde, Nachbarn und Kollegen wichtige Quellen sozialer, persönlicher und finanzieller Unterstützung, heute dagegen wenden sich viele Menschen primär an den eigenen Ehegatten, wenn sie Hilfe brauchen. Zahlreiche Paare sind sogar der Ansicht, dass Außenstehende die ehelichen Bande stören könnten, und distanzieren sich von engen Beziehungen über die Ehe hinaus.

In ihrer bereits erwähnten Studie haben Naomi Gerstel und Natalia Sarkisan herausgefunden, dass verheiratete Menschen weniger Kontakt zu Familie und Verwandtschaft haben als ledige. Sie besuchen ihre Eltern nicht so oft und rufen auch seltener an. Zudem ziehen sich Paare aus der größeren Gemeinschaft stärker zurück, sie pflegen weniger Umgang mit den Nachbarn und greifen ihren Freunden nicht so häufig unter die Arme. Nicht zuletzt engagieren sie sich auch seltener politisch, sei es nun durch Teilnahme an Kundgebungen oder Unterzeichnen einer Petition.[189]

«Heute erwarten wir viel mehr Vertrautheit und Unterstützung von unseren Partnern als in der Vergangenheit, aber gleichzeitig viel weniger von allen anderen», stellt die Paarhistorikerin Stephanie Coontz fest. Sie lehrt Geschichte und Familienwissenschaften am Evergreen State College in Olympia, Washington. «Das stellt eine riesige Belastung der Institution Ehe dar. Häufig überladen wir eine Beziehung, indem wir von unserem Partner verlangen, mehr Bedürfnisse zu befriedigen, als ein Einzelner es überhaupt vermag.»[190]

In ihrem Bestreben, eine noch engere Verbindung mit ihrem Ehegatten zu erreichen, schränken viele Paare die mit Eltern, Geschwistern und Freunden verbrachte Zeit immer weiter ein. Im Jahr 2006 analysierten Soziologen der Duke University in North Carolina und der University of Arizona Daten aus dem *General Social Survey*, jener amerikanischen Langzeitstudie über soziale, kulturelle und politische Themen. 1500 Teilnehmer waren zu ihren «Kerndiskussionsnetzwerken» befragt worden, also den Menschen, zu denen sie die engsten persönlichen und sozialen Bindungen hatten.

Beziehungstest 17: Soziale Bindungen

Die Probanden wurden gebeten, auf folgende Frage zu antworten: *Mit wem haben Sie in den vergangenen sechs Monaten Dinge besprochen, die Ihnen wichtig sind?*

Diese Studie zeigte, dass der Kreis von Vertrauenspersonen im Allgemeinen in den letzten 20 Jahren drastisch geschrumpft ist.[191] Vergleichen Sie Ihre Antworten mit den Ergebnissen der Befragung:

- 2004 gaben 80 Prozent der Befragten an, *nur mit Familienangehörigen* über wichtige Themen zu sprechen, im Gegensatz zu 57 Prozent im Jahr 1985.
- Die Anzahl der Menschen, die ausschließlich mit ihrem Ehegatten über Persönliches sprechen, ist von fünf auf neun Prozent gestiegen.
- 1985 hatte noch jeder Dritte laut eigener Aussage vier bis fünf Vertrauenspersonen, mit denen er sich regelmäßig austauschte. 2004 war diese Zahl auf lediglich 15 Prozent gesunken.
- Die Forscher berichteten außerdem von einem Rückgang der Anzahl von Gruppen, denen Menschen angehörten, und der Zeitmenge, die sie in Clubs und anderen Organisationen oder Vereinen verbrachten.

«Es besteht ein Trend zu kleineren, engeren sozialen Netzwerken, die sich um Ehegatten und Partner herum konzentrieren», sagt Miller McPherson, Soziologe an der University of Arizona.[192]

Dr. Coontz glaubt, all diese Geschlossenheit und Zusammengehörigkeit sei nicht unbedingt gut für Paare. Die beste Methode, eine Ehe zu stärken, ist ihrer Ansicht nach, weniger emotionale Ansprüche an den Partner zu stellen. Das heißt nicht, die Vertrautheit mit dem Mann oder der Frau einzubüßen. Es bedeutet nur, dass Ehepaare sehr stark davon profitieren können, ihre Beziehungen zu Verwandten und Freunden zu pflegen. Die glücklichsten Paare sind laut Dr. Coontz diejenigen, die auch «jenseits der Zweisamkeit» über Interessen und Unterstützung verfügen.

MERKE: Manchmal braucht man, um seine Ehe zu verbessern, eine Pause. Den Kontakt zu Verwandten, Freunden und Gesellschaft zu fördern, tut Ihrer Beziehung gut.

5: Erwarten Sie nicht von Ihrem Partner, dass er Sie glücklich macht

Zufriedenheit ist ein zunehmend beliebtes, komplexes Forschungsthema unter Psychologen. Die gute Nachricht ist, dass die meisten Menschen überwiegend glücklich sind.

Die wissenschaftliche Erkenntnis, dass Zufriedenheit eine relativ stabile Größe ist, überrascht jedoch. Ein bedeutendes Ereignis im Leben (wie eine Hochzeit oder die Geburt eines Kindes) lässt das Glücksempfinden zwar kurzfristig in die Höhe schnellen, doch die meisten Leute kehren bald darauf zu ihrem persönlichen Zufriedenheits-«Sollwert» zurück. Wenn Sie beispielsweise auf einer Skala von 1 bis 10 Ihr eigenes Wohlbefinden bei 7,5 einstufen würden, dann wird der Verlauf Ihres Lebens, den Resultaten der Forschung zufolge, daran normalerweise nicht groß etwas ändern. Sie bleiben mehr oder weniger Ihr ganzes Leben lang ein 7,5-glücklicher Mensch.

Natürlich gibt es Ausnahmen. Menschen, die extremer Armut, Hunger oder Gewalt ausgesetzt sind oder die an psychischen Problemen leiden, schneiden selbstverständlich in einem Zufriedenheitstest anders ab als der Durchschnittsbürger. Doch im Allgemeinen ist die Gemütsverfassung relativ beständig und wird kaum beeinflusst von Geld, Ausbildung, ethnischer Herkunft und anderen Variablen.

Einige faszinierende Untersuchungen haben sich mit emotionalen Extremen – dem Hochgefühl eines hohen Geldgewinns, der Katastrophe eines Verkehrsunfalls – und der daraus resultierenden Auswirkung auf das Wohlergehen befasst. Unter anderem maßen Forscher der Northwestern University in einer Reihe von Projekten das Glücksempfinden von Lottogewinnern, Unfallopfern mit Querschnittslähmung und einer Kontrollgruppe von Menschen, der nichts Dramatisches widerfahren war. Trotz der Euphorie eines satten Gewinns, so zeigten die Befragungen, waren die erfolgreichen Lottospieler kaum zufriedener als die Kontrollgruppe. Menschen, die eine verheerende Rückenmarksverletzung erlitten hatten, waren zudem glücklicher als erwartet.[193]

Die Aussagekraft dieser Forschungsergebnisse war nicht ganz eindeutig. Möglicherweise waren die Unfallopfer, die sich bereit erklärten, an der Studie teilzunehmen, einfach von vornherein besonders kontaktfreudige und aufgeschlossene Menschen, die ursprünglich auf einem höheren Glücksniveau gelebt hatten als die meisten anderen, sodass Einbußen nach ihrer Verletzung den Forschern nicht so stark ins Auge fielen.

Auch andere Untersuchungen lassen vermuten, dass Zufriedenheit eine angeborene Eigenschaft ist. Bei Zwillingen, die nicht zusammen aufwuchsen, hat man zum Beispiel identische Werte festgestellt, obwohl die persönlichen Erfahrungen unterschiedlich waren. Es gibt also durchaus Hinweise darauf, dass das Wohlbefinden genetisch bestimmt und somit nicht so leicht zu erschüttern ist, wobei die meisten Forscher davon ausgehen, dass die Glücksgleichung wahrscheinlich doch noch um einiges komplexer ist. Dennoch sehen sie starke Indizien dafür, dass die Gemütsverfassung eines Menschen nur schwer zu verändern ist.

Da die allgemeine Zufriedenheit im Laufe eines Lebens relativ stabil bleibt, stellt sich die Frage, ob Heiraten die Menschen glücklicher machen kann. Unstrittig ist, dass die Ehe dramatische Auswirkungen auf unseren emotionalen Zustand haben kann.

Im Jahr 1967 nahmen sich die Psychiater Thomas Holmes und Richard Rahe die Krankenakten von 5000 Patienten vor, um den Zusammenhang zwischen aufreibenden Erlebnissen und Krankheit zu ermitteln. Der bahnbrechende Artikel, den sie daraufhin verfassten, listete 50 einschneidende Lebensereignisse auf, die mit schwerwiegender seelischer und körperlicher Belastung einhergehen. Bemerkenswert ist, dass von den zehn wichtigsten Auslösern von Stress fünf mit der Ehe zu tun haben. Scheidung taucht dabei sogar weiter vorn auf der Liste auf als eine Gefängnisstrafe. Hier die zehn belastendsten Ereignisse im Leben eines Menschen: [194]

1. Tod des Ehepartners
2. Scheidung
3. Eheliche Trennung
4. Gefängnisstrafe
5. Tod eines nahen Angehörigen
6. Eigene Verletzung oder Krankheit
7. Hochzeit
8. Arbeitsplatzverlust
9. Versöhnung mit dem Ehepartner
10. Pensionierung

Mehrere Studien haben Zusammenhänge zwischen Familienstand und Zufriedenheit ermittelt. In einer Stichprobe von 59169 Personen aus 42 Ländern stellte sich heraus, dass überall auf der Welt verheiratete Menschen zufriedener mit ihrem Leben waren als ledige.[195] Aber macht die Ehe wirklich glücklich? Oder tendieren glücklichere Menschen eher zum Heiraten, einfach weil sie umgänglicher und aufgeschlossener sind und daher leichter einen Partner finden?

Der Psychologe Richard E. Lucas von der Michigan State University suchte in einer über 15 Jahre hinweg unter 24000 deutschen Probanden durchgeführten Studie nach Anhaltspunkten für einen Zusammenhang zwischen Ehe und Zufriedenheit. Alles in allem waren die verheirateten Personen glücklicher als die ledigen. Allerdings zeigte die Untersuchung auch, dass die Menschen, die heirateten und auch verheiratet blieben, im Allgemeinen schon lange, bevor sie vor den Altar traten, glücklicher gewesen waren.

Insgesamt stellte sich durch die Studie heraus, dass eine Eheschließung das Wohlbefinden nur unwesentlich steigert – nämlich durchschnittlich um 0,1 Punkte auf einer Skala von 1 bis 11.[196] Dieser leichte Anstieg war hauptsächlich der anfänglichen Euphorie von Hochzeit und Eheleben geschuldet. Im Schnitt waren die Testpersonen mit ihrem Dasein nach der Heirat nicht zufriedener als vorher.

Heißt das also, dass alles Streben nach Glück vergeblich ist? Nicht doch. Die Umfrage förderte große individuelle Schwankungen zutage. Manche Menschen waren nach ihrer Hochzeit viel zufriedener, auf andere hingegen hatte die Ehe genau den gegenteiligen Effekt.

Dennoch zeigte sich, dass diejenigen, die schon vorher relativ glücklich waren, von einer Ehe keine nennenswerte Steigerung zu erwarten hatten. Weshalb die Forscher mutmaßten, dass diese Menschen bereits vorher ein breites soziales Netzwerk besaßen und daher nicht so stark vom Gemeinschaftsaspekt der Ehe profitieren. Wer einsam und unzufrieden mit seinem Leben ist, hat einfach mehr zu gewinnen.

«Die individuelle Reaktion auf wichtige Ereignisse werden nicht nur durch die Persönlichkeit eines Menschen, sondern auch durch seine generellen Lebensumstände bestimmt», schreiben die Autoren der Studie. «Wenn jemand allgemein ein sehr angenehmes Leben führt, dann bringt ihm eine positive Veränderung wie die Heirat weniger. Gleichermaßen trifft jemanden, für den alles sehr gut läuft, der Verlust eines engen Gefährten unter Umständen stärker, denn wahrscheinlich verdankte er dieser vertrauten Beziehung zumindest zum Teil sein generelles subjektives Wohlergehen. Folglich profitiert ein weniger vom Glück begünstigter Mensch psychologisch möglicherweise eher von einem erfreulichen Ereignis. Wer dagegen über eine seelisch wertvolle Stütze an seiner Seite verfügt, den trifft der Verlust dieses Vertrauten umso schwerer.»

Überraschend an den gesammelten Daten war in jedem Fall, wie gering die Auswirkungen bedeutsamer ehelicher Ereignisse auf das allgemeine Wohlergehen eines Menschen waren. Es gab eine kleine Gruppe von Probanden, die zu Beginn der Studie ledig war, dann heiratete und sich schnell wieder scheiden ließ. Innerhalb dieser Gruppe entsprach die Ausgangszufriedenheit fast exakt dem Durchschnitt, und es gab im Laufe der Ehe keine nennenswerten Veränderungen, was das Glücksempfinden betraf.

Hier noch einmal die wichtigsten Ergebnisse der Studie:

- Die individuelle Persönlichkeit hat offenbar Einfluss auf den allgemeinen Gemütszustand, ob jemand nun verheiratet ist oder nicht.
- Glückliche Menschen haben eine höhere Wahrscheinlichkeit, zu heiraten.
- Eine Eheschließung erhöht zwar anfänglich die Zufriedenheit, doch nach durchschnittlich zwei Jahren pendeln sich die meisten Menschen wieder auf demselben Glücksniveau ein wie vor ihrer Hochzeit.
- Bei manchen Menschen schnellt das Wohlbefinden durch eine Eheschließung stark in die Höhe und hält sich häufig jahrelang auf diesem Hoch. Das sind oft Leute, die vorher zurückgezogener lebten, weshalb sie durch das Gemeinschaftsgefühl der Ehe stärker profitieren.

MERKE: Die Glücksforschung hält für Ehepaare eine üppige Dosis Trost und Ermutigung bereit. Zwar lässt die Anfangseuphorie nach der Hochzeit auch wieder nach, doch das heißt nicht, dass man dann weniger zufrieden miteinander oder mit dem eigenen Leben geworden ist. Es bedeutet lediglich, dass wir als Individuen nicht auf die Ehe als Hauptquelle von Lebensglück angewiesen sind. Zudem sind Menschen, die heiraten, normalerweise von vornherein zufrieden, und daran ändert die Ehe nichts.

6: Tun Sie's einfach

Sex wird nicht all Ihre Eheprobleme lösen, aber helfen kann er mit Sicherheit. Der bloße Akt der körperlichen Liebe – selbst, wenn man nicht in Stimmung ist – kurbelt chemische Prozesse im Gehirn an und setzt die Botenstoffe Vasopressin und Oxytocin frei – beides leistungsstarke Bindungshormone. Versuche mit monogamen Präriewühlmäusen haben gezeigt, dass allein eine Vasopressininjektion das Männchen galanter gegenüber der Mäusedame macht, selbst wenn es sich noch gar nicht mit ihr gepaart hatte.

Fachleute raten wenig lustbetonten Paaren, miteinander zu schlafen, auch wenn sie gar nicht wollen. Nach etwa fünf Minuten sexueller Aktivität werden Bindungshormone ausgeschüttet, und es fängt wahrscheinlich sogar an, Spaß zu machen.

Das ist für viele Paare, die ihr Liebesleben immer stärker vernachlässigt haben, kein leichter Rat. Einmal schrieb mir eine Frau, dass sie und ihr Mann den Sex nach der Geburt ihrer Kinder eingestellt hätten. Sie war diejenige, die das Interesse daran verloren hatte, und das Paar sprach bereits über Scheidung. Ein Eheberater forderte sie streng auf, wenn sie ihre Ehe retten wolle, müsse sie mindestens zweimal pro Woche mit ihrem Mann schlafen, ob sie Lust dazu habe oder nicht.

«Ich fand das unmöglich», sagt sie. «Was war mit meinen Bedürfnissen? Trotzdem folgte ich seinem Rat. Ich zwang mich dazu, und wissen Sie, was? Ich fand es toll, er fand es toll, und unsere Ehe fand es auch toll.»

Für Paare, die Schwierigkeiten damit haben, ihr Liebesleben wieder anzukurbeln, haben Experten mehrere Vorschläge parat. Vielleicht brauchen Sie einfach nur eine Auszeit von Kindern und Arbeitsstress – sich regelmäßig mit Ihrem Partner außer Haus zu verabreden, könnte die Lösung sein. Vielleicht müssen Sie es auch einfach langsam angehen lassen, erst einmal Händchen halten und kuscheln, um die Intimität wieder aufzubauen.

Ein Eheberater könnte Ihnen dabei helfen, die Probleme aufzuspüren, die Ihrem Liebesleben im Wege stehen. Manche Studien zeigen, dass Probleme am Arbeitsplatz zu einem nachlassenden Interesse an Sex führen können. Eine ungerechte Aufteilung der Hausarbeit kann sich ebenfalls auf das Liebesleben eines Paars auswirken. Auch eine ärztliche Untersuchung könnte angebracht sein, denn viele gesundheitliche Beschwerden, von Herzkrankheiten über Depression, Diabetes, Menopause und Medikamentennebenwirkungen, können Ihr Liebesleben negativ beeinflussen. Spezielle Paar-Reisen können ebenfalls ein Weg sein, um wieder zueinanderzufinden.

Durch eine Studie, an der 65 seit durchschnittlich 24 Jahren verheiratete Paare teilnahmen, entdeckte die Sextherapeutin Linda Banner eine einfache, aber effektive Lösung: Bei zwei von drei Paaren reichte der Einsatz eines sexuellen Aufklärungsvideos aus, um ihr Liebesleben neu zu beleben.[197]

Auf die Dauer kann regelmäßiger Sex die Stimmung verbessern, geduldiger machen, Gereiztheit abmildern und zu einer besseren, erfüllteren Beziehung führen.

MERKE: Diesmal gibt es nichts zu merken. Legen Sie das Buch weg und schlafen Sie mit Ihrem Partner.

Aus den meisten Studien zu Liebe und Ehe geht hervor, dass die Verliebtheitsgefühle im Laufe der Zeit unweigerlich nachlassen. Zwar erkennt man auf neueren computertomographischen Abbildungen des Gehirns, dass manches langverheiratete Paar sich die intensiven romantischen Gefühle erhalten kann, doch das ist offenbar die Ausnahme. Bei den meisten Menschen flattern die Schmetterlinge der anfänglichen Verliebtheit bald von dannen und werden von vertrauten, berechenbaren Empfindungen langfristiger Bindung abgelöst.

Gegen die ruhigen, beständigen Gefühle kameradschaftlicher Liebe ist grundsätzlich nichts einzuwenden, und viele Paare würden die tiefe Vertrautheit und Verlässlichkeit, die sie sich erarbeitet haben, nicht gegen eine neue stürmische Romanze eintauschen wollen. Doch die Gefahr dabei ist, dass diese Art von Liebe reizlos sein kann. Wenn das passiert, steigt das Risiko von Langeweile und Unzufriedenheit, und die mühsam erworbene Vertrautheit geht verloren.

Das muss aber nicht passieren. Beziehungsforscher haben eine Methode entwickelt, mit der lange verheiratete Paare die Gefühle der ersten Verliebtheit wieder anfachen können. Hier ist das Rezept: Führen Sie einen regelmäßigen Ausgehabend ein, aber denken Sie sich immer wieder etwas Neues aus, um frische und ungewöhnliche Erfahrungen zu machen.

Der Ratschlag basiert auf den Erkenntnissen der Gehirnforschung. Neue Erfahrungen aktivieren das Belohnungssystem und fluten den Kopf mit den Neurotransmittern Dopamin und Norepinephrin. Das sind dieselben Botenstoffe, die auch während der ersten Verliebtheit durch Ihren Körper schwirren, einer Zeit der Hochstimmung und der geradezu zwanghaften geistigen Beschäftigung mit dem neuen Partner. Mehrere Experimente haben gezeigt, dass Neues – einfach nur ungewohnte, unbekannte Dinge als Paar zusammen zu unternehmen – dabei helfen kann, die Schmetterlinge zurückzuholen, indem der chemische Zustand der Verliebtheit im Gehirn erzeugt wird.

In den vergangenen Jahren haben Dr. Arthur Aron und seine Kollegen diese Theorie in einer Reihe von Versuchen mit lange verheirateten Paaren getestet. Für eine der ersten Studien wurden 53 Paare mittleren Alters rekrutiert. Anhand von Standardfragebogen ermittelten die Forscher die Beziehungsqualität der Probanden und teilten sie dann per Zufallsprinzip in zwei Gruppen ein.

Eine Gruppe erhielt die Anweisung, 90 Minuten pro Woche etwas Altbekanntes und Angenehmes zu unternehmen, beispielsweise im Restaurant zu essen oder ins Kino zu gehen. Die Paare der zweiten Gruppe sollten sich jede Woche 90 Minuten Zeit für eine «aufregende» Aktivität nehmen, die beiden Partnern zusagte. Diese Testpersonen machten Dinge, die sie sonst nie taten – sie gingen auf Konzerte oder ins Theater, zum Skifahren, Eislaufen oder Tanzen.

Nach zehn Wochen wurde erneut die Qualität der Beziehungen getestet. Die Paare, die regelmäßig «aufregende» Dinge unternommen hatten, zeigten eine deutlich höhere Steigerung ihrer Ehezufriedenheit als die Probanden mit den «angenehmen» Ausgehabenden.

Beziehungstest 18:
So holen Sie sich die Romantik zurück

Machen Sie und Ihr Partner zuerst den Leidenschaftstest auf Seite 71, und notieren Sie sich Ihre Ergebnisse. Im Anschluss erstellen Sie eine Liste von 20 Aktivitäten und Orten für Verabredungen, die Ihrer Meinung nach aufregend und spaßig sein könnten und die Sie in den letzten sechs Monaten nicht zusammen gemacht oder besucht haben. Bitten Sie Ihren Partner, das

Gleiche zu tun, dann vergleichen Sie Ihre Listen. Suchen Sie sich zehn Dinge heraus, die Sie in den nächsten zehn Wochen einmal pro Woche miteinander unternehmen. Nach Ablauf der zehn Wochen machen Sie noch einmal den Leidenschaftstest und vergleichen Ihre Ergebnisse mit den vorherigen.

Dr. Aron warnt, dass die Neuheit allein wahrscheinlich nicht ausreicht, um eine in die Krise geratene Ehe zu retten, doch Paaren, die eine einigermaßen gute, aber etwas eintönige Beziehung führen, könnte der Trick helfen, den verlöschenden Funken neu zu entfachen.

Abgesehen davon haben neuere computertomographische Aufnahmen des Gehirns wie erwähnt gezeigt, dass die Verliebtheit tatsächlich viele Ehejahre überdauern kann. Unter der Federführung Bianca Acevedos, einer Wissenschaftlerin am Albert Einstein College of Medicine in der Bronx in New York City, wurde die Gehirntätigkeit von zehn Frauen und sieben Männern aufgezeichnet, die behaupteten, nach durchschnittlich 21 Jahren Ehe immer noch sehr verliebt in ihre Ehepartner zu sein. Die Aufnahmen bestätigten das, denn sie zeigten verstärkte Aktivität in den Arealen, die für Liebe und Leidenschaft zuständig sind, wenn den Probanden Bilder ihrer Ehegatten vorgelegt wurden. Die Bilder wiesen deutliche Ähnlichkeit mit denen von Frischverheirateten auf.

Warum manche Paare es schaffen, sich selbst nach vielen gemeinsamen Jahren die Intensität ihrer schwärmerischen Empfindungen füreinander zu bewahren, ist nicht ganz geklärt. Die Wissenschaftler sind davon überzeugt, dass regelmäßige Dosen von Neuheit und Aufregung dabei eine Rolle spielen. Die Anthropologin Helen Fisher weist darauf hin, dass die ungewohnten Aktivitäten nicht unbedingt zeitaufwendig, teuer oder verrückt sein müssen. «Man muss nicht am Kronleuchter turnen», sagt sie. Machen Sie einfach eine Spritztour, spazieren Sie durch ein neues Stadtviertel, besuchen Sie eine örtliche Kunstausstellung oder ein Volksfest. Entscheidend ist, die frische, ungewohnte Erfahrung miteinander zu teilen.

MERKE: Schützen Sie Ihre Ehe, indem Sie regelmäßig gemeinsam mit Ihrem Partner etwas Neues unternehmen. Erstellen Sie eine Liste Ihrer Lieblingsbeschäftigungen und danach eine Liste der Dinge, die Sie und Ihr Partner gerne einmal ausprobieren würden. Vermeiden Sie alte Gewohnheiten und überlegen Sie sich einmal pro Woche etwas für Sie beide Ausgefallenes und Fremdes.

Natürlich machen ein Töpferkurs, regelmäßiger Sex und ein paar zur Feier des Tages geköpfte Sektflaschen noch keine gute Ehe. Doch mit diesen sieben Strategien zur Stärkung der ehelichen Bande können Sie die Gemeinsamkeiten und Gefühle, die Sie einmal zusammengeführt haben, wieder aufleben lassen und kräftigen. Was stabile Partnerschaften von den Paaren unterscheidet, die zu kämpfen haben, ist die Fähigkeit, sowohl positiv zu bleiben als auch negative Verhaltensweisen auf ein Mindestmaß zu reduzieren.

Die Wissenschaft von der guten Ehe

Die Absicht dieses Buches ist es, den Optimismus zurückzugewinnen, den man bei der Hochzeit empfindet, und Ehepaaren das nötige Werkzeug an die Hand zu geben, um eine gute Beziehung zu erhalten oder eine problematische wieder aufzufrischen. Das Gute daran: Es gibt all die Antworten und Lösungen schon.

Zahllose Wissenschaftler haben ihr Berufsleben der Erforschung menschlicher Beziehungen gewidmet, und aus den Ergebnissen ihrer Arbeit können Paare, die an einer Verbesserung ihrer Ehe interessiert sind, auf empirischer Forschung basierende Ratschläge ziehen. Manche der Tipps – ob nun ein sanfterer Einstieg in Streitgespräche oder eine stärkere Beteiligung an der Hausarbeit – eignet man sich sicherlich nicht über Nacht an.

Im Gegenteil, eines der Grundthemen der Paarforschung lautet, dass gesunde Beziehungen Zeit, Mühe und sorgfältige Pflege erfordern. Die Partner müssen einander unterstützen, sich freundschaftlich unterhalten, Dinge gemeinsam unternehmen, Händchen halten und sogar manchmal verschiedener Meinung sein.

Selbst Paare, die sich dem Anschein nach gut verstehen und nur selten Streit haben, sollten sich nicht allzu sehr auf ihrer Beziehung ausruhen. Es gibt zahlreiche stabile Partnerschaften, die zwar nicht sichtlich auf die Scheidung zusteuern, die aber trotzdem gefährdet sind, weil die Partner keine Freude aus der Beziehung ziehen oder keine tiefere Verbindung zueinander aufbauen, die über die gemeinsam verbrachten Jahre und eingegangenen Verpflichtungen wie Eigenheim und Kinder hinausgeht. Dr. Markman nennt solche Ehen «gut genug».

«In diesen Beziehungen streiten die Partner nicht vor den Kindern, aber sie sind von wenig Konflikt und damit auch von wenig Intimität geprägt», erklärt er. «Die positive Verbindung in einer Partnerschaft zu schützen und wiederherzustellen, ist viel schwieriger.»

Es gibt keine allein gültige Definition einer guten Ehe, doch den Wissenschaftlern ist es gelungen, die Eigenschaften und Charakteristika langer und stabiler Beziehungen zu ermitteln. Die meisten Paare wissen längst, dass sie ausreichend Zeit miteinander verbringen müssen, dass sie ihre Konflikte bewältigen und die Vertrautheit stärken müssen. Nicht bewusst ist ihnen allerdings, dass sie ihr Augenmerk auf die falschen Dinge richten, wenn es um die Qualität und den Zustand ihrer Ehe geht.

Die wichtigste Lektion aus der Wissenschaft von der Ehe lautet, dass Paare häufig die emotionale Temperatur ihrer Beziehung missdeuten, indem sie sich fälschlicherweise auf die Häufigkeit von Konflikten und die üblichen Streitthemen konzentrieren. Doch die Beziehungsforschung lehrt uns, dass es keiner radikalen Änderungen bedarf, um eine Ehe zu verbessern. *In guten Beziehungen machen die Partner die kleinen Dinge richtig.*

Zum Beispiel streiten glückliche Paare genauso viel wie alle anderen, aber sie kennen den Unterschied zwischen sich beschweren und kritisieren. Sie vermeiden anklagende Worte und verachtungsvolle Gesten, wenn sie eine Meinungsverschiedenheit haben. Partner in stabilen Beziehungen wissen, dass die ersten Minuten eines Konfliktgesprächs den Ton der Auseinandersetzung und damit der gesamten Ehe bestimmen. Sie wissen, wie man einen Streit deeskaliert und Konflikte nutzt, um die Partnerschaft insgesamt zu verbessern. Sie wissen, dass Intimität, Sex und Zuneigung in einer Ehe zum Alltag gehören müssen.

Männer und Frauen in guten Ehen erzählen die Geschichte ihres Kennenlernens und der ersten Verliebtheitsphase warm, liebevoll und mit Humor. Wenn Paare Eltern werden, dann finden diejenigen, die das Kinderchaos am besten im Griff haben, auch Möglichkeiten, Qualitätszeit miteinander zu verbringen. In funktionierenden Partnerschaften wissen die Beteiligten, dass es nicht nur der Beziehung, sondern der ganzen Familie guttut, wenn die Ehe Priorität bekommt. Sie verteilen die Hausarbeit so, dass beide Partner sich gerecht behandelt fühlen, sie verwalten ihr Geld und ihre Schulden vernünftig und schützen ihre Partnerschaft dadurch so weit wie möglich vor finanzieller Belastung.

Natürlich ist jede Ehe anders und auf ihre eigene Art und Weise besonders, und es gibt einige Dynamiken zwischen Partnern, die selbst die Wissenschaft nicht erklären kann. Obwohl ein Großteil der Ratschläge, die man der Paarforschung entnehmen kann, ganz einfach klingt, ist es unter Umständen nicht immer leicht, sie in der realen Welt, auf eine reale Ehe – *Ihre* Ehe – anzuwenden, und die hier vorgestellten Strategien funktionieren vermutlich nicht bei jedem Paar.

Doch allein dass Sie dieses Buch lesen, zeigt, dass Ihnen die Ehe wichtig ist, ob Sie nun gerade an einer schwierigen Beziehung arbeiten, eine gute festigen oder noch nicht entschieden haben, ob Sie überhaupt heiraten möchten. Die allgemeinen Ehe- und Scheidungstrends geben Anlass zur Hoffnung: Trennungen werden seltener, Paare warten länger mit der Hochzeit, und wenn ein Mann und eine Frau sich schließlich zu diesem Schritt durchringen, zeigen die Statistiken ganz eindeutig, dass die Chancen für eine dauerhafte Partnerschaft gut stehen.

Nicht jede Ehe kann oder sollte gerettet werden, das ist ebenfalls sicher. Aber die umfassende Literatur, die es zum Thema Ehe, Partnerschaft und Scheidung gibt, liefert überzeugende Argumente, dass die Geheimnisse ehelicher Zufriedenheit nicht annähernd so kompliziert sind, wie sie oft scheinen. Kleine, simple Veränderungen in unserem alltäglichen Verhalten können eine bröckelnde Beziehung retten und eine einigermaßen gute Ehe in eine dauerhafte und erfüllende Verbindung verwandeln.

Wenn wir heiraten, versprechen wir, in guten wie in schlechten Tagen zu unserem Partner zu stehen. In Wahrheit wünschen wir uns natürlich vor allem die besseren Tage. Die Wissenschaft von der Ehe zeigt uns, dass dies durchaus möglich ist.

Anhang

Danksagung

Als ich dieses Buch beendete, hatte meine Tochter die Idee, den Text der «supertollen, total großartigen Laney» zu widmen. Ich schlug einen Kompromiss vor. «Wie wär's einfach mit ‹Für Laney›?», fragte ich.

Leider reicht der Platz nicht, um meine Gefühle für sie und all die anderen wundervollen Menschen zum Ausdruck zu bringen, die zu diesem Buch beigetragen haben. Ich sollte allein mit all den Eheforschern anfangen, die das ermöglicht haben. Es sind zu viele, um sie namentlich zu erwähnen, aber ohne ihre unermüdliche Arbeit in der Beziehungsforschung gäbe es keine Wissenschaft von der Ehe. Ich bin erstaunt und dankbar über die Großzügigkeit und das Wissen der Forscher hinter den in diesem Buch zitierten Studien.

Meine Agentin Lynn Johnston war eine beständige Quelle der Unterstützung, nicht nur in Bezug auf die Fertigstellung dieses Buches, sondern in allen Fragen des Lebens, der Liebe, Arbeit und Kindererziehung. Falls es je einen perfekten Mann gab, dann ist das mein Freund und Kollege Toby Bilanow, ein Gleichgesinnter in seiner Liebe zu Hunden und Blogs. Ich könnte mir einen Arbeitstag oder überhaupt einen Tag ohne ihn einfach nicht vorstellen. Dieses Buch hat außerdem massiv von der Weisheit und den Kenntnissen Larry Routs profitiert, eines ehemaligen Kollegen vom *Wall Street Journal* und außerdem ein großartiger, wahrer Freund.

Dankbar bin ich meiner Lektorin bei Dutton, Amy Hertz, für ihr Wissen, ihren Rat und ihr Engagement für dieses Buch und der Lektoratsassistentin Melissa Miller für ihre Hilfe. Besonderen Dank schulde ich all meinen Kollegen bei der *New York Times*, besonders Laura Chang und der Wissenschaftsredaktion, für ihre Unterstützung. Mit Dank überschütten möchte ich auch Jane Curry und Stephanie Lett für die regelmäßige Kinderbetreuung, das Essen und ihre Freundschaft, während ich an diesem Buch schrieb.

Vor allem aber danke ich von Herzen meiner Tochter Laney dafür, dass sie so supertoll und total großartig ist. Ich liebe dich.

Der Ehe-Index

Ehequote unter Amerikanern, die in den 1930ern geboren sind	96 %
Ehequote unter jüngeren Generationen in den USA	90 %
Ehen, die laut gängiger Meinung geschieden werden	50 %
Scheidungsrate nach zehn Jahren Ehedauer für Collegeabsolventen, die in den 1970ern geheiratet haben	23 %
Scheidungsrate nach zehn Jahren Ehedauer für Collegeabsolventen, die in den 1980ern geheiratet haben	20 %
Scheidungsrate nach zehn Jahren Ehedauer für Collegeabsolventen, die in den 1990ern geheiratet haben	16 %
Scheidungsrate nach 20 Jahren Ehedauer für Collegeabsolventen, die im Alter von mindestens 25 in den 1980ern geheiratet haben	19 %
Scheidungsrate nach 20 Jahren Ehedauer für Collegeabbrecher, die vor dem 25. Lebensjahr in den 1980ern geheiratet haben	51 %
Ehejahre, in denen Scheidung am häufigsten vorkommt	1–5

Durchschnittliche Anzahl sexueller Akte bei Ehepaaren jährlich	66
Durchschnittliche Anzahl sexueller Akte bei Erwachsenen allgemein	58
Ehemänner, die laut eigener Aussage ihre Frauen betrügen	12 %
Ehefrauen, die laut eigener Aussage ihre Männer betrügen	7 %
Ehegatten, die angeben, ihr Partner störe sie durch sein Schnarchen	67 %
Paare, die wegen Schlafproblemen in unterschiedlichen Räumen schlafen	33 %
Dauer ehelicher Konflikte, die das Immunsystem merklich beeinträchtigen, in Minuten	30
Anzahl von Tagen, um die sich eine Wundheilung aufgrund ehelicher Konflikte verzögert	2
Ehepaare, die angeben, die Aufteilung der Hausarbeit sei ein wesentlicher Konfliktbereich	62 %
Eheliche Konflikte, die nie dauerhaft gelöst werden	70 %
Prozentualer Anstieg gesundheitlicher Probleme bei einem Mann, dessen Frau zur Haupternährerin wird	40–60 %

Anmerkungen

1 Whitehead, B. D., und Popenoe, David: The State of Our Unions: The Social Health of Marriage in America. (Piscataway, NJ: The National Marriage Project, 2006) Einsehbar unter www.marriage.rutgers.edu.

2 Stevenson, Betsey und Wolfers, Justin: Marriage and Divorce: Changes and Their Driving Forces. In: Journal of Economic Perspectives 21, Nr. 2 (Frühling 2007).

3 Coontz, Stephanie: In schlechten wie in guten Tagen: Die Ehe – eine Liebesgeschichte, Lübbe, 2006, S. 451.

4 ebd., S. 215.

5 Whitehead, B. D., und Popenoe, David: Life Without Children: The Social Retreat from Children and How It Is Changing America. (Piscataway, NJ: The National Marriage Project, 2008) Einsehbar unter www.marriage.rutgers.edu.

6 Angier, Natalie: Mating for Life? It's not for the Birds or the Bees, *New York Times*, 21. August 1990.

7 Tarko, Vlad: The Myth of Monogamous Swans. Researches study the sex lives of black swans. In: Sci-Tech News, 8. Juni 2006.

8 Angier, 1990.

9 Judson, Olivia: The Wild Side: A Commitment Pill? New York Times, 16. September 2008.

10 Ribble, David O.: The Monogamous Mating System of Peromyscus Californicus as Revealed by DNA Fingerprinting. In: Behavioral Ecology and Sociobiology 29 (1991): S. 161–166.

11 Gubernick, David J., und Nordby, J. Cully: Mechanisms of sexual fidelity in the monogamous California mouse, Peromyscus californicus. Behavioral Ecology and Sociobiology, Band 32, Nummer 3/März 1993.

12 Winslow, James T., Nick Hastings, C. Sue Carter, Carroll R. Harbaugh und Thomas R. Insel: A role for central vasopressin in pair bonding in monogamous prairie voles. In: Nature 365, S. 545–548 (7. Oktober 1993), doi: 10.1038/365545a0.

13 Walum, Hasse: Genetic variation in the vasopressin receptor 1a gene (*AVPR1A*) associates with pair-bonding behavior in humans. In: Proceedings of the National Academy of Science, September 2008.

14 Walum, Hasse: Link Between Gene Variant and Relationship Difficulties. In: Pressemeldung des Karolinska Institutet, 2. September 2008. http://ki.se/ki/jsp/polopoly.jsp?l=en&d=130&a=60139&newsdep=130.

15 Wedekind, Claus, Thomas Seebeck et al.: The Intensity of Human Body

Odors and the MHC: Should We Expect a Link? In: Evolutionary Psychology, 2006. 4: S. 85–94.

16 Garver-Apgar, C. E., Gangstead, S. W., Thornhill, R., Miller, R. D., und Olp, J. J.: MHC Alleles, Sexual Responsivity and Unfaithfulness in Romantic Couples. In: Psychological Science 17, S. 830–835.

17 Barash, David P.: Deflating the Myth of Monogamy. http://www.trinity.edu/rnadeau/fys/barash%20on%20monogamy.htm.

18 Parker-Pope, Tara: Love, Sex and the Changing Landscape of Infidelity. In: The New York Times, 28. Oktober 2008, s. D1.

19 ebd.

20 Whisman, Mark A., und Snyder, Douglas K.: Sexual Infidelity in a National Survey of Women: Differences in Prevalence and Correlates as a Function of Method of Assessment. In: Journal of Family Psychology 21, Nr. 2 (27. Juni), S. 147–154.

21 Lydon, John E., Meana, Marta, Sepinwall, Deborah, Richards, Nancy und Mayman, Shari: The Commitment Calibration Hypothesis: When Do People Devalue Attractive Alternatives? In: Personality and Social Psychology Bulletin 25, Nr. 2 (Februar 1999), S. 152–161.

22 Lydon, John E., Danielle Menzies-Toman, Kimberley Burton, Chris Bell: If-Then Contingencies and the Differential Effects of the Availability of an Attractive Alternative on Relationship Maintenance for Men and Women. Journal of Personality and Social Psychology, Bd. 95 (1), Juli 2008, S. 50–65.

23 ebd.

24 ebd.

25 Nuzzo, Regina: Love and Infidelity: How Our Brain Keeps Us From Straying. In: The Los Angeles Times, 15. September 2008.

26 Peterson, Christopher: Positive Psychology. Oxford University Press, 2006, S. 251.

27 Hatfield, Elaine: The Golden Fleece Award: Love's Labours Almost Lost. In: APS Observer 19, Nr. 6 (Juni 2006).

28 Givens, David B.: Körpersprache der Liebe, München (Mosaik bei Goldmann), 2006, S. 23 f.

29 Moore, Monica: Nonverbal courtship patterns in women: Context and consequences. In: Ethology and Sociobiology 64 (1985), S. 237–247.

30 Coleman, Daniel: For Man and Beast, Language of Love Shares Many Traits. In: The New York Times, 14. Februar 1995, S. C1.

31 Klimenko, Marina und Hui-Chin Hsu: International Synchrony Between Mothers and Their Toddlers During Book Reading. Präsentiert auf dem Jahrestreffen der XV. Biennial International Conference on Infant Studies, Westin Miayko, Kyoto, Japan, 19. Juni 2006. http://www.allacademic.com/meta/p_mla_apa_research_citation/0/9/3/9/7/p93974_index.html.

32 Hall, Edward T.: The Dance of Life. The Other Dimension of Time, New York, 1983, S. 154–156.
33 Gammer, Karl, Kruck, Kirsten O., und Magnusson, Magnus S.: The Courtship Dance: Patterns of Nonverbal Synchronization in Opposite Sex Encounters. In: Journal of Nonverbal Behavior 22, Nr. 1 (1998).
34 Fisher, Helen: Anatomie der Liebe. Warum Paare sich finden, sich binden und auseinandergehen. München (Knaur), 1995, S. 36.
35 Perper, Timothy: Will She or Won't She: The Dynamics of Flirtation in Western Philosophy. In: Sexuality and Culture (November 2009).
36 Geddes, Linda: DNA Dating: Can Genes Help You Pick a Mate? The New Scientist, 19. Dezember 2008.
37 Roberts, S. Craig, Gosling, L. Morris, Carter, Vaughan, und Petrie, Marion: MHC-correlated odour preferences in humans and the use of oral contraceptives. In: Proceedings of the Royal Society, 7. Dezember 2008, 275:2715.2722.
38 Miller, G., Tybur, J. M., und Jordan, B. D.: Ovulatory cycle effects on tip earnings by lap dancers: economic evidence for human estrus? In: Evolution and Human Behavior, Bd. 28, Ausgabe 6, S. 375–381, November 2007.
39 Durante, K. M., Li, N. P., und Haselton, M. G.: Changes in women's choice of dress across the ovulatory cycle: Naturalistic and laboratory task-based evidence. In: Personality and Social Psychology Bulletin, Bd. 34, Nr. 11 1451–1460 (2008). DOI: 10.1177/0146167208323103.
40 Bryant, G. A., und Haselton M. G.: Vocal cues of ovulation in human females. In: Biology Letters 5 (2009), S. 12–15. Doi:10.1098/rsbl.2008.0507
41 Haselton, M. G., und Gangestad, S. W.: Conditional expression of women's desires and men's mate guarding across the ovulatory cycle. In: Hormones and Behavior 49 (2006), S. 509–518.
42 Marazziti, C., Aikskal, H. S., Rossi, A., und Cassano, G. B.: Alteration of the platelet serotonin transporter in romantic love. In: Psychological Medicine, Mai 1999, 29 (3): S. 741–745.
43 Marazziti, D., Dell'Osso, B. Baroni, S., Mungai, F. et al.: A relationship between oxytocin and anxiety of romantic attachment. In: Clinical Practice and Epidemiology in Mental Health 2006, 2: S. 28. Online veröffentlicht am 11. Oktober 2006.
44 Hatfield, Elaine, Rapson, R. L., und Martel, L. D.: Passionate Love. In: S. Kitayama und D. Cohen (Hrsg.), Handbook of Cultural Psychology, New York: Guilford Press, 2007.
45 Birbaumer, N., Lutzenberger, W., Elbert, T., Flor, H. und Rockstroh, B.: Imagery and brain processes. In: Niels Birbaumer und Arne Öhman (Hrsg.), The structure of emotion. Göttingen, 1993, S. 132–134.
46 Bartels, A., und Zeki, S.: The Neural Basis of Romantic Love. Neuroreport 11 (2000), S. 3829–3834.

47 Bartels, A., und Zeki, S.: The Neural Correlates of Maternal and Romantic Love. In: Neurolmage 21 (2004), S. 1155–1166.
48 Aron, A., Fisher, H., Mashek, D., Strong, G., Li, H-F., und Brown, L. L.: Early-stage, intense romantic love activates subcortical reward and motivation regions and a dynamic network that varies with intensity of passion, duration of relationship, and gender. In: Journal of Neurophysiology 94 (2005), S. 327–337.
49 Parker-Pope, Tara: Is it Love or Mental Illness? They're Closer Than You Think. In: Wall Street Journal, 13. Februar 2007.
50 ebd.
51 Soueif, Ahdaf: Die Landkarte der Liebe. München (Goldmann), 2003, S. 405.
52 Jasso, Guillermina: Marital Coital Frequency and the Passage of Time: Estimating the Separate Effects of Spouses' Ages and Marital Duration, Birth and Marriage Cohorts, and Period Influences. In: *American Sociological Review*, Vol. 50, No. 2 (April 1985), S. 224–241.
53 Brewis, Alexandra, und Meyer, Mary: Marital Coitus Across the Life Course. In: Journal of Biosocial Science 37 (2005), S. 499–518.
54 Jasso, 1985.
55 Harlow, John: True Love is All Over in 30 Months. In: The Sunday Times, 25. Juli 1999.
56 Waite, L. J., und Joyner, K.: Emotional and physical satisfaction with sex in married, cohabiting, dating sexual unions: Do men and women differ? In: E. O. Laumann und R. T. Michael (Hrsg.), *Sex, love, and health in America: Private choices and public policies*. Chicago, 2001, S. 239–269.
57 Klusmann, Dr. Dietrich: Sperm Competition and Female Procurement of Male Resources. In: Human Nature 17, Nr. 3 (September 2006).
58 Roach, Mary: Bonnk: The Curious Coupling of Science and Sex. New York: W. W. Norton & Co, 2009.
59 Buckley McCarthy, Alice: Who's Having Sex in America? In: Third Age, 1. Juli 2008. Wynter.thirdage.com.
60 Smith, Tom W.: American Sexual Behavior: Trends, Sociodemographic Differences, and Risk Behavior. In: National Opinion Research Center, University of Chicago, GSS Topical Report, Nr. 25, aktualisiert Dezember 1998.
61 Buckley McCarthy, Alice, 2008.
62 Shellenbarger, Sue: Not Tonight, Honey: The Plight of Dual-Income No-Sex Couples. In: The Wall Street Journal, 3. April 2003.
63 Hyde, Janet S.: Research on Sexuality in Marriage. In: Congressional Briefing, 5. März 2004.
64 Brown, M., und Auerbach, A.: Communication Patterns in Initiation of Marital Sex. In: Medical Aspects of Human Sexuality 15 (1981), S. 107–117.
65 Hatfield, Elaine, Sprecher, Susan, Traupman Pillener, Jane et al.: Gender

Difference in What Is Desired in the Sexual Relationship. In: Journal of Psychology and Human Sexuality 1 (1988).
66 Kiecolt-Glaser, J. K., Fisher, L. D., Ogrocki, P., Stout J. C. et al.: Marital Quality, Marital Disruption and Immune Function. In: Psychosomatic Medicine 49, Nr. 1 (1987), S. 13–34.
67 Neale, Todd: Marriage May Protect Against Dementia. MedPage Today, 30. Juli 2008.
68 Joung, Inez, Glerum, Jacobus J., Van Poppel, Frans W. A., Kardaun, Jan W. P. F., und Mackenbach, Johan P.: The contribution of specific causes of death to mortality differences by marital status in the Netherlands. In: The European Journal of Public Health 1996 6(2): S. 142–149; doi:10.1093/eurpub/6.2.142.
69 Harrison, Pam: 7 Reasons Men Should Marry. In: Canadian Health magazine, http://www.canadian-health.ca/1_4/58_e.html.
70 Kaplan, Robert M., Kronick, Richard G.: Marital status and longevity in the United States population. In: Journal of Epidemiology and Community Health 2006; 60: S. 760–765; doi:10.1136/jech.2005.037606.
71 Parker-Pope, Tara: Health matters: Is your wife pushing you to see a doctor? In: Wall Street Journal, 12. Mai 2007.
72 Coan, James A., Schaefer, Hillary S., und Dauzslon, Richard J.: Lending a Hand: Social Regulation of the Neural Response to a Threat. In: Psychological Science 17, Nr. 12 (2006).
73 Sobal, J., Rauschenbach, B., Frongillo, E. A.: Marital status changes and body weight changes: A US longitudinal analysis. In: Social Science and Medicine, April 2003, 56(7): S. 1543–1555.
74 Müller, M. J., Ruof, J., Graf-Morgenstern, M., Porst, H., und Benkert, O.: Quality of Partnership in partnerships with erectile dysfunction after sildenafil treatment. In: Pharmacopsychiatry Mai 2001, (34)3: S. 91–95. DOI: 10.1055/s-2001-14277.
75 Parker-Pope, T.: What the Viagra experience is really like. In: Wall Street Journal, 11. November 2002.
76 Dennerstein, L., Randolph, J., Taffe, J. et al.: Hormones, Mood, Sexuality and the Menopausal Transition. In: Fertility and Sterility 81, Nr. 7 (2002), S. 581–587.
77 McCann, Kathleen: More Marital Happiness = Less Sleep Complaints. In: American Academy of Sleep Medicine, 9. Juni 2008. http://aasmnet.org/Arti cles.aspx?id=891.
78 Hasler, Brant: Poor Sleep Is Associated with Lower Relationship Satisfaction in Both Women and Men. In: The Twenty-third Annual Meeting of the Associated Sleep Societies, 10. Juni 2009.
79 Cartwright, R., Sleeping together: a pilot study of the effects of shared slee-

ping on adherence to CPAP treatment in obstructive sleep apnea. In: Journal of Clinical Sleep Medicine 2008; 4(2): S. 123–127.
80 Science Blog: Can Snoring Ruin a Marriage? 2. Februar 2006. http://www.scienceblog.com/cms/can_snoring_ruin_a_marriage_9930.
81 Beninati, W., Harris, C. D., und Herold, D. L.: The Effect of Snoring and Obstructive Sleep Apnea on the Sleep Quality of Bed Time Partners. In: Mayo Clinic Proceedings 74, Nr. 10 (1999), S. 955–958.
82 Parish, J. M., und Lyng, P. J.: Quality of Life in Bed Partners of Patients with Obstructive Sleep Apnea or Hypopnea After Treatment with Continuous Positive Airway Pressure. In: Chest 124, Nr. 3 (September 2003), S. 942–947.
83 Sardesai, M. G., Tan, A. K., und Fitzpatrick, M.: Noise-Induced Hearing Loss in Snorers and Their Bed Partners. In: Journal of Otolaryngology 32, Nr. 3 (Juni 2003), S. 141–145.
84 Parker-Pope, Tara: Dangers of Second-hand Snoring. In: The Wall Street Journal, 18. November 2003.
85 Cano, Annmarie, Gillis, Muzy, Heenz, Wanda et al.: Marital Functioning, Chronic Pain and Psychological Distress. In: Pain 207, Nr. 1–2 (Januar 2004), S. 99–106.
86 Kiecolt-Glaser, J. K., Glaser, R., Capcioppo, J. T., MacCallum, R. C., Malarkey, W. B.: Marital Stress: Immunologic, neuroendocrine, and autonomic correlates. In: Annals of the New York Academy of Sciences 1998; 840: S. 649.
87 Kiecolt-Glaser, J., Loving, T. J., Stowell, J. R., Malarkey, W. B., Lemeshow, S., Dickinson, S. L., Glaser, R.: Hostile marital interactions, proinflammatory cytokine production and wound healing. In: Archives of General Psychiatry (2005), 62: S. 1377–1384.
88 Relationship Stress and the Heart. In: Harvard Men's Health Watch 8, Nr. 10 (Mai 2004).
89 Divorce Undermines Health in Ways Remarriage Doesn't Heal. In: University of Chicago, 27. Juli 2009.
90 Deaker, Elaine, Sullivan, Lisa M. et al.: Marital Status, Marital Strain and Rise of Coronary Heart Disease or Total Mortality. In: Psychosomatic Medicine 69 (2007), S. 509–513.
91 Parker-Pope, Tara: Marital Spats, Taken to Heart. In: The New York Times, 2. Oktober 2007, S. D1.
92 Buss, David M.: The Evolution of Human Mating. In: Acta Psychologica Sinica 2007, 39 (3): S. 502–512.
93 Buehlman, K. T., Gottman, J. M., Katz, L. F.: How a Couple Views Their Past Predicts Their Future: Predicting Divorce from an Oral History Interview. In: Journal of Family Psychology, Bd. 5, Nr. 3 und 4, März/Juni 1992, S. 295–318.
94 ebd.

95 Carrere, S., Buehlman, K. T., Gottman, J. M., Coan, J. A., und Ruckstuhl, L.: Predicting Marital Stability and Divorce in Newlywed Couples. In: Journal of Family Psychology. März 2000, Bd. 14, Nr. 1, S. 42–58.
96 Leonard, Suzanne: Love Stories: How You Tell the Story of Your Marriage Predicts the Future of Your Love. In: Psychology Today, Nov./Dez. 1995.
97 ebd.
98 ebd.
99 ebd.
100 Adams, S. H.: Statement analysis: What do suspects' words really reveal? FBI Law Enforcement Bulletin, 1996, S. 12–20.
101 Pennebaker, J. W.: What our words can say about us: Toward a broader language psychology. In: Psychological Science Agenda 15, S. 8–9.
102 Newman, M. L., Pennebaker, J. W., Berry, D. S., Richards, J. M.: Lying Words: Predicting Deception from Linguistic Styles. In: Personality and Social Psychology Bulletin, Bd. 29, Nr. 5, Mai 2003, S. 665–675.
103 Campbell, R. S., und Pennebaker, J. W.: The Secret Life of Pronouns: Flexibility in Writing Style and Physical Health. In: Psychological Science, Bd. 14, Nr. 1, Januar 2003, S. 60–65.
104 Simmons, R. A., Gordon, P. C., und Chambles, D. L.: Pronouns in Marital Interaction: What Do «You» and «I» say About Marital Health? In: Psychological Science, Bd. 16, Nr. 12, 2006, S. 932–936.
105 Freitas-Magalhães, A.: The Psychology of Human Smile. Oporto: University Fernando Pessoa Press, 2006.
106 Elkman, P., Friesen, W. B., und O'Sullivan, M.: Smiles when lying. In: Journal of Personality and Social Psychology 54 (1988), S. 414–420.
107 Parker-Pope, Tara: How Eye Rolling Destroys a Marriage. In: The Wall Street Journal, August 2002, S. D1.
108 Gottman, J.: Lass uns einfach glücklich sein! Der Schlüssel zu einer harmonischen Partnerschaft. München, 1998, S. 66.
109 Buss, David M.: Conflict Between the Sexes: Strategic Interference and the Evocation of Anger and Upset. In: Journal of Personality and Social Psychology, Bd. 1989 (1989), Nr. 5, S. 735–747.
110 Goleman, Daniel: Study Defines Major Sources of Conflict Between Sexes. In: New York Times, 13. Juni 1989.
111 Stout, Hilary: Family Matters: The Key to a Lasting Marriage: Combat – Even Happy Couples Aren't Really Compatible, Suggests Latest Research. In: The Wall Street Journal, 4. November 2004, S. D1.
112 Marano, Hara Estroff, Carlin, Flora: The Truth About Compatibility. In: Psychology Today, 1. September 2004.
113 Zillman, Dolf: Cognition – Excitation Interdependences in Aggressive Behaviour. In: Current Theoretical Perspectives on Aggressive and Antisocial Behavior 14, Nr. 1, S. 51–64.

114 Carrère, S., und Gottman, J. M.: Predicting Divorce among Newlyweds from the First Three Minutes of a Martial Conflict Discussion. In: Family Process, Bd. 38, Ausgabe 3, S. 293–301, online veröffentlicht 28.07.2004.
115 Gottman, J. M.: Lass uns einfach glücklich sein! München 1998, S. 77.
116 Gottman, J. M., und Levenson, R. W.: Dysfunctional Martial Conflict: Women are Being Unfairly Blamed. In: Journal of Divorce and Remarriage, Bd. 31, Ausgabe 3 u. 4, Februar 2000, S. 1–17.
117 Coontz, Stephanie: Till Children Do Us Part. In: New York Times, 5. Februar 2009: A31.
118 Whitehead und Popenoe, 2007.
119 Pew Research Center: As Marriage and Parenthood Drift Apart, Public is Concerned About Social Impact.Washington D. C., 1. Juli 2007: Executive Summary, Seite I. http://pewresearch.org.
120 Whitehead und Popenoe, 2007.
121 Longman, Phillip: The Global Baby Bust. In: Foreign Affairs, Mai/Juni 2004.
122 Whitehead und Popenoe, 2007.
123 Twenge, Jean M., Campbell, W. Keith, und Foster, Craig A.: Parenthood and Marital Satisfaction: A Meta-Analytical Review. In: Journal of Marriage and the Family 65 (April 2003), S. 574–583.
124 Gottman, John M., und Schwartz Gottman, Julie: And Baby Makes Three: The Six-Step Plan for Preserving Marital Intimacy and Rekindling Romance After Baby Arrives. Three Rivers Press, New York, 2007.
125 Evenson, Ranae J., und Simon, Robin W.: Clarifying the Relationship Between Parenthood and Depression. In: Journal of Health and Social Behavior 46 (Dezember 2005), S. 341–358.
126 Grudzinskas, J. G., und Atkinson, L.: Sexual function during the puerperium. In: Archives of Sexual Behavior 1984; 13: S. 85–91.
127 Byrd, J. E., Hyde, J. S., DeLamater, J. D., und Plant, E. A.: Sexuality during pregnancy and the year postpartum. In: Journal of Family Practice 47 (1998), S. 305–308.
128 Gottman und Schwartz Gottman, 2007, S. 160.
129 Zimmerman, Rachel: Researchers Target Kids' Toll on Marriages. In: The Wall Street Journal, 24. Februar 2007.
130 ebd.
131 Lino, Mark: Expenditures on Children by Families, 2005, US Department of Agriculture, Center for Nutritional Policy and Promotion, Miscellaneous Publications, 2006, S. 1528–2005.
132 Whitehead und Popenoe, 2007.
133 Longman, Phillip: The Empty Cradle: How Falling Birthrates Threaten World Prosperity and What To Do About It, New York, 2004, S. 69.
134 Whitehead und Popenoe, 2007.

135 Twenge, 2003.
136 PBS Frontline: Inside the Teenage Brain http://www.pbs.org/wgbh/pages/frontline/shows/teenbrain/interviews/galinsky.html.
137 Miller, Richard B.: Do Children Make a Marriage Unhappy? In: Marriage and Families, April 2001.
138 Report: Kids Take Greater Toll On Marriage Satisfaction Of Affluent Couples. Pressemeldung der San Diego State University, 22. Juli 2003.
139 Crary, David: Key to a Good Marriage? Share Housework. The Associated Press, 1. Juli 2007.
140 Coltrane, Scott: Research on Household Labor: Modeling and Measuring the Social Embeddedness of Routine Family Work. In: Journal of Marriage and Family (November 2008), S. 1208–1233.
141 Stafford, Frank, Eccles, Jacquelynne, Schoeni, Robert, Yeung, Wie-Jun et al.: Continuity and Change in American Economic and Social Life: The Panel Study of Income Dynamics. In: National Science Foundation, 3. April 2008.
142 Belkin, When Mom and Dad Share It All. In: The New York Times Magazine, 15. Juni 2008.
143 McNeil, Donald: Real Men Don't Clean Bathrooms. In: The New York Times, 19. September 2004.
144 ebd.
145 Zagor, Karen: The Chore Wars: Marriage and Kids. In: The Feminist eZine, 5. Dezember 2006.
146 Bortolotti, Dan: The New Dad: The Changing Face of Fatherhood in Canada. In: Today's Parent, Juni 2009.
147 Pape Cowan, Carolyn, und Cowan, Philip A.: When Partners Become Parents: The Big Life Change for Couples. In: Psychology Press (2009).
148 Zagor 2006.
149 Coltraine 2008.
150 Jeffcoat Bartley, Sharon, Judge, William, und Judge, Sharon: Antecedents of Marital Happiness and Career Satisfaction: An Empirical Study of Dual-Career Managers. In: Journal of Business and Public Affairs 1, Nr. 1.
151 Babcock, Linda, und Laschever, Sara: Women Don't Ask. Negotiation and the Gender Divide. Princeton 2003.
152 Gager, Constance T., und Yabiku, Scott T.: Who Has the Time? The Relationship Between Household Labor Time and Sexual Frequency. In: Journal of Family Issues 31, Nr. 135 (2010).
153 Olson, David: National Survey of Marital Strenghts (2003), www.prepare-enrich.com.
154 Sanchez, L., und Gager, C. T.: Hard Living, Perceived Entitlement to a Great Marriage, and Marital Dissolution. In: Journal of Marriage and Family 63 (2000), S. 708–722.

155 Grabmeie, Jeff: Divorce Drops a Person's Wealth by 77 Percent, Study Finds. Ohio State Research Communications, http://researchnews.osu.edu/archive/divwith.htm.
156 Council on Contemporary Families: Are Women More Stressed Than Men by Work-Life Conflict? In: Unconventional Wisdom, Wynter.contemporaryfamilies.org.
157 Friedman, S. D., und Greenhaus, J. H.: Work and Family – Allies or Enemies? What Happens When Business Professionals Confront Life Choices. (New York: Oxford University Press, 2000) Bureau of Labor Statistics, www.bls.gov/opub/ted/2009/jan/wk1/art05.htm.
158 Galinsky, Ellen: Are Women More Stressed Than Men by Work-Life Conflict? In: Council on Contemporary Families: Unconventional Wisdom, Wynter.contemporaryfamilies.org.
159 Statistik des US-Arbeitsministeriums: Wives Earning More Than Their Husbands, 1987–2006. 9. Januar 2009, http://www.bls.gov/opub/ted/2009/jan/wk1/art05.htm.
160 Coontz, Stephanie: Sharing the Load: Quality Marriages Today Depending on Couples Sharing Domestic Work. In: The Shriver Report, Center for American Progress, 2009. http://www.awomansnation.com/marriage.php.
161 Springer, Kristen W.: Breadwinner Anxiety and Husbands' Health: How Old Ideas of Masculinity Can Hurt. In: Columbia University Center on Family Demography and Public Policy, Dezember 2008.
162 Prince Cooke, Lynn: Traditional Marriages Now Less Stable than Ones Where Couples Share Work and Household Chores. In: Council on Contemporary Families briefing document, 5. Juli 2008. www.contemporaryfamilies.org.
163 Gupta, Sanjiv: Women's Money Matters: Earnings and Housework in Dual-Earner Families. In: Council on Contemporary Families briefing document, 4. September 2007. www.contemporaryfamilies.org
164 Rick, Scott I., Small, Deborah A., und Finkel, Eli J.: Fatal (Fiscal) Attraction: Spendthrifts and Tigthwads in Marriage. 30. September 2009. http://ssrn.com/abstract=1339240.
165 Kurdek, Lawrence: Predicting Marital Dissolution: A Five-Year Prospective Longitudinal Study of Newlywed Couples. In: Journal of Personality and Social Psychology 64, Nr. 2 (Februar 1993): S. 221–242.
166 Pahl, Jan: His Money, Her Money: Recent Research on Financial Organisation in Marriage. In: Journal of Economic Psychology, Bd. 16, Ausgabe 3, September 1995, S. 361–376.
167 Burgoyne, Carole B., Reibstein, Janet, Edmunds, Anne, und Dolman, Valda: Money Management Systems in Early Marriage: Factors Influencing

Change and Stability. In: Journal of Economic Psychology, Bd. 28, Ausgabe 2, April 2007, S. 214–228.
168 ebd.
169 Olson, David: National Survey of Marital Strengths.
170 Deutsch, Francine M.: Halving It All: How Equally Shared Parenting Really Works. Harvard University Press, 2000.
171 Gottman, J. M., Levenson, R. W., Swanson, C., Swanson, K., Tyson, R., und Yoshimoto, D.: Observing Gay, Lesbian and Heterosexual Couples' Relationships: Mathematical Modeling of Conflict Interaction. In: Journal of Homosexuality 45 (2003), S. 65–91.
172 Holley, Sarah R., und Levenson, Robert W.: Exploring the Basis for Sex Differences in the Demand/Withdraw Interaction Pattern. Vortrag bei der achtzehnten Annual Convention of the Association for Psychological Science, New York, 27. Mai 2006.
173 Harry, Joseph, und Devall, William B.: The Social Organization of Gay Males. New York: Praeger, 1978.
174 Kollock, P., Blumstein, P., und Schwartz, P.: Sex and Power in Interaction: Conversational Privileges and Duties. In: American Sociological Review, 1985.
175 Roisman, Glenn I., Clausell, Eric, Holland, Ashley, Fortuna, Keren, und Chryle, Elieff: Adult Romantic Relationships as Contexts of Human Development: A Multimethod Comparison of Same-Sex Couples with Opposite-Sex Dating, Engaged, and Married Dyads. In: Developmental Psychology, Bd. 44, Nr. 1.
176 Gerstel, N., und Sarkisian, N.: Marriage Reduces Social Ties. Discussion Paper for Council on Contemporary Families: Unconventional Wisdom Issue 1, 2. Januar 2007. www.contemporaryfamilies.org.
177 Pepper Schwartz: Peer-Partner. Das ideale Paar. Ernst Kabel Verlag, 1996, S. 9.
178 Jayson, Sharon: More parents share the workload when moms learn to let go. In: USA Today, 4. Mai 2009.
179 Schoppe-Sullivan, Sarah, Brown, G. L., Cannon E. A., Mangelsdorf, S. C., und Szewczyk Sokolowski: Maternal Gatekeeping, Coparenting Quality and Fathering Behavior in Families with Infants. In: Journal of Family Psychology 22, S. 389-398.
180 De Cecco, John P.: Gay Relationships. Philadelphia, Haworth Press, 1988, S. 6.
181 Hetherington, E. M., Kelly, J.: Scheidung: die Perspektiven der Kinder, Weinheim, 2003, S. 43–52.
182 Huston, T. L., Caughlin, J. P., Jouts, R. M., Smith, S. E., und George, L. J.: The Connubial Crucible: Newlywed Years as Predictors of Marital Delight,

Distress and Divorce. Journal of Personality and Social Psychology, Bd. 81, Nr. 2, 2001, S. 237–252.

183 Booth, A., Johnson, D. R., White, L. K., und Edwards, J. N.: Predicting Divorce and Permanent Separation. In: Journal of Personality and Social Psychology 80, Nr. 2 (2001), S. 237–252.

184 Olenick, I.: Odds of Spousal Infidelity Are Influenced by Social and Demographic Factors. Family Planning Perspectives, Bd. 32, Nr. 3, Mai/Juni 2000.

185 Tsapelas, I., Aron, A., und Orbuch, T.: Marital Boredom Now Predicts Less Satisfaction 9 Years Later. In: Psychological Science, im Druck.

186 Sternberg, R. L.: A triangular theory of love. In: Psychological Review 93 (1986), S. 119–135.

187 Amato, Paul R.: Explaining the Intergenerational Transmission of Divorce. In: Journal of Marriage and the Family 6, Nr. 3 (1985), S. 331–346.

188 Baucom, D. H., Epstein, N., Rankin, L. A., und Burnett, C. K.: Assessing Relationship Standards: The Inventory of Specific Relationship Standards. In: Journal of Family Psychology, März 1996, Bd. 10, Nr. 1, S. 72–88.

189 Gerstel, N., und Sarkisian, N.: Marriage Reduces Social Ties. Discussion paper for Council on Contemporary Families, 2. 1. 2007.

190 Coontz, Stephanie: How to Stay Married. In: The Times, 30. November 2006. http://www.contemporaryfamilies.org.

191 McPherson, M., Smith-Lovin, L., und Brashears, M. E.: Social Isolation in America: Changes in Core Discussion Networks Over Two Decades. In: American Sociological Review, Bd. 71, Juni 2006, S. 353–375.

192 Pressemitteilung des Office of News and Communication der Duke University: Americans Have Fewer Friends Outside the Family, 23. Juni 2006.

193 Brickman, P., Coates, D., und Janoff-Bulman, R.: Lottery winners and accident victims: Is happiness relative? In: Journal of Personality and Social Psychology 36 (1978), S. 917–927.

194 Holmes und Rahe: Holmes-Rahe Life Changes Scale. In: Journal of Psychosomatic Research, Bd. 11 (1967), S. 213–218.

195 Diener, Ed, Gohm, Carol L., Suh, Eunkook, und Oishi, Shigehiro: Similarity of the Relations between Marital Status and Subjective Well-Being across Cultures. In: Journal of Cross-Cultural Psychology, Juli 2003, 31: S. 419–436.

196 Lucas, R. E., Clark A. E., Georgellis, Y., und Diener, E.: Reexamining Adaptation and the Set Point Model of Happiness: Reactions to Changes in Marital Status. In: Journal of Personality and Social Psychology, Bd. 84 (2003), Nr. 3, S. 527–539.

197 Gearon, Christopher J.: Marriage and Sex. In: Discovery Health. www.discoveryhealth.com.